한국 경제가
최배근 말하는
볼트 저격 뉴스의

엄쳐라

최배근 지음

샘앤파커스

왜 우리는 행복하지 않은가?

한때 '없다' 시리즈라는 것이 유행한 적이 있다. 가령 이런 식이다. '10대는 철이 없다. 20대는 답이 없다. 30대는 집이 없다. 40대는 돈이 없다. 50대는 일이 없다. 60대는 낙이 없다. 70대는 이가 없다. 80대는 처가 없다. 90대는 시간이 없다. 100대는 다 필요 없다.' 우리의 딱한 현실이 재미있게 풍자된 듯해 피식하고 웃었지만 쓴 뒷맛이 남았던 기억이 있다. 그러다 문득 '우리는 과연 행복한가?'라는 질문에 맞닥 뜨리면서 자연스럽게 '없다' 시리즈가 떠올랐다. 그러고는 내 방식 대로 시리즈를 고쳐서 만들었다. 입시를 위해 자기가 하고 싶은 것 을 포기하고 살아가는 10대는 '재미'가 없다. 대입 전보다 더 취업

공부를 하고 있는 20대는 '미래'가 없다. 30대는 '집'이 없다. 40대는 '돈'이 없다. 50대는 '일'이 없다. 노인 빈곤율과 자살률이 OECD에서 1위인 나라에서 60대 이후는 '모든 것'이 없다. 물론 이 표현에 과장이 없다고는 말할 수 없지만, 수많은 사람들이 이 표현에 대체적으로 공감할 것이라 믿는다.

특히 다음 시대를 짊어져야 할 10대와 20대를 생각하면 아린 마음을 감출 길이 없다. 많은 사람들이 젊은 세대의 어려움을 개인의 문제로 평가 절하하고, 청년 세대의 개인적 노력 부족으로 바라보는 것이 자못 불만스럽다. 그들의 문제는 우리 기업과 사회 그리고 국가의 문제를 단적으로 보여주는 것이다. 청년 세대는 우리 사회가 매우 불공정하다고 생각한다. '금수저'와 '흙수저' 표현에서 볼 수 있듯이 청년들이 보기에 우리의 현실은 출발부터 공정하지 못하고, 온갖 반칙이 난무하는 세상이다. 청년들의 이러한 지적과 인식을 패배주의에 빠진 잘못된 행태라고 단언할 수 있는 기성세대는 없을 것이다. 또한 매우 비관적인 우리나라 기업과 국가 경제의 미래도 실은 청년의 문제와 동일선상에 있다. 예를 들어 지속적인 성장을 추구하는 기업은 '새로운 수익 사업 창출'이라는 과제를 갖고 있는데 이 과제를 해결할 주체가 바로 청년 세대다. 그리고 기업의 성장과 새로운 수익 사업의 창출은 국가 차원에서는 산업 생태계의 업그레이드를 의미한다. 10대와 20대는 부모와 교사 등 별로 신뢰가 가지 않는 기성세대의 공수표를 믿고 자신이 하고 싶은 것을 억누르고 포기하며 지식 습득에 온 에너지를 쏟아붓는다. 부모는 자녀를 좋은 대학에 보내기 위해 학군이 좋은 지역으로 이주하며 부동산 시장의 기형화에 일조한다.

문제는, 좋은 대학에 가면 좋은 일자리를 갖고 인생이 행복할 수 있다는 기성세대의 말을 따라 자신이 하고 싶은 것을 포기하고 대학에 진학하고 학점 관리를 잘해도 좋은 일자리가 보장되지 않는다는 사실이다. 그 결과 한국의 교육은 국제적으로 망신을 당하고 있다. 2019년 2월 초 우리나라 10대들이 어른들의 노동 시간보다 더 오래 공부해야 하는 현실을 UN에 고발(대한민국 아동보고서)했고, UN 아동권리위원회는 이를 매우 심각하게 받아들여 10대들을 초청하기까지 했다. UN 아동권리위원회 위원들 앞에서 10대들은 "참고 견디면 언젠가는 좋은 날이 올 것이다. 그 말에서 선생님들의 인식이나 사회의 압력, 억압이 느껴졌다."고 기술하기도 했다. 현재의 교육은 교사는 지식을 전수하고 학생은 지식을 습득하는 방식에 의존하고 있고, 주어진 시간에 얼마나 많이 정확하게 동일한 지식을 습득하느냐에 따라 능력을 인정한다. 그러나 20년 가까운 시간 동안 학생들이 현재의 교육 방식을 통해 습득한 지식은 인공지능(AI)과 경쟁할 수 없는 지식으로, 학생들을 인공지능 시대에 무능력자로 만들고 있다.

이처럼 현재의 교육 방식은 지식 습득 경쟁에서 뒤처진, 즉 대학 진학 가능성이 낮은 청소년들을 교육 포기자로 설정하고 있을 뿐만 아니라 대학 진학 가능성이 높은 청소년들에게조차 도움이 되지 못하고 있다. 특히 올해 대학에 진학하는 청소년은 대부분이 2000년에 출생했고, 아마도 최소한 2070년까지는 경제 활동을 포함해 사회 활동을 해야 할 것이다. 연금 지급 시기도 늦어질 것이고, 무엇보다 의료기술의 발달 등으로 사회 활동을 하는 데 문제가 없기에 스스로 일을 하고 싶을 것이기 때문이다. 그러나 문제는 향후 50년간의 기술 진보를 고려할 때 계속 진화할 AI를 역량 제고의 수단으로 삼거나 AI를 활용해 새로운 업무를 만들어내는 노동력만이 생존할 수밖에 없다는 점이다. AI가 할 수 있는 업무를 수행하는 사람의 일자리는 소멸될 수밖에 없다. 특히 고령 인구의 증가가 가속화되는 가운데 고령 인구 대부분의 일자리는 AI에 의해 대체될 것이다. 오늘날 우리 사회는 2017년 5월 이후 줄곧 64세 이하 인구가 감소하고 있다. 반면 65세 이상 인구는 빠르게 증가하고 있다. 대부분의 65세 이상 인구는 지금도 민간 노동시장에서 일자리를 찾기 어렵다. 한국 사회의 최하위 소득 계층에서 65세 이상 인구가 차지하는 비중은 지금도 높을 뿐 아니라 향후 더욱 높아질 것이다. 이들은 연금, 기초 생계비 등 기본적 사회보장이나 공공근로 일자리 등에 의존할 수밖에 없는 반면, 현실은 사회보장이 취약하고 공공근로 일자리도 불충분하다. 게다가 기술 진보로 최상위 계층은 성장의 대부분을 독점할 것이다. 우리 사회의 소득 분배가 계속 악화되는 배경이다.

현재의 교육 시스템이나 분배 시스템 등이 지속되는 한 청년층 및 고령층의 사정은 최악으로 치달을 수밖에 없다. 이 상황은 이들에게만 국한되지도 않는다. 한국 사회는 로봇 밀도가 압도적 수준으로 높아져 세계 1위를 기록 중이다. 게다가 세계에서 가장 빠르게 증가하고 있다. 이는 한국 사회의 노동력이 상대적으로 로봇이나 인공지능 기술로 대체되기 쉽기 때문이다. 숙련이 필요 없는 노동력뿐만 아니라 숙련 노동자의 노동력 또한 단순 숙련이라 로봇으로 대체가 용이한 것이다. 오늘날 진행되는 4차 산업혁명으로 일자리 대참사와 초양극화가 수반될 수 있음을 의미한다.

한국 사회와 경제의 '미래 만들기'는 피할 수 없는 과제다. 15세기 이후 유럽에서 시작된 근대의 물결은 동아시아에도 대변환을 가져왔으나, 우리는 새로운 흐름에 제대로 대응하지 못한 결과 양란을 겪었다. 그 이후 지금까지 이 땅의 민초들은 마음 편하게 살지 못했다. 양란 이후 나라는 주권을 제대로 행사하지 못하다가 끝내 상실했고, 일제가 패망한 후에도 완전한 광복과 독립을 이루지 못한 불구의 역사가 지속되고 있다. 그리고 불구의 국가에서 살아가는 민초들의 삶 또한 온전할 수 없었다. 이것이 분단 체제에서 진행된 산업화가 정상적으로 진행될 수 없었던 배경이다. 분단 체제의 산물인 박정희 군사독재 권력과 그 쌍생아인 재벌 중심의 경제체제, 즉 '손실의 사회화와 이익의 사유화'라는 불공정성이 '한국식 산업화' 모델의 특징이 되었던 것이다. 군사독재의 종식과 탈공업화가 동시에 진행된 1992년은 한국 사회와 경제의 공정성 강화와 '미래 만들기'

라는 이중 과제를 해결해야 하는 출발점이었다. 그러나 민주화 운동 세력은 재벌 개혁(경제 민주화)이라는 공정성 강화에만 초점을 맞추고 '미래 만들기'에는 소홀하거나 무능했다. 반면 독재 권력의 정치적 후예들은 반칙과 불공정에 대한 반성은커녕 낡은 산업화 모델에 집착함으로써 '미래 만들기'에도 무능함을 드러냈다.

서비스업의 구조적 취약성과 제조업에 대한 과잉 의존, 자동화 기술로 용이하게 대체될 수 있는 단순 숙련 중심의 노동력 체계 등을 특징으로 하는 한국의 '압축적(선택적) 공업화' 방식은 중국 등 후발 추격국의 위협이나 빠르게 발전하는 인공지능 기술 등에 의해 쉽게 무너질 수 있다는 점에서 제조업의 초토화와 일자리 대충격(초양극화) 등을 피하기 어렵다. 또한 '압축적 공업화'는 '압축적 고령화'로 이어질 수밖에 없다는 점에서 최근의 제조업 위기와 소득분배 악화가 우연이 아님을 보여준다.

이명박 정부의 말기였던 2012년에 수출액 증가율이 마이너스를 기록하며 제조업 위기는 실체를 드러내기 시작했다. 박근혜 정부가 출범한 이후 제조업 성장은 사실상 중단되었고, 2014년부터 매출액 증가율이 마이너스(-)를 기록하며 역성장이 진행되었다. 2015년부터 수출액 증가율이 다시 마이너스 행진을 하며 2016년 말에는 전체 가계 60%의 소득이 후퇴하는 지경까지 치달았다.

이는 둑이 붕괴되며 범람한 물에 마을이 잠긴 것으로 비유할 수 있다. 이 상황에서 문재인 정부가 출범한 것이다. 수출주도 성장 전략이 더 이상 불가능해진 상황에서 내수주도 성장 전략으로의 전환은 선택의 문제가 아니었다. 내수는 가계소비와 기업투자가 양대 축이다. 문제는 기업투자의 상당 부분이 수출과 연계되어 있다는 점이다. 따라서 가계소비 강화를 통해 기업투자를 유도할 수밖에 없다. 가계소비 강화는 가계소득의 강화가 전제될 수밖에 없다. 그리고 가계소득 강화를 위해서는 근본적으로 일자리 환경의 개선이 필요하지만 가계소득 증대, 가계의 지출비용 경감, 안전망 확충 및 복지 강화 등도 필요하다.

정부는 마을이 물에 잠겨 목숨을 잃을 위기에 처한 사람들을 구해내고 집을 잃은 사람들에게 임시 거주처도 마련해줘야 한다. 이런 점에서 문재인 정부의 소득주도 성장 정책들은 의미가 있다. 게다가 수출이 경제성장에 큰 도움을 못 주는 상황에서 수출의 공백을 메우기 위해서도 확장적인 재정 정책이 요구된다. 다행히 우리나라의 재정은 IMF나 OECD 등이 재정의 적극적 사용을 권유할 정도로 매우 건전하다. 소득주도 성장 정책들로 가계소득은 박근혜 정부 때보다 개선되고 있고, 제조업 위기와 고령화 등으로 예상되던 고용 위기도 최소화되고 있다. 소득주도 성장 정책의 강화를 통해 발등에 떨어진 불은 끄고 있는 것이다.

물론 한국 사회와 경제는 공정성 강화와 미래 만들기의 추진에 실패할 경우 지속 불가능한 국면에 진입할 가능성이 높다. 무엇보다 공정성 강화를 위해 재벌 기업의 사회적 자산화 혹은 재벌에 대한 사회적 통제가 필요하다. 또한 경제적 취약계층을 채무 노예에서 해방시키기 위해 한국은행의 민주화, 토지 공개념 도입으로 인한 자산 불평등의 완화가 중요시 된다. 그리고 부동산 시장의 정상화 과정에서 거품이 빠져 부동산 시장이 경착륙할 경우에 대비해 서민 가계 구제에 초점을 맞춘 '한국판 양적 완화'의 도입, 자산 기반 조세 체계의 보완 등 소득 중심 조세 체계의 전면 개편이 필요하다.

미래 만들기는 새롭게 부상하는 데이터 경제에 부합하는 사회 혁신들을 의미한다. 즉 데이터 경제에 필요한 새로운 인간형을 육성할 수 있는 교육혁명, 공유와 협력에 기반한 호혜 경제 패러다임, 기본 배당을 중심으로 한 새로운 분배 시스템의 도입, 자율이라는 새로운 사회 규범에 기초한 자율민주주의 등으로 사회와 경제를 재구성해야 한다. 공정성 강화와 미래 만들기라는 이중 과제의 해결을 위한 대장정의 길은 17세기 이후 불구화된 사회를 정상화하고, 한국이 새로운 시대의 주역으로 부상할 수 있는 '오래된 꿈'의 실현을 의미한다. 그 과제를 향해 지금부터 함께 점검해보자.

최배근

Contents

제I부

우리 경제는 어디에 서 있는가?

숫자로 읽는 한국 경제 '팩트 체크'

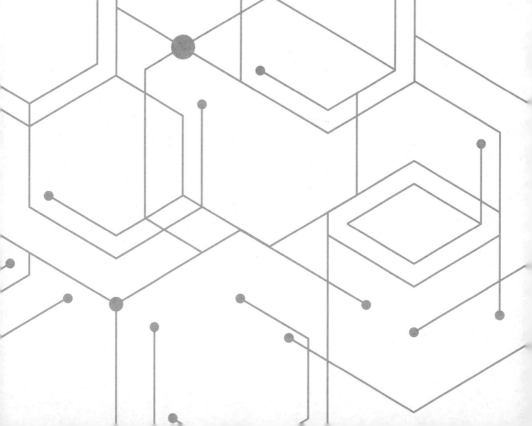

먼저 한국 경제와 관련해 두 가지 이슈부터 정리하고 이 책을 시작
해보자.

첫째, 한국 경제는 '위기'인가? 일부 보수언론을 중심으로 자극적
인 기사를 위해 '위기'라는 용어를 남발한다. 이는 경제 용어에 대
한 이해 부족일 수도, '일부러' 그런 것일 수도 있다. 예를 들어 경기
가 조금만 후퇴해도 '위기'의 경제학적 정의, 즉 경제성장률이 2분
기 연속 마이너스를 기록하는 상황인 '경기 침체'라는 표현이 자연
스럽게 등장한다. 요컨대 경기 순환의 한 국면이자 성장률이 둔화되
는 '경기 후퇴' 상황을 경기 침체로 표현하곤 한다. 심지어 이른바 전

문가까지 합세해 우리 경제가 위기 상황이라고 표현하는데, 일반적으로 경제 위기의 대표적인 경우는 금융 위기로 인한 경기 침체, 유동성 고갈, 급격한 인플레이션 혹은 디플레이션을 겪었던 1990년대 말 외환 위기 이후의 경제 상황이 여기에 해당한다. 그렇다면 지금의 우리 경제 상황을 어떻게 보아야 하는가?

2018년 세계경제포럼이 발표한 국가경쟁력 순위에는 우리를 깜짝 놀라게 한 '뉴스'가 담겨 있었다. 세계경제포럼의 2018년 국가경쟁력 순위에서 한국의 국가경쟁력 순위가 2017년 17위에서 15위로 2단계 상승했던 것이다.* 그런데 사실 이 전체 순위 상승보다 더 놀라웠던 것은 국가경쟁력 지수의 12개 구성 항목 중 하나로 포함된 거시경제 안정성 부문에서 우리나라가 1위를 차지했다는 점이었다. 정보통신기술(ICT) 보급 부문도 1위를 했지만 이 결과는 우리나라가 매번 높은 평가를 받아왔던 '단골 항목'으로 그리 놀라운 것은 아니었다. 그런데 금융 위기 같은 대외 충격에 대한 취약성을 최소화할 수 있는 경제 역량을 의미하는 '거시경제 안정성'에서 주요 선진국들을 제치고 1위를 했다는 사실은 많은 사람들에게 뜻밖의 소식이었을 것이다. 사실 이 순위는 외환 위기와 같은 상황이 도래할 가능성이 사실상 없다는 것을 의미한다.

---

* 2017년까지 세계경제포럼의 국가경쟁력 지수는 구성 항목이나 조사 방식에 문제가 있어 전문가들이 신뢰도에 의문이 들기도 했으나, 2018년 국가경쟁력 지수부터 구성 항목을 새로 구성하면서 신뢰도가 어느 정도 개선되었다.

그렇다면 사람들은 여기서 2가지 중요한 물음이 생겨날 것이다.

첫째, 우리 경제가 정말 괜찮은 것인가? 결론부터 말하자면 세계 경제의 침체 상황에서도 우리 경제 체력은 비교적 양호한 상황이지만 향후 경제 전체를 위험에 빠뜨릴 폭탄이 여럿 존재한다. 특히 중산층과 저소득층을 포함한 서민 경제는 분명한 위기 상황으로 규정할 수 있다. 실제로 '중산층의 저소득층화와 저소득층의 빈민화'가 진행되고 있다. 예를 들어 하위 40% 가계의 2018년 4분기 소득은 2016년 4분기보다 하락했다. 2016년 4분기 하위 60%까지 하락했던 가계 소득은 2018년 4분기에 들어서 하위 40%까지만 하락하고 나머지 상위 60% 가계 소득이 증가세로 돌아섰지만, 하위 40% 가계 소득은 2017년 잠시 개선되다가 2018년 들어 2016년 수준보다 오히려 더 하락했다.*

이러한 중산층 및 저소득층 가계소득의 악화는 기본적으로 고용 악화에서 비롯된 것이다. 최근 65세 이상 고령층의 일자리는 문재인 정부의 시니어 일자리 대책의 효과로 증가하는 반면 40대를 포함한 핵심 노동력의 일자리 감소가 진행되고 있을 정도로 고용 상황이 악

---

* 소득 10분위별 기준으로 1분위(하위 10%) 가계의 경우 약 18만 7,000원(18%)이 감소, 2분위(10~20%) 가계의 경우 약 18만 9,000원(10%) 감소, 3분위(20~30%) 가계의 경우 약 11만 5,000원(4%) 감소했고, 4분위(30~40%) 가계의 경우 6만 2,000원(2%)이 감소했다. 물가상승률을 고려하지 않은 명목소득이 감소하고 있을 정도로 심각한 것이다. 여기에 물가상승률을 고려하면 5분위(40~50%) 가계도 소득이 감소했다. 2015~2018년 사이 5분위 가계의 명목소득 증가율이 1.4%, 6분위 가계의 명목소득 증가율은 4.9%였던 반면 동 기간 소비자 물가 상승률은 약 4.5% 증가했으니 사실상 소득이 줄거나 늘어나지 않은 셈이다. 다만 전체 가계 중 하위 60%의 가계소득이 감소했던 2016년 4분기와 달리 2018년 4분기에는 하위 40% 가계소득만 감소에 그쳤다는 점에서 상황이 다소 개선되었다.

화되고 있기 때문이다. 여기에 자영업, 특히 도·소매·음식·숙박업을 중심으로 영세 자영업의 어려움이 심화되는 것도 서민 경제의 위기를 가중시키는 요인으로 작용했다. 문제는 이러한 상황이 구조적 요인에서 비롯한 것이므로, 그에 걸맞은 처방이 진행되지 않는 한 당분간 지속될 뿐 아니라 더 악화될 가능성도 높다는 점이다.

둘째, 현재 한국 경제의 문제는 소득주도 성장 정책들 때문인가? 결론적으로 소득주도 성장 정책들과는 관계가 없다. 오히려 소득주도 성장 정책들은 현재의 경제 상황에서 불가피한 측면이 존재한다. 세계 교역의 성장이 구조적으로 둔화된 상황에서 우리 경제의 어려움을 해결하기 위해서는 내수 강화가 필요하고, 이를 위해 소비성향이 큰 중산층 및 저소득층 가계의 소득 강화가 필요한 데서 비롯된 정책이 소득주도 성장 정책이다. 중산층 및 저소득층 가계의 소득 강화를 위해 어떤 정책이 필요한가에 대한 논란은 있을 수 있지만 소득주도 성장의 취지는 절대적으로 옳은 방향이라고 볼 수 있다. 이에 대해서는 뒤에서 자세히 살펴보기로 한다.

기본적으로 현재의 경제 상황은 과거 반드시 필요했던 산업 구조조정을 오랜 기간 동안 방치한 결과, 조선과 자동차 등 주력 업종에까지 제조업의 위기가 확산되면서 비롯된 것이다. 즉 성장성이 없거나 낮은 산업을 고부가가치화하거나 정리하고, 성장성이 높은 산업으로 자원을 효율적으로 재배치하는 산업 구조조정이 실패한 데 따른 결과라고 보면 된다. 예를 들어 2018년 초 군산에서 한국GM이

철수하면서 한국GM 및 협력 업체의 일자리가 줄어들고, 일자리를 잃은 이들의 소득 상실로 지역 내 음식점 등 자영업자가 타격을 입게 되고, 상가 수요가 감소하면서 건물 청소·경비·임대 등에 종사하는 사람들이 일자리를 잃고, 지방 부동산 경기가 냉각되는 악순환을 보면 쉽게 이해할 수 있다. 통계청 고용 조사에 나타난 일자리 감소 분야가 제조업-상대적으로 경쟁력이 취약한 고용원이 없는 자영업(도·소매·음식·숙박업)-사업시설관리·지원 및 임대서비스사업-부동산업 등인 배경이다. 물론 최근 카드 수수료 인하 등 자영업자 지원 대책으로 고용원이 없는 자영업자의 상황이 개선되는 모습도 나타나고 있지만, 반도체 경기 사이클이 수축 국면으로 전환하면서 기업투자 축소에 가계소비 위축까지 더해지며 고용원이 있는 자영업자까지 충격이 확산되고 있다. 현재의 상황을 비유하자면 둑이 무너져 물이 범람하면서 마을이 물에 잠겨 생명과 집 등을 잃는 사람들이 발생하는 상황이다. 이 상황에서 정부는 긴급구호 활동을 벌여야 할 것이고, 궁극적으로는 둑을 재건해야 할 것이다. 전자가 저소득층에 대한 직·간접 소득 지원 및 사회 안전망 강화이고, 후자가 현 정부에서 '혁신성장'으로 표현하는 산업 구조조정, 즉 산업 생태계의 재구성이다.

최근의 '경제 프레임' 전쟁은 이러한 경제 상황에서 예견된 것이다. 한국 사회의 정치적 대치는 극에 달하고 있다. 중산층이 약화되는 경제 양극화가 심화되면서 정치 세력들이 각자의 지지층만 대변하며 정책과 견해 차이가 심해지는 '정치 양극화'가 일상화되고 있는 것이다. 공정과 정의의 확립을 국정 운영의 핵심 키워드로 내세운 문재인 정부에서 적폐 청산은 자연스러운 수순이었다. 그 결과 불공정과 불의를 통해 기득권을 유지하고 확대 재생산했던 적폐 세력들의 반격도 예상된 것이었다. 즉 2016년 10월 최순실-박근혜 게이트가 폭로되며 시작된 보수 정권의 몰락으로 한동안 숨소리조차 내기 어려웠던 보수 진영은 '북한 변수'를 반격의 모멘텀으로 삼고 싶었을 것이다. 무엇보다 2016년 붕괴 직전까지 치달았던 경제가 정치 불확실성의 해소와 수출 호조 등으로 2017년에는 반등한 반면 북한 핵을 둘러싼 북미 간 갈등과 한반도에서의 전쟁 발발 가능성은 최고조에 달했기 때문이다. 그러나 평창올림픽을 매개로 개선된 남북 관계가 북미 관계를 극적으로 전환시키며 '북한 변수'는 동력을 상실했을 뿐 아니라 오히려 문재인 정부의 지지율 상승 요인으로 작용했다. 반면에 2018년의 경제 지표는 그리 좋지 않았고 보수 진영은 이를 바탕으로 '북한 변수'를 포기하고 '경제 프레임' 전쟁을 시작한 것이다. 이에 한국 경제의 기초 체력을 설명하기에 앞서 '경제 위기 프레임' 문제부터 짚고 넘어갈 필요가 있다.

1
Economics

되돌아온
'경제 프레임'의 화살

보수 진영의 경제 프레임 전쟁은 2018년 5월부터 본격적으로 진행되기 시작됐다. 엄밀하게 보면 2018년 2월부터 취업자 증가 규모가 10만 명대로 떨어졌지만 전기 대비 1.0%(전년 동기 대비 2.8%)를 기록한 1분기 성장률은 미국을 포함한 OECD 평균 성장률인 0.5%(전년 동기 대비 2.6%)보다 높았기에 공격에 적합하지 않았다. 그런데 2018년 5월 말 1분기 통계청의 가계동향조사가 발표되고 소득분배가 크게 악화된 것으로 나타났다. 가계소득, 특히 저소득층의 가계소득을 강화하겠다는 문재인 정부의 소득주도 성장 정책들에도 저소득층의 소득이 오히려 후퇴한 것이다. 7월에는 2018년의 16.4% 인상률에 이어 2019년 최저임금 인상률도 두 자릿수(10.9%)로 결정되며 소상공인들이 반발하기 시작했다. 또한 2분기의 전기 대비 성장률 0.6%(전년 동기 대비 2.8%)가 발표되자 보수언론들은 미국의 성장률과 비교하며 우려의 목소리를 쏟아냈다. 그리고 8월과 9월에는 취업자 증가가 1만 명 밑으로 떨어진 7월 및 8월 고용동향이 발표됐다. 여기에 1분기 내용과 차이가 없는 2분기 통계청 가계동향조사가 발표되고, 가계소득 통계조사와 관련해 통계청장 경질이 이어지며 문재인 정부의 소득주도 성장론은 융단폭격을 받았다. 게다가 10월에는 IMF가 2019년 경제성장 전망치를 당초보다 낮추면서 '경제 위기'론 혹은 '경제 폭망'론이 보수언론을 중심으로 확산되기에 이르렀다.

'저소득층화', '빈민화', 자세히 읽어야 보인다

그렇다면 보수언론의 비난에 가까운 주장들이 얼마나 사실에 근거한 것인지 하나하나 살펴보자. 먼저 본격적인 공세의 불을 붙인 것은 2018년 5월 23일 공개된 통계청의 가계동향조사였다. 문재인 대통령이 며칠 후 29일 오후 청와대에서 가계소득동향점검회의를 주재하며 "최근 1분기 가계소득동향 조사 결과 하위 20% 가계소득 감소 등 소득분배의 악화는 우리에게 매우 '아픈' 지점이다."라고 언급하자 보수 진영은 저소득층 가계소득 강화를 목표로 한 소득주도 성

〈표1〉 2017년과 2018년 2분기 소득 10분위별 가계수지

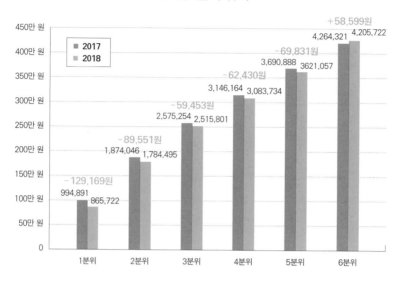

〈표2〉 2015년과 2016년 4분기 소득 10분위별 가계수지

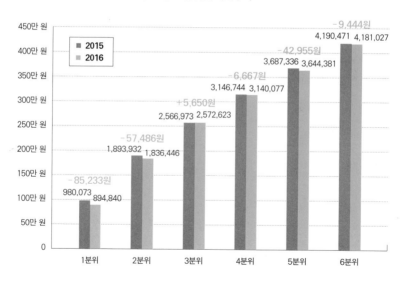

장과 저임금 근로자의 임금 강화를 위한 2020년까지 최저임금 1만 원 달성은 잘못된 정책이자 공약이라며 비난을 쏟아내기 시작했다. 2010년 인구총조사에서 60세 이상 가구주와 1인 가구 비중이 증가한 2015년 인구총조사를 통계 표본으로 바꾼 변화에 대한 상세한 설명이 필요했지만, 어찌됐든 하위 50% 가계의 소득이 줄어든 것은 충격적인 결과였다[표1]. 이는 저소득층뿐만 아니라 중산층 일부까지 소득이 후퇴했음을 의미하는 것이었기 때문이다. 그러나 저소득층과 일부 중산층의 소득 후퇴는 기본적으로 소득주도 성장이나 최저임금의 급격한 인상 등에서 비롯된 것은 아니었다. 이미 2016년부터 진행되었기 때문이다. 2016년 1분기부터 3분기까지는 하위 40% 가계의 소득이 줄어들었고, 〈표2〉에서 보듯이 4분기에는 하위 60%까지 소득이 줄어들었다. 오히려 2018년 3분기부터는 가계소득의 감소가 하위 40%로 축소되었다. 예를 들어 2018년 3분기와 4분기에 5분위(가계소득 하위 40~50% 대상 가계)의 경우 2017년 3분기와 4분기에 비해 각각 2만 6,572원과 1만 8,870원씩 증가했다. 말할 것도 없이 6분위(가계소득 하위 50~60% 대상 가계)의 경우도 각각 14만 3,190원과 12만 4,554원씩 증가했다. 중산층까지 확산되었던 가계소득의 감소가 일부 개선되기 시작한 것이다.

'분기'와 '연간' 성장률을 비교하는 꼼수

본격적인 경제 프레임 공세는 2019년도 최저임금 인상률이 결정되며 가열되었다. 예를 들어 〈조선일보〉는 2018년 7월 27일 '2분기 0.7% 성장, 그 뒤에 드리운 더 암울한 전망'이라는 제목의 사설에서 "우리 경제가 2분기에 0.7%(수정치 0.6%) 성장하는 데 그쳤다."며 "한국보다 경제가 12배 큰 미국은 무려 4.1%(연율 환산) 성장을 내다본다."고 보도했다. '연율 환산'이라는 꼬리표를 붙였지만 의도가 가득한 기사였다. 무엇보다 3개월간의 성장률과 연간 성장률을 대비시켰다. 더욱이 미국의 연 4%대 성장률도 이후 4분기 동안 1.0%씩 계속 성장할 경우를 가정한 것이다. 그런데 미국은 계절적 요인과 기저효과 등으로 통상 1분기 성장률이 낮고 2분기가 높다. 반면에 한국은 1분기가 높고 2분기가 낮은 경향성을 보인다. 2018년 1분기 동안 미국은 0.5%, 한국은 1.0%였다. 〈조선일보〉 논리대로라면 1분기에는 우리 경제의 성과를 칭찬해주어야 했지만 아무 말이 없었다.

게다가 문재인 정부의 경제 성적에 대한 보수언론들의 지적은 과거 자신의 주장과 모순되는 것이다. 보수언론들은 박근혜 정부 시기 2015년 2분기 분기별 성장률이 0.4%에서 3분기에 1.2%로 상승하자 한국 경제가 뚜렷한 회복세를 보이고 있다며 높이 평가하기도 했다. 그런데 결국 2015년 연간 성장률은 2.8%에 불과했다. 즉 2015년 3분기의 1.2% 성장률은 앞 분기의 낮은 성장률(0.4%)의 이른바 기저 효과를 본 것일 뿐 입에 침이 마를 정도로 칭찬을 해줄 성과는 아니었다. 그리고 무엇보다 국제 평균으로 보더라도 보수언론들이 뭇매질을 한 2018년 상반기의 성장률이 특별히 나쁘다 볼 수 없었다. 우리나라의 1분기와 2분기 연 성장률 2.8%는 OECD 평균의 2.6%와 2.5%보다 오히려 높았다. 무엇보다 2018년 미국의 실제 성장률은 〈조선일보〉가 부각한 4.1%가 아니라 2.9%에 불과했다.

고용 위기는 최저임금이 아닌 제조업의 결과다

보수 진영은 2018년 8월 17일 발표된 7월 고용지표를 정부를 공격하는 또 다른 먹잇감으로 활용했다. 5,000명 증가에 불과했던 취업자 수 그 자체는 많은 사람들에게 충격 그 자체였고, 보수 진영에서는 이를 '고용 참사', '고용 대란'이라고 몰아붙였다. 취업자 수만 보면 참사라 불러도 당연해 보인다. 그러나 이 대목에서 유심히 살펴야 할 것이 있다. 바로 취업자의 절대 규모가 아닌 15세 이상 인구 중 취업자 수의 비중인 '고용률'이다. 예를 들어 15세 이상 인구가 1,000만 명이고 이 중 취업자가 600만 명이면 고용률은 60%이다. 그런데 1년 후 15세 이상 인구가 2,000만 명으로 증가하고, 취업자도 400만이 증가해 전체 취업자가 1,000만 명이 되면 고용률은 50%가 된다. 반면에 15세 이상 인구가 200만 명만 증가하고, 취업자는 120만 명이 증가하면 고용률(=720만/1,200만)은 60%가 된다. 전자의 경우 10명 중 5명이 취업한 것이고, 후자는 10명 중 6명이 취업한 것이다. 취업자 수 400만 명 대 120만 명으로 비교하면 120만 명이 '참사'인 것이지만, 고용률로 보면 전자가 '대참사'인 것이다. 2018년 7월 고용률 61.3%(15세 이상 인구 기준)는 박근혜 정부 때(60.4%~61.2%)보다 높은 것이고, 1950년대 이래 최대 고용 호황을 누리고 있다는 미국의 고용률(16세 이상 인구 기준) 60.5%보다 높은 수준이다. OECD 기준인 15~64세 인구를 기준으로 하더라도 박근혜 정부 때 가장 높은 고용률(7월 기준)은 66.7%였던 반면 문재인 정부 출범 후인 2017년 7월에는 67.2%, 2018년 7월에는 67%였다. 즉 보수 진영은 고용률 중 분모에 해당하는 인구 규모는 고려하지 않고 분자에 해당하는 취업자만 비교함으로써 고용 상황을 왜곡한 것이다.

고용 참사론은 2019년에도 계속되었다. 1월 고용 참사를 주장하며 그 근거로 '실업자가 122만 명으로 19년 만에 최대'라는 보도를 쏟아냈다. 1월 실업자는 122만 4,000명으로 1년 전보다 20만 4,000명이 증가했다. 문제는 취업자도 2,623만 2,000명으로 역대 최대 규모였다는 점이다. 그럴 경우 봐야 할 내용은 15세 이상 인구 중 취업자의 비중인 고용률이나 15세 이상 인구 중 어느 정도의 인구가 경제 활동에 참가를 하고 있는지를 파악할 수 있는 경제활동참가율이다. 고용률의 경우 역대 두 번째로 높은 59.2%였고, 경제활동참가율은 역대 최고치인 61.9%였다. 즉 15세 이상 인구 중 경제 활동에 참여하는 인구가 증가하는 가운데 취업자가 증가했을 뿐만 아니라 실업자도 증가했던 것이다. 특히 연령별로 보면 60세 이상 실업자가 13만 9,000명이 증가했다. 즉 60대 이상이 전체 실업자 증가분의 68% 이상을 차지했다. 그렇다면 60세 이상 실업자가 증가한 것은 괜찮다는 것이냐? 물론 아니다. 60세 이상 실업률은 8.7%를 기록했던 2010년 다음으로 역대 두 번째로 높은 7.4%를 기록했다. 그런데 중요한 점은 1월 60세 이상 취업자도 399만 명으로 역대 최대를 기록했다는 점이다. 이는 2018년 1월 372만 7,000명보다 16만 3,000명이 증가한 규모였다. 그 결과 60세 이상 고용률은 36%로 역대 최대를 기록했다. 실업자와 취업자가 동시에 크게 증가했을 때 마지막으로 살펴볼 기준은 경제활동참가율이다. 60세 이상 인구는 지난 1년 사이에 53만 8,000명이 증가했는데, 이 중 40만 2,000명이 경제 활동에 뛰어들었다. 그 결과로 경제활동참가율이 38.9%로 역대 최대를 기록했다. 2018년 1월보다 무려 1.8% 포인트나 증가한 것이다. 이는 문재인 정부의 시니어 일자리 공급이 증가하면서 이전에는 일자리 잡기를 포기했던 60세 이상 연령층이 일자리 찾기에 적극 나선 결과로 긍정적인 측면이 많은 것이다.

고용 참사론은 심지어 취업자 규모가 26만 3,000명 증가를 기록했던 2월에도 계속되었다. 취업자 규모가 크게 개선된 측면은 외면하고 50대라는 특정 연령층에 초점을 맞추어 '50대 역대 최다 실업자(20만 6,000명)'를 강조했다. 그런데 실상은 50대 취업자도 전년 비교 8만 8,000명이 증가한 630만 1,000명으로 통계 집계 이후 최다 규모였다. 그렇다면 고용률과 경제활동참가율을 보자. 고용률은 1년 전 73.9%에서 74.0%로 0.1% 포인트 증가했고, 경제활동참가율도 75.8%에서 76.4%로 0.6% 포인트 증가했다. 즉 50대 고용이 개선되었음에도 50대 인구 증가 속에서 증가할 수밖에 없었던 실업자 절대 규모에 초점을 맞추어 고용 상황을 왜곡시킨 것이다. 2월 고용지표를 왜곡한 또 하나의 기사가 '구직 단념자 58만 명 역대 최다'였다. 구직 단념자는 (지난 4주간 구직활동을 하지 않은 사람 가운데 1년 안에 구직 경험이 있는 사람으로) '비경제활동인구'에 포함된다. 즉 생산 활동이 가능한 15세 이상 인구는 경제활동인구(=취업자+실업자)와 비경제활동인구의 합으로 구성되는데 구직 단념자는 비경제활동인구의 일부에 해당한다. 2018년 2월에 비해 2019년 2월에 15세 이상 인구가 28만 9,000명이 증가했는데, 경제활동인구는 30만 1,000명이 증가한 반면 비경제활동인구는 1만 명이 감소했다. 즉 비경제활동인구가 감소했음에도 비경제활동인구 중 일부를 부각시킴으로써 자발적인 경제 활동 포기자가 급증한 것으로 보도했던 것이다. 2월 고용 상황은 최소한 양적인 측면에서는 개선되었다. 경제활동참가율이 62.0%에서 62.3%로 0.3% 포인트 증가했고, 고용률도 59.2%에서 59.4%로 0.2% 포인트 증가했기 때문이다.

실제로 2018년 7월 취업자 중 교육서비스업 종사자는 2017년 7월에 비해 7만 8,000명이 감소했는데, 이는 15~19세(고등학교 취학 전후 연령층) 인구가 16만 8,000명 감소한 인구 구성 변화와 관련이 깊다. 이러한 데이터는 박근혜 정부 시절보다 고용의 질이 개선되었음을 보여준다. 전체 임금 근로자 대비 상용근로자의 비중(7월 기준)은 68%로 박근혜 정부 때보다 적게는 2.3% 포인트 크게는 3.7% 포인트 높았다. 반대로 임시직과 일용직 등 상대적으로 불안정한 일자리의 비중은 박근혜 정부 때보다 같은 크기만큼 감소했다.

무엇보다 경제 이론적으로 최저임금 인상이 고용에 미치는 영향은 여전히 증명된 바 없다. 최저임금 인상이 고용에 부정적으로 영향을 미친다고 주장한 기존의 연구들은 최저임금 인상이 일자리에 미치는 효과와 다른 요인들이 일자리에 미치는 효과를 분리하는 데 실패했다. 그 근거로 첫째, 최저임금 인상 시 새로운 최저임금 수준보다 낮은 임금을 받던 노동자들의 일자리는 기존의 최저임금보다 높은 임금을 받던 노동자들로 일자리가 대체될 때 줄어들 것이다. 만약 대체 가능성이 낮다면 최저임금 노동자들의 일자리는 유지될 것이다. 둘째, 최저임금 인상으로 인한 저임금 노동력 고용비용 증가는 노동력 간 대체가 높을수록 고임금 노동력 수요를 증가시킬 것이다. 그리고 고임금 노동력 수요 증가가 임금 증가나 고용 증가로 이어지느냐 여부는 노동 공급의 탄력성에 의존할 것이다. 노동 공급이 탄력적이라면 고임금 노동력 고용은 임금 인상 없이 증가할 것이고, 그렇지 않다면 고용과 임금 모두 증가되는 효과를 가져올 것이다. 이처럼 최저임금 인상을 저임금층에 초점을 맞출 경우에는 최저임금 인상이 전체 일자리 변화에 미치는 영향을 지나치게 과대평가하게 된다. 따라서 최저임금 인상에 따른 고용 효과는 저임금 노동력의 일자리 축소 효과와 인상된 최저임금을 초과하는 노동자들에 대한 일자리 증가 효과의 합으로 구성된다. 즉 서로 상충되는 힘의 작동으로, 최저임금 인상이 일자리 전체에 미치는 효과는 불확실하다고 볼 수 있다. 최저임금 인상이 고용 감소의 원인이라는 주장은 일자리 축소 효과의 측면을 과장하고 있는 것에 불과하다. 또한 부문별로 교역이 용이한 저부가가치 중심의 제조업은 일자리 감소로 이어질 수 있으나, 소매업이나 음식업 등 이른바 자영업은 비교역재로 일자리가 축소된다고 보기 어렵다.[01]

이는 통계로 확인된다. 통계청이 2019년 3월 21일 발표한 '2018년 3분기(8월 기준) 임금 근로 일자리 동향'을 보면 전체 임금 근로 일자리가 전년 동기 대비 21만 3,000개 증가했는데, 도·소매업에서 8만 6,000개 그리고 숙박·음식업에서 2만 3,000개의 임금 근로자 일자리가 증가한 것으로 나타났다. 최저임금의 급격한 인상에 따른 부작용으로 지목되었던 자영업종에서 오히려 최저임금 인상에 영향을 크게 받을 수밖에 없는 임금 근로자 일자리가 10만 9,000개나 증가했던 것이다.

'임금 근로 일자리 동향'의 통계도 보수언론은 왜곡했다. 대표적인 보도가 '3040 일자리 와르르' 기사였다. 30대의 경우 임금 근로 일자리가 2만 7,000개 감소했지만 30대 인구가 11만 9,000명이나 감소한 것의 결과로 한 명당 일자리는 58.7%에서 59.3%로 증가했다. 마찬가지로 2만 6,000개의 임금 근로 일자리가 감소했던 40대의 경우도 10만 7,000명에 달하는 40대 인구의 감소 속에 진행된 것으로 한 명당 임금 근로 일자리는 54.2%에서 54.5%로 오히려 증가했다. 최근 우리 경제의 고용 상황을 이해하는 핵심 키워드 중 하나가 인구구조의 변화다. 첫째, OECD에서 고용률 기준으로 삼는 15~64세 인구가 문재인 정부가 출범했던 2017년 5월 이후부터 하락하기 시작했다. 그 이전부터 진행된 저출산의 충격이다. 둘째, 연령별로 보면 40대까지는 인구 감소가 진행되고 있는 반면 60세 이상 인구는 빠르게 증가되고 있다. 특히 65세 이상 인구의 증가가 빠르게 진행되고 있다. 60세 이상 인구는 민간 노동시장에서 일자리를 확보하기 어려운 연령층으로 젊은 시절 자산을 충분히 축적한 극소수를 제외하면 정부로부터 이전소득이나 공공근로 일자리 등이 없으면 현실적으로 생계 위기에 직면할 수밖에 없다. 노인 빈곤률이 심각한 이유이다. 이러한 현실을 외면하고 보수언론은 재정으로 만드는 노인 일자리를 강조하며 정부의 공공근로 일자리 대책을 폄훼한다. 그렇다고 국가 재정 건전성 문제를 핑계로 복지 강화의 필요성을 주장하는 것도 아니다. 복지 강화를 위해서는 증세 등 조세체계의 재편이 필요한데 세금을 더 많이 낼 수밖에 없는 부유층의 입장을 옹호하고 있는 것이다. 뒤에서 언급할 '종부세 폭탄론'도 그 연장선에 있는 것이다.

그렇다면 전체적인 고용 상황이 낙관적이라 말할 수 있는가? 물론 그렇지 않다. 제조업 위기가 전방위적으로 확산되고 있고, 더욱이 혁신성장의 성과가 없는 상황에서 고용이 개선될 수 없기 때문이다. 지금의 고용 상황을 이해하려면 먼저 이명박 정부인 2012년과 박근혜 정부인 2016년 사이 그리고 2016년부터 2018년 사이의 실업률과 고용률의 변화를 살펴봐야 한다. 먼저 실업률 증가 속도는 2012~2016년간(연 0.1% 포인트 증가)보다 2016~2018년간(연 0.05% 포인트 증가)에 개선되었고, 그다음으로 고용률 증가 속도는 2012~2016년간(연 0.3% 포인트 증가)보다 2016~2018년간(연 0.05% 포인트 증가)에 악화됨으로써 지표상으로는 고용 상황이 개선된 측면과 악화된 측면이 동시에 존재한다.

따라서 지금의 고용 상황이 문재인 정부 들어 급작스럽게 나빠졌다고 단정하기에는 곤란하다. 특히 2018년 초 한국GM 군산공장 철수 사태에서 볼 수 있듯이 일자리 감소의 주된 원인은 산업 구조조정에서 비롯된 바가 크다. 제조업의 일자리 감소가 도·소매, 음식, 숙박으로 대표되는 영세 자영업, 사업시설관리·사업지원 및 임대서비스 사업의 일자리 감소로 확산되었듯이 고용 문제는 본질적으로 '제조업 위기'에서 비롯된 것이다. 그리고 제조업의 위기는 뒤에서 자세히 소개하겠지만 이미 오래전부터 진행된 것이다. 진보 정부는 물론 과거 어떤 보수 정부도 제조업 위기로부터 자유롭지 않다.

제조업 위기에 대한 대책이 이른바 역대 정부들에서 추진한 '신성장 동력 만들기'였지만, 어느 정부도 제대로 성과를 거두지 못했다.

현 정부에 비판적인 보수언론은 이러한 산업구조의 문제를 외면하고 '모든 문제가 문제인 정부의 잘못'이라는 주장을 뒷받침하기 위해 객관적으로 살펴야 할 고용지표를 왜곡하고 있는 셈이다. 문재인 정부의 소득주도 성장 정책들로 인해 고용의 질이 개선되는 측면, 즉 전체 임금 근로자 중 상용직 근로자 비중의 증가, 경제 활동인구 중 고용보험피보험자 비중의 증가, 비임금 근로자 중 고용원이 있는 자영업자의 비중 증가 등은 박근혜 정부 때보다 문재인 정부에서 빠르게 개선되고 있는 측면을 애써 외면하고 있다. 물론 정부의 실책을 비판하는 것은 필자 같은 학자나 언론의 의무이다. 그러나 실체적 진실을 외면하고 의도를 가진 왜곡은 옳은 정책적 방향을 잘못된 결론으로 뒤바꿀 수 있다.

왜 자영업은 위기에 내몰렸을까?

소득주도 성장 정책들을 비난하는 가장 큰 근거가 바로 '자영업자의 위기'이다. 그러나 결론부터 말하면 소득주도 성장은 자영업자의 소득 감소나 폐업 증가와 관련이 없을 뿐만 아니라 오히려 도움이 되는 측면이 강하다. 최저임금과 자영업자 소득의 관계를 추적할 수 있는 1991년부터 2018년까지의 실증 분석[02] 결과를 소개하면 다음과 같다. 첫째, 소득 수준에 관계없이 모든 자영업자의 소득은 가계소비 지출이 증가할수록 증가했다. 특히 저소득 자영업자일수록 소득은 가계소비 지출의 영향을 많이 받고 있었다. 오히려 상위 소득 자영업자의 경우 저소득이나 중간소득 자영업자의 경우보다 통계적 유의미성이 낮았다. 둘째, 고소득 자영업자일 경우 최저임금이 늘어날수록 소득이 증가한 반면 최저임금 인상에 따른 중간소득 자영업자와 저소득 자영업자의 소득 증감은 유의미한 통계적 결론에 이르지 못했다.

이는 결론적으로 자영업자의 소득이 가계소비 지출에 영향을 받지만, 최저임금 인상이 자영업자의 소득에 부정적인 영향을 미쳤다고 볼 근거가 없고, 오히려 고소득 자영업자의 경우는 최저임금 인상으로 인해 소득 증대라는 효과를 얻었음을 확인할 수 있다. 즉 자영업자의 어려움은 가계소득 둔화에 따른 가계소비 지출 압박과 과당경쟁의 결과임을 보여주는 것이다. 이른바 영세 자영업종(도·소매·음식·숙박업)의 자영업자 평균 소득은 임금 근로자 소득 대비 1990년 약 65%에서 1997년 약 35%, 2003년 약 31%, 2004년 약 28%까지 계속 하락한 이후 최근까지 28% 수준이 지속되고 있는데, 이는 더 이상 하락하기 어려운 한계 상황까지 하락했음을 의미하는 것이다. 그 결과로 자영업은 작은 충격에도 폐업으로 이어지고 있는 것이다.

실제로 2004년 이후 한계 수준에 도달한 이후부터 '고용원이 없는 자영업자'의 소득이 떨어지기 시작했다. 당연한 말이지만 이론적으로도 전체 자영업자의 70% 이상을 차지하고 있는 고용원이 없는, 즉 가족 노동력에 의존하는 자영업자의 경우 최저임금 인상과 무관하다. 자영업의 위기는 결국 과당경쟁과 가계소득 악화에 따른 소비 부진 등에서 비롯하고 있음을 보여준다.

그러면 자영업자 수는 어떤 변화가 있었을까? 자영업자 증감에 영향을 미친 요인을 분석[03]한 결과를 살펴보면 다음과 같다. 첫째, 가계소비 지출 증가율과 '고용원이 있는 자영업자'와 '고용원이 없는 자영업자'의 증가율 간에는 정(+)의 관계가 존재했다. 즉 가계소비 지출이 증가할수록 고용원이 있는 자영업자나 고용원이 없는 자영업자 모두 증가했다. 이는 가계소비 지출의 증가가 자영업 매출의 증가에 기여해 자영업 경영 환경을 개선하기 때문이다.

둘째, 전체 취업자 중 제조업 취업자 비중과 '고용원이 있는 자영업자'의 증가율은 정의 관계를 나타낸 반면 '고용원이 없는 자영업자'의 증가율과는 부(-)의 관계를 보였다. 전체 자영업자의 약 30%에 달하는 '고용원이 있는 자영업자'의 경우 고용원이 없는 자영업자에 비해 상대적으로 자영업을 적극적으로 선택한 경우로 제조업 일자리 비중이 증가할수록 내수 기반이 건강해져 경영이 개선되기 때문이다. 반면에 고용원이 있는 자영업자에 비해 상대적으로 경쟁력에서 불리한 '고용원이 없는 자영업자'의 경우 일자리가 부족해 자영업 진출을 강요받은 자영업자일 가능성이 높기에 제조업 취업자 비중이 감소하면 자영업 진출의 동기가 그만큼 증대하기 때문이다.

셋째, 최저임금의 증가율은 '고용원이 있는 자영업자'의 증가율과는 정의 관계를 보였다. 최저임금 증가에 따른 소비성향의 증가가 자영업 매출에 긍정적으로 작용한 결과로 해석할 수 있다. 반면에 '고용원이 없는 자영업자'의 증가율은 최저임금의 증가율과 부의 관계를 보였으나 통계적으로 유의미하지 않았다.

넷째, 무급 가족 종사자의 증가율은 최저임금 증가율과는 부의 관계를, 제조업 취업자 비중의 증가율과도 부의 관계를 보였다. 이는 최저임금이 증가할 경우 가족이 운영하는 자영업을 도와주기보다 유급 일자리를 선택할 가능성이 높아지고 제조업 일자리가 감소할수록 가족이 경영하는 자영업 지원에 참여함을 의미한다.

이처럼 최저임금의 경우 최소한 자영업의 폐업에 영향을 미치는 결정적 변수가 아님을 알 수가 있다. 최근 자영업의 어려움은 취약해진 가계소비 지출이나 제조업의 위기 등과 관련이 있음을 보여주는 대목이다. 장사만 잘되면 문재인 정부의 최저임금 인상률은 자영업자에게 큰 도움이 될 수 있음을 보여주는 것이다. 즉 2018년 최저임금을 동결했다고 해서 자영업자의 어려움이 개선될 가능성은 낮다. 또한 카드 수수료 인하, 임대료 인상 제한, 프랜차이즈 가맹료 개선 등 주요 정책 지원으로 자영업의 고질적인 문제를 개선할 수 있는 것도 아니다. 이는 일시적으로 반짝 효과가 있을 뿐이지 근본 대책이 될 수 없다. 자영업의 근본 문제는 매출 정체 혹은 감소 문제이고, 이는 가계소비 지출의 둔화 측면과 자영업자의 과잉 측면에서 비롯하고 있기 때문이다.

단기적 정책 지원으로 자영업의 수입이 안정적으로 확보된다고 하더라도, 제조업 등에서 일자리를 잃은 또 다른 '자영업 예비군'이 자영업으로 진출함으로써 다시 과당경쟁과 상가 수요 증가 등이 초래하는 악순환이 반복될 수밖에 없다. 실증 분석으로도 제조업 종사자의 비중이 감소하는 탈공업화가 진행될수록 중간소득 자영업자나 저소득 자영업자의 소득이 감소함을 보여준다. 엄밀히 가계소비 지출 측면과 자영업자 과잉 측면은 동전의 앞뒷면을 구성한다. 결국 제조·서비스 중심의 일자리가 안정적으로 뒷받침되면 가계소비 지출은 회복될 것이고, 자영업 진출 과잉 문제도 자연스럽게 해결할 수 있다.

최저임금 인상이 주는 '폐해?'

최저임금 인상 때문에 가계소득이 악화된다는 주장을 살펴보자. 결론부터 말하면, 가계소득 악화는 최저임금 인상과는 무관할 뿐 아니라 일자리를 가진 근로자 가구의 소득 증가에 오히려 기여를 한 것으로 확인된다. 먼저, 최저임금 인상이 경제 위기의 주범으로 지목되었던 2018년을 살펴보면 근로소득이 소득의 대부분을 차지하는 하위 50% 모두 가계소득이 증가했다. 소득 10분위별 기준으로 봐도 비슷하다. 하위 10%에 해당하는 1분위 근로자가구의 소득은 2015년 (시간당 최저임금 5,580원) 이후 계속 감소하기 시작해, 2017년(시간당 최저임금 6,470원)에는 2015년에 비해 약 10만 6,000원(7%) 감소한 반면, 2018년(시간당 최저임금 7,530원)에는 2017년에 비교해 오히려 10만 2,000원 증가했다. 2분위(하위 20%) 가계도 2017년까지 2015년 대비 약 6만 3,000원(3%) 감소했다가 2018년에 12만 2,000원이 증가해 2015년 수준을 초과할 정도로 회복했다. 3분위(하위 30%) 가계도 마찬가지였다. 2015~2017년 사이에 약 6,000원 감소했지만 2018년에는 2017년보다 5만 4,000원, 2015년보다 약 4만 8,000원 증가하는 것으로 나타났다.

이 지표가 말하는 것은 최저임금 인상이 가계소득에 악영향을 끼치기는커녕 오히려 근로소득 증가와 연결되었음을 추정해볼 수 있다. 특히 하위 50% 근로자가구 전체 소득(근로소득+사업소득+재산소득+이전소득) 중 근로소득이 차지하는 비중이 높다는 점을 감안하면, 2018년의 최저임금 인상이 근로자가구 소득을 개선시켰음을 추정할 수 있다. 실제로 전체 임금 근로자 중 200만 원 이상 임금 근로자는 처음으로 60%를 돌파했고, 200만 원 미만 임금 근로자 비중도 2018년 최저임금 인상 후 그 이전(2013~2017년)에 비해 2배 빠르게 감소했다. 또한 중위임금의 2/3 미만인 저임금 근로자 비중도 처음으로 20% 밑으로 떨어졌을 뿐 아니라 저임금 근로자 비중의 감소는 2018년 최저임금 인상 후 그 이전(2012~2016년)에 비해 33배 빠른 속도로 진행되고 있다. 즉 임금소득의 분배가 개선되고 있는 것이다.

그런데 여기서 의문이 생긴다. 최저임금 인상으로 근로자가구의 소득이 개선되었다고는 하는데, 정작 하위 40~50% 가구의 소득이 후퇴한 이유는 무엇일까? 바로 근로자 외 가구의 소득이 하락했기 때문이다. 근로자 외 가구 소득은 대부분 이전소득과 사업소득으로 구성되는데, 특히 사업소득의 감소가 큰 영향을 미쳤다. 고용원이 없는 자영업자의 감소에서 볼 수 있듯이 자영업 자체의 어려움과 임시직, 일용직 중심의 일자리 감소와 관련이 깊은 것이다. 문제는 하위 20% 근로자 외 가구의 이전소득이 후퇴하거나 정체하고 있음에도 취약계층에 대한 소득 지원이 근본적으로 개선되지 않은 상황이라는 점이다. 따라서 일자리를 상실한 노동자나 취약계층 등에 대한 사회 안전망 확충이나 소득 강화, 즉 소득주도 성장 정책의 적극적 추진이 필요함을 의미한다.

특별히 한국 경제만의 문제는 아니다

2018년 10월 IMF는 세계 경제 전망치를 하향 수정하며, 우리나라의 경제성장률을 2018년 3.0%에서 2.8%로, 2019년 2.9%에서 2.6%로 각각 하향 조정해 발표했다. 그러자 〈조선일보〉는 기다렸다는 듯이

"한국 경제가 경기둔화의 늪에 빠질 것이라는 전망이 확산되고 있다."고 보도하며 '경제 폭망설'을 유포했다. 그런데 사실 IMF의 하향 조정은 흔한 일이거니와 더욱이 2018년 경제성장률 전망치 2.8%도 지난 정부 성장률과 비교할 때도 크게 악화되었다고 보기에 어려운 지표다. 우리 경제는 이명박 정부 말기인 2012년 이래 사실상 2%대 성장률이 지속되어 왔기 때문이다. 즉 2012년 2.3%를 기록한 이후 2014년(3.3%)과 2017년(3.1%)을 제외하고 2.8~2.9%를 기록해왔다. 한국은행이 설정한 잠재 성장률*이 2.8~2.9%(2016~2020년)이기 때문이다.

문재인 정부가 출범한 이래 2017년 성장률이 3.1%였고, 2018년 들어 상반기 성장률이 2.8%로 하락했다고 해서 갑작스레 경제가 '폭망'했다고 얘기하는 것은 진실을 호도하는 행태다. 특히 보수언론의 주장은 사실을 왜곡할 뿐 아니라, 상황에 따라서 이중 잣대를 적용한다는 점에 문제가 있다. 예를 들어 보수언론은 연평균 7% 성장률을 공약했던 이명박 정부에서 연평균 성장률이 3.2%로 하락하고, 4%대 잠재 성장률을 공약했던 박근혜 정부에서 연평균 성장률이 3%도 안 나오자 정부 정책의 문제라기보다 자본 수익성 하락, 인구 구조 변화 등에 따라 잠재 성장률이 하락한 결과라며 방어해주기도 했다.

---

* 물가 상승을 유발하지 않으면서 한 나라의 경제가 보유하고 있는 자본, 노동력, 자원 등 모든 생산요소를 사용해서 최대한 이룰 수 있는 성장률.

보수언론이 이명박, 박근혜 정부에 대한 방어 논리로 내세운 잠재 성장률을 고려하면 문재인 정부에서 성장률 하락은 이미 예상된 것에 불과하다. 즉 우리 경제의 체질 및 산업구조 등에 근본적 변화가 없는 한 향후에도 잠재 성장률 하락은 불가피한 것이기 때문이다.

미국 경제는 좋은데 왜 한국 경제만 어렵냐는 지적도 옳은 지적이 아니다. 우리보다 확실히 더 높았던 미국의 지난 2018년 성장률(2.9%)도 내용적으로 건강한 것이 결코 아니다. 재정 적자의 급증 등 많은 비용을 수반한, '불필요한' 경기 부양의 결과이기 때문이다. 굳이 '불필요한' 경기 부양이라고 표현한 이유는 미국의 실업률(2018년 10월 기준) 3.7%가 (경제학에서 완전고용을 의미하는) 자연실업률 4%대 후반에 비해 1% 포인트 낮기 때문이다. 즉 트럼프가 당선됐던 2016년 11월(4.6%)에 이미 미국은 완전고용 수준에 도달했기에 감세와 재정 지출 증가 등 확장적 재정 정책은 불필요할 뿐 아니라 물가 상승이나 재정 적자 증가 등 부작용을 수반했다. 예를 들어 〈월스트리트저널〉은 2018년 예상되는 미국의 성장률 2.9% 중 0.2% 포인트 이상이 군사비 지출 증가에 따른 것이라고 지적하기도 했다. 게다가 IMF 등은 2019년 당초 성장 전망치(2.7%)보다 0.2% 포인트 낮춰 2.5%로 전망하고 있으며, 일부 투자은행들은 미국의 2019년도 성장률을 1%대 후반까지 내려 잡고 있을 만큼 미국 경제도 녹록치 않은 상황이다.

보수언론의 왜곡 보도는 2019년 2월 말부터 진행되었던 IMF 연례협의 결과 발표에서도 되풀이되었다. 먼저, IMF의 모든 회원국은 협정문 제4조(Article IV) 규정에 의해 IMF와 의무적으로 연례협의를 실시한다. IMF 협의단의 발표 결과는 "한국 경제성장이 중단기적으로 역풍을 맞고 있어 최소 9조 원 이상 규모의 추가경정예산을 통한 확장적 재정 정책과 더불어 통화 정책도 완화적이어야 한다."는 내용이었다. 보수언론은 '역풍'이라는 단어에 방점을 찍고 IMF가 한국 경제에 대한 '이례적 경고'를 했다는 기사를 쏟아냈고, IMF에 대한 트라우마를 갖고 있는 국민들은 이 뉴스에 크게 위축되었다.

그러나 이 보도는 사실을 왜곡한 것이다. 앞에서도 언급했듯이 한국 경제는 경제 위기와는 거리가 멀다. IMF 협의단도 한국 경제는 견조한 펀더멘털을 가지고 있고, 거시경제는 전반적으로 잘 관리되고 있다고 지적했다. IMF가 지적한 '역풍'은 투자 및 세계 교역 감소에 따른 성장률의 둔화를 의미하는 것이었다. 국내 언론에서 표현한 '역풍'은 '맞바람(headwinds)'을 번역한 것으로 정확한 의미를 담아내지 못한다. 배가 항해하다 보면 뒤에서 불어오는 바람(tailwinds)도 맞이할 수 있고, 맞바람(headwinds)에 직면하기도 한다. 2018년 말부터 세계 경기가 둔화되는 상황에 대해 IMF 관계자들을 비롯해 많은 이들은 이 상황을 '역풍(headwinds)' '폭풍(storms)' 등에 빗대어 표현해왔다. 필자는 IMF 협의단 단장이었던 타르한 페이지오글루(Tarhan Feyzioglu)와 이메일을 통해 재차 'headwinds'에 대한 정확한 의미를 물었고, 그는 필자가 방송에서 언급한 내용 정도로 자신이 사용한 'headwinds'의 의미를 부연 설명하는 답장을 보내주었다. 사실 IMF는 보육과 아동수당 개선을 포함해 여성의 노동시장 참여를 확대해야 하고, (실업자들이 일자리를 찾을 수 있도록 돕기 위해 노동시장에 개입하는 정부 프로그램인) '적극적인 노동시장 정책들'을 권유했는데, 이것들은 문재인 정부의 정책과 일맥상통하는 것들이다.

IMF 협의단의 결과 발표는 IMF가 4월 9일 발표한 2019년 경제성장 수정 전망치에서 확인되었다. IMF는 2019년 성장률에 대한 수정 전망치를 내며 지난해 미국의 경우 0.2% 포인트를 내린 2.3%로 발표한 반면, 우리나라 성장률 전망치는 지난해 10월에 발표한 2.6%를 그대로 유지했다. 보수언론들의 예상과 달리 한국이 미국보다 성장률이 더 높을 것으로 전망한 것이다. 유럽의 모범국가(?)로 거론하는 독일의 성장률을 보면 보수언론이 우리나라의 성장률에 대해 얼마나 왜곡하는지 잘 드러난다. 독일의 성장률은 지난해 1.5%에 이어 올해에는 무려 1.1% 포인트나 내린 0.8%가 전망되고 있다. 지난해 성장률 0.8%와 올해 1.0% 성장률이 전망되는 일본 등에 비교할 때도 우리나라 성장률은 '경제 폭망'과는 거리가 멀다.

물론 IMF가 올해 우리나라의 성장률 전망치를 변경하지 않은 것은 추경 편성을 전제로 한 것으로 짐작된다. IMF는 우리나라의 재정 여력이 충분할 뿐 아니라 너무 긴축적으로 운용한다고 주장한다. 국가채무는 여러 기준이 있다. 가장 좁게는 중앙 및 지방정부의 회계와 기금을 정리한 부채(D1)가 있고, 이러한 부채에 비영리공공기관의 부채를 합한 국가채무(D2)로 IMF나 OECD 등에서 사용하고 있고, 여기에 비금융공기업 부채까지 포함한 국가채무(D3) 등이 있다. 박근혜 정부 시절의 국제 비교 기준인 국가채무(D2)를 볼 때 2016년 GDP 대비 43.8%였는데 이는 2012년 36.6%에 비해 7.2% 포인트 증가한 것이다. 그런데 2017년에는 42.5%로 오히려 1.3% 포인트 감소했다. 좁은 의미의 국가부채(중앙+지방정부 부채)를 기준으로 보더라도 박근혜 정부 시절인 2012년 32.2%에서 2016년 38.3%로 6.1% 포인트 증가한 반면, 문재인 정부에서는 2017년과 2018년 모두 38.2%로 박근혜 정부 마지막 해인 2016년보다 0.1% 포인트 축소되었다. 이처럼 확장적 재정 운용을 공약했던 문재인 정부에서 '작은 정부'를 지향했던 박근혜 정부보다 재정을 긴축적으로 운용하고 있는 것이다. 기재부 담당자는 문재인 정부의 재정 운용이 확장적이라며 그 주장의 근거로 2018년 기준 통합재정수지(31.2조 흑자)에서 사회보장성 기금(국민연금, 사학연금, 산재기금, 고용보험기금)을 제외한 관리재정수지가 −10조 6,000억 원의 적자라는 점을 제시한다. 그러나 이러한 주장도 '작은 정부'를 지향했던 박근혜 정부에서 관리재정수지가 −21.1조 원(2013년)에서 −22.7조 원(2016년)으로 2배 이상이었다는 점에서 근거가 취약하다.

IMF가 2019년 추경 규모를 최소 9조 원 이상 권유했음에도 기재부가 7조 원 이내로 계획하는 것은 문재인 정부에서 재정 운용을 보수적으로 수행한 관료들의 사보타주나 다름없다. 사실 2019년 국내외적 경제 상황은 추경을 GDP 대비 0.7%로 편성했던 2015년보다 나쁘다. 2019년 1~3월 수출액이 2015년 수준을 하회할 정도로 2019년 수출의 역성장 가능성이 높아지는 상황에서 제조업을 중심으로 생산 및 설비투자 등의 위축이 지속될 가능성이 높기 때문이다. 참고로 2018년 성장률 2.7% 중 순수출(수출-수입)이 1.2%를 기여했다. 반면 수출이 역성장을 했던 2015년 순수출(=수출-수입)의 성장 기여도는 -1.0%에 달했다. 이는 건설투자 증가율의 마이너스(-) 행진이 멈추고 다소 회복을 하더라도 민간 소비 지출과 정부 지출 등으로는 성장률이 2%대 초에 그칠 가능성이 높다는 것을 의미한다. 건설투자 기여도 1.0%를 포함해 기업투자의 기여도가 1.5%였던 2015년에 비교해 상황이 좋지 않기에 최소 2015년 수준의 추경 편성(13조 원)은 불가피하다. 그렇지 않으면 정부가 목표로 하는 성장률 달성이 어려울 수도 있기 때문이다. '작은 정부'를 지향했던 이명박, 박근혜 정부보다 긴축적인 재정 운용을 하면서 소득주도 성장을 추진하는 것은 불가능하다.

2018년 성장률에는 희망이 있다

2018년 경제성장률이 2.7%(잠정치)로 나왔다. 2018년은 문재인 정부의 성장 정책이 효과를 나타내기 시작한 사실상의 첫해였다. 이에 대해 대부분의 언론은 '6년 만에 최저치'라는 기사 제목을 뽑았다. 2000년 이후 금융 위기 충격이 있었던 2009년(0.7%)을 제외하면 성장률이 가장 낮았던 해가 2012년이었는데, 당시 성장률이 2.3%였다. 2018년의 2.7%는 그다음으로 낮은 성장률이다. 그런데 성장률의 하락 추세는 어제오늘의 얘기가 아니다. 탈공업화가 진행된 1992년부터 이미 성장률은 계단식으로 하락해왔다. 즉 외환 위기 이전이었던 1992~1997년 6년간 연평균 7.6%, 1998~2002년 김대중 정부 시절 5년간 연평균 5.3%, 2003~2007년 노무현 정부 시절 5년간 연평균 4.5%, 2008~2012년 이명박 정부 시절 5년간 연평균 3.2%, 2013~2016년 박근혜 정부 시절 4년간 연평균 3.0% 그리고 2017~2018년 현 정부 2년간 연평균 2.9%를 기록하며 꾸준하게 떨어졌다. 이는 앞서 설명했던 1990년대 초 이래 성장률의 장기적 둔화와 뒤에서 좀 더 자세히 언급할 (제조업 종사자 비중이 줄어드는 탈공업화 이후 괜찮은 일자리를 창출할 대안 산업이 만들어지지 않는 상황에서 겪는) '탈공업화 함정'에 더해 자본 수익성 하락과 최근의 생산가능인구 감소 등의 요인이 추가된 결과다. 그런데 언론들은 2018년 성장률 2.7%에 집중함으로써 너무 많은 부분을 모르는 척하고 있다.

첫째, 성장률 숫자를 단순히 숫자로만 비교한다. 그러나 그 안에는 비밀이 담겨 있다. 2018년 성장률 수치만 보면 박근혜 정부가 선방한 것처럼 보인다. 그런데 실상 박근혜 정부의 마지막 해인 2016년 성장률 2.8% 중 1.6%, 즉 성장률 전체 중 57% 이상이 건설투자가 만들어낸 것이었다. 이 대목에서 건설투자의 역할에 주목해야 한다.

　2018년 성장률이 이전보다 낮았던 가장 큰 이유가 전체 성장률 중 0.7%를 감소시킨 건설투자의 감소 때문이었다. 이는 오히려 건설투자가 기존처럼 성장에 기여했다고 가정할 경우, 2018년 성장률이 3.4%가 될 수 있었음을 의미한다. 더군다나 설비 투자 감소는 2018년 성장률 중 0.2%만 감소시켰을 뿐이다. 참고로 2018년 실질 설비 투자액이 약 156조 원인 반면 실질 건설투자액은 1.5배를 넘는 241조 원일 정도로 건설투자는 항상 경제성장률에서 높은 비중을 차지한다.

　그렇다면 왜 2018년의 건설투자는 전년도에 비해 4%나 감소했을까? 결론부터 말하면 2018년 건설투자의 감소는 박근혜 정부에서 추진한 인위적인 건설경기 부양책(부채주도 성장)의 거품이 꺼지면서 나타난 자연스러운 현상이다. 주지하듯이 2014년 7월 경제부총리로 부임한 최경환은 부동산 시장이 감기에 걸렸다며 DTI, LTV 규제를 완화하고 그해 2월에는 분양가 상한제의 실질적 폐지, 재건축 초과 이익 환수제 3년 유예, 재건축 조합원 분양 주택수 3주택 허용 등 이른바 '부동산 3법'을 통과시킨다. 게다가 정부로부터 압박(?)을 받은 한국은행은 2014년 8월부터 2015년 6월까지 11개월 사이에 기준금리를 2.25%에서 1.50%로 세 차례나 인하함으로써 부동산 투기에 대한 자금을 지원해주었다. 그 결과 2014~2017년간 실질 건설투자액은 연 8.2%씩 증가했다. 이러한 증가율은 그 이전 11년(2004~2014년) 기간 연평균 증가율 5.4%보다 2.8% 포인트나 높은 증가율을 나타냈다. 즉 장기 추세를 초과하는 건설투자액이 2015~2017년에 집중되었다는 것은 그 이후 건설투자의 감소를 필연적으로 수반할 수밖에 없음을 드러낸다. 실제로 2004~2018년간 건설투자액 연평균 증가율이 5.3%라는 점에서 2018년 건설투자 증가율 -4.0%는 거품이 가라앉으면서 정상으로 회귀하는 과정의 후유증임을 뜻하는 것으로, 2014~2017년간 연평균 건설투자 증가율 8.2%와 2017~2018년간 연평균 성장률 2.9%는 '빚내서 집사라'는 가계부채 증가로 만들어진 결과였다.

최경환 경제부총리 재임 기간이었던 2014~2016년의 연평균 주택담보 대출 규모 39조 원은 이명박 정부 기간의 연 22조 원이나 박근혜 정부 초기(2013~2014년) 2년 동안의 주택담보 대출 연 14조 원보다 1.8~2.8배 높은 규모였다. 주택담보 대출금은 2007~2014년간 연평균 6.7%씩 증가했던 반면 2014~2017년간은 연 7.9%씩 증가했다. 박근혜 정부 첫해의 주택담보 대출금 증가율이 6.75%였던 것을 보더라도 최경환의 부동산 시장 정책이 '빚내서 집사라'는 정책이었음이 입증된다. 인위적 건설 경기 부양이 없었던 박근혜 정부 첫해 2014~2015년의 건설투자의 연평균 성장 기여도 0.35%를 적용하면 2016년 성장률은 2%에도 미치지 못하는 반면 2018년은 3.7% 이상 성장률이 가능했다는 결론이 나온다. 부채주도 성장이 미래 소득을 당겨써 만든 성장이라는 점에서 실제 능력보다 부풀려진 2015~2017년 성장률이 역으로 2018년 성장률을 실제보다 떨어뜨린 원인으로 작용한 것이다. 통계청이 2019년 3월 21일 발표한 '2018년 3분기(8월 기준) 임금 근로 일자리 동향'에 대해 보수언론들이 '건설업 11만 개 일자리 감소' 기사를 쏟아내며 21만 개 임금 근로 일자리 증가를 외면했는데, 건설업 일자리 감소는 박근혜 정부에서 인위적인 건설 경기 부양의 후유증이 만들어낸 건설투자 감소의 결과였던 것이다.

둘째, 2018년 예고된 건설투자의 급감은 필연적으로 그 이듬해의 '성장률 쇼크'를 의미하는 것이었다. 예를 들어 비슷한 성장률을 기록했던 2016년 2.8%를 기준으로 할 때 다른 조건(가계소비, 정부소비, 설비 투자 수출 등)이 동일하다면 2016년 건설투자 성장 기여분 1.6%를 제외하고, 여기에 2018년 건설투자 감소(-4%)에 따른 건설투자 성장 기여분 -0.7%를 고려하면 2018년도의 성장률은 0.5%에 불과했을 것이라는 결론이 나온다. 이러한 성장률 충격을 막았던 것이 가계소비, 정부소비, 수출 등이었다. 먼저 한국 경제의 구조적 취약성 중 하나로 내수 취약성을 지적하듯이 내수의 중심축인 민간소비 증가율은 2003년부터 경제성장률을 항상 하회했다(2005년 제외). 그런데 2018년 소비 증가율은 2.8%로 경제성장률 2.7%를 5년 만에 상회했다. 이는 가계소득 특히 저소득층의 소득강화 대책들, 즉 성장 정책들과 무관하지 않다. 2018년 2.7% 경제성장률 중 민간소비의 성장 기여도(1.4%)는 52%에 달했는데, 이는 박근혜 정부 시절의 민간소비가 2016년 31%, 2015년 25%, 2014년 18%, 2013년 7%를 기여한 것과 비교할 때 획기적인 전환을 보여주는 것이다. 2018년에 가계소비의 역할이 크게 개선되지 않았다면 2018년 성장률은 이른바 보수언론들이 좋아하는 표현인 '참사'를 빚었을 수준으로 떨어졌을 것이다. 즉 성장 정책으로 인해 경제 위기를 막은 것이다. 물론 2018년 수출 회복도 '참사'를 막는 데 큰 기여를 했다. 순수출(=수출-수입)의 성장 기여도는 1.2%로 민간소비와 같은 역할을 수행했다.

셋째, 일부 언론들은 2018년의 2.7% 성장률조차 정부 곳간을 열어 만든 결과라고 혹평하지만 실상은 그렇지 않다. 2018년 정부 지출은 전년에 비해 5.6%나 증가했는데, 이는 박근혜 정부 시절인 2013~2016년의 3.0~4.5%보다 높은 것이 사실이다. 성장 기여분도 2018년에는 0.9%였던 반면 2013년과 2014년 각각 0.3%나 2015년과 2016년의 0.4%보다 높다. 그런데 설비 투자와 건설투자가 감소하는 상황에서 확장적 재정 운용은 불가피하다. 더욱이 2016년 19.6조 원, 2017년 14.3조 원에 이어 2018년에도 16.8조 원(추정치)의 초과 세수가 발생할 것이 예상되는 상황에서 재정을 확장적으로 운용하지 않는 것이 오히려 문제가 된다. 정부가 필요 이상으로 민간에서 세금을 거두어들이면 민간의 경제 활동을 그만큼 위축시킬 수밖에 없기 때문이다. 실제로 국가채무에 잡히는 '적자성 국채' 발행 규모는 박근혜 정부에서 연간 24조 1,000억 원~39조 6,000억 원, 4년간 총 124조 8,000억 원, 연평균 31조 2,000억 원인 반면 문재인 정부에서는 2017년 20조 원과 2018년 15조 원으로 연평균

17.5조 원으로 크게 축소되었다.

게다가 앞에서 지적했듯이 제조업 위기의 여파로 취약계층의 일자리가 타격을 받는 상황에서 사회 안전망 확충이나 복지 강화가 필요하기에 재정의 역할은 매우 중요하다. 문재인 정부가 5년 평균 7% 재정 지출 증가를 공약으로 내건 배경이기도 하다. 더구나 2019년 세계 경기가 둔화되며 수출 증가율이 마이너스가 될 가능성이 높아지는 상황에서 기업투자가 회복되기 쉽지 않고 제조업 위기도 지속될 수밖에 없는 상황에서 취약계층의 일자리 조건도 개선되기 쉽지 않기에 재정의 역할은 더 커질 수밖에 없다. 이처럼 중산층 및 저소득층을 중심으로 가계소득의 강화와 더불어 사회 안전망 확충이나 복지 강화 등을 목표로 하는 성장 정책은 더욱 강화되어야 한다.

물론 2018년의 경제성장률에 성장 정책의 긍정적 측면이 보인다고 경제 체질이 근본적으로 개선되었다고 보기는 어렵다. 2017년과 2018년의 최저임금 인상 속도를 지속하기 어려워진 상황이나 고용 위기의 지속 등으로 민간소비를 지속적으로 강화하기 어렵기 때문이다. 결국 중산층 및 저소득층의 고용 안정과 일자리 개선 등 근원적인 개선이 뒷받침되어야만 가계소비가 늘어날 것이다. 즉 산업 구조조정이나 산업 생태계의 재구성이 함께 진행되어야만 성장 정책들은 시너지 효과를 만들어낼 것이다.

소득주도 성장, 더 강화해야 한다

지금까지 보았듯이 고용 악화의 핵심 원인은 제조업 충격이 전면화된 결과이다. 2014년부터 제조업이 후퇴한 이래 2017, 2018년 잠깐 제조업 매출액이 증가해 반전했으나 이는 반도체 호황에 힘입은 바 크다. 지금도 반도체를 제외하면 제조업은 위기 상황 그 자체로 봐야 한다. 더군다나 최근 반도체 경기가 후퇴하면서, 특히 2019년 1월 반도체 수출액이 급감하면서 제조업 일자리가 17만 개나 감소한 상황이다. 제조업 의존이 절대적인 한국 경제에서 제조업 일자리 감소는 말 그대로 산업 전반에 대해 치명적인 결과를 초래할 수 있다. '2003년 통계를 집계한 이래 최악의 소득분배'라는 보수언론의 보도 역시 소득주도 성장 정책과 관계가 없을 뿐 아니라 오히려 소득주도 성장 정책의 보완 및 강화가 필요함을 역설적으로 보여준다.

2019년 2월 발표한 2018년 4분기 가계동향조사를 보면 최하위 20% 가계의 소득은 18% 감소한 반면 최상위 20% 가계의 소득은 10% 이상 증가한 결과, 2003년 이후 5분위 배율(최상위 20%의 평균소득을 최하위 20%의 평균소득으로 나눈 값)이 5.47배로 뛰어 15년 만에 최대 수치를 기록했다. 그런데 최악의 소득분배 지표는 2018년 4분기만의 문제가 아니었다. 2018년 내내 대동소이한 상황이 전개되었다. 10~15년 만에 최악이라는 소득분배의 결과를 어떻게 이해해야 할까? 2018년 4분기 가계소득 분포를 가계를 10등분 한 소득10분위별로 보면 최하위 10% 가계의 경우 약 25%나 소득이 감소했고, 반대로 최상위 10%는 약 12%나 증가했다. 그런데 여기서 최하위 20% 계층의 소득 급감 부분에서 65세 이상 가구주가 66%를 차지한다는 사실을 주목해야 한다. 특히 최하위 10% 계층의 경우 65세 이상 가구주는 69%나 차지하고 있다. 이는 OECD 최악 수준인 노인 빈곤 문제가 그대로 반영되고 있는 것이다. 반면 최상위 20% 계층에는 65세 이상 가구주가 4%에 불과하다. 2017년 5월 이후 64세 이하 인구는 감소하는 반면 65세 이상 인구는 계속 증가하고 있다.

예를 들어 2019년 1월 기준 직전 1년간 65세 이상 인구가 31만 명이나 증가했다. 이 말은 65세 이상 인구의 비중이 2018년부터 증가하고, 최하위 20% 소득 계층에서 65세 이상 가구주 비중이 향후에도 계속 증가할 수밖에 없음을 의미한다. 이게 바로 2018년부터 소득분배가 악화된 중요한 배경이다. 게다가 제조업 위기에 따른 일자리 악화의 최대 피해자는 종사자 지위별로 보면 임시직 및 일용직 그리고 상대적으로 경쟁력이 취약한 고용원이 없는 자영업자임을 확인할 수 있듯이 제조업 위기가 이래저래 저소득층에 집중되고 있는 것이다.

이처럼 고용과 소득분배 악화는 인구 구조 변화와 더불어 제조업 위기 등에서 비롯하는 것이지 소득주도 성장 정책들과는 무관하다. 오히려 가계의 소득 강화와 지출 부담 경감 등에 초점을 맞춘 소득주도 성장 정책들을 강화해야 함을 보여준다. 실제로 소득주도 성장 정책이 반영된 2018년 4분기 기준 직전 1년 동안 소득이 25%나 감소한 최하위 10% 계층의 경우는 공공 이전소득이 하나도 변하지 않았던 반면 2~9분위까지는 모두 이전소득이 증가했다. 이는 결과적으로 복지정책 중 근로와 연계된 정책(예를 들어 근로장려세제)이 65세 이상이 집중된 최하위 10% 가계에 실질적인 도움이 되지 않고 있으며, 또한 평균 명목소득과 평균 가처분소득이 각각 80만 원과 63만 원에 불과하다는 점에서 정부의 소득 직접 분배(이전소득 증가)의 필요성을 보여준다. 비록 현 정부에서 증액했지만 기초연금이 여전히 부족하고, 기초생계비도 현실화가 필요하다는 것을 방증한다. 이것도 마찬가지로 소득주도 성장 정책들의 강화가 필요함을 의미하는 것이다.

그럼에도 보수언론에서 부정확하고 자극적인 보도를 하는 이유는 무엇일까? '19년 만에 최대 실업자', '통계 집계 이래 소득분배 가장 악화' 등의 보도는 결국 국민들의 불안감과 가계소비 심리의 위축만 가져올 뿐이다. 누누이 강조했듯이 2018년 경제성장률은 가계소비 지출과 대외 수출 등이 주도적 역할을 수행했다. 그러나 현 시점에서 2019년 수출은 역성장의 가능성도 보인다. 이 상황에서 가계소비 심리마저 얼어붙는다면 경제성장률은 목표한 만큼 나오기 어려울 수밖에 없다. 추락한 2019년 경제 성적표를 통해 2020년 총선에 정치적 도구로 활용하려는 것은 아닌지 의문스러운 대목이다.

2

한국 경제가 맞닥뜨린
시대 과제

한국 경제를 말할 때 압축 성장을 빼놓고 표현하기 어렵다. 그리고
산업화 과정과 맥을 같이 한 압축 성장의 과정에서 볼 수 있듯 압축
성장의 또 다른 표현은 '압축적 공업화'였다. 압축적 공업화는 짧은
기간 내 저부가가치 산업을 고부가가치 산업으로 전환하는 산업 구
조조정이 성공적으로 진행된 결과다. 그러나 산업 구조조정은, 비록
선진국에서 이미 검증된 산업을 모방했던 것이라 하더라도 완전히
새로운 산업에 진출하는 과정에서 필연적으로 위험(손실)을 수반할
수밖에 없었다. 그런데 문제는 산업 구조조정에 따른 위험(손실)은
전 사회적으로 분산(공유)했던 반면 이득은 재벌과 독재 정권의 관련

자 등에게만 집중되었다. 이른바 '손실의 사회화와 이익의 사유화'라는 불공정 시스템이 가장 큰 문제였다. 분단을 이용해 영구권력을 획책한 군부 독재 정권은 정통성이 결여된 권력을 유지하기 위해 공권력(물리력)과 금권을 동원했고, 그 금권의 원천이 재벌이었다. 그 결과 압축적 공업화 과정에서 산업 정책과 정경유착, 정책금융과 관치금융 그리고 성장과 '부패·불공정'은 동전의 앞뒷면을 구성했다.

사실 삼성 등 한국의 재벌 기업들은 1970년대까지만 하더라도 규모 면에서 초라한 수준이었다. 오늘의 재벌 기업들은 과거 '중화학공업화'의 결과물이다. 오늘날 한국을 대표하는 산업들인 자동차, 조선, 철강, 정유 및 석유화학, 반도체 등이 중화학공업화의 산물이기 때문이다. 그런데 중화학공업화와 재벌 중심 경제체제는 역설적으로 민주주의의 압살 속에서 등장했다. 1972년 10월 17일 계엄령 선포, 국회 해산, 유신 선언 그리고 같은 해 11월 21일 유신헌법 통과, 뒤를 이어 1973년 1월 12일(연두교서) 방위산업(군수산업) 육성을 목표로 '중화학공업화' 선언으로 이어졌다.

중화학공업화가 방위산업 육성을 매개로 진행되었듯이 민주주의의 압살은 분단 체제와 밀접한 관계를 맺고 있다. 1969년 7월 미국의 닉슨 대통령은 아시아에서 '군사 불개입'을 선언한다. 이른바 '괌 선언'이다. 이후 아시아에서 권위주의 정권의 등장이 이어졌다. 우리나라와 관련해서도 중요한 결정이 담겨 있었는데, 바로 5년 내 미군 철수 계획이 발표되었고 실제로 1970년 7월 한국 정부에 통보 후

1971년 3월에는 주한미군의 1/3 규모인 1개 사단의 철수로 이어졌다. 한편 1971년 10월 25일에는 중국이 UN에 가입하는 등 동아시아의 안보 환경은 급변했다. 이를 빌미로 박정희 정권은 1971년 12월 6일 국가비상사태를 선언했는데, '안보 최우선' 논리로 민주주의를 살해한 것이다. 이처럼 유신체제와 재벌 중심 경제체제는 쌍생아였고 이러한 결합을 가능케 한 것이 분단이었다. 이는 분단의 해체 없이 한국 사회에서 민주주의의 완성은 어렵다는 것을 의미한다.

시장이 제대로 형성되지 않은 상황에서 정부는 자원 배분에서 막강한 권한을 행사할 수 있었다. 이를 학술적으로 포장한 표현이 '정부-은행-기업'의 유기적 협력이다. 정부는 산업구조의 고도화 과정에서 외국에서 조달한 외화자금의 배정, 장기 저리의 정책금융, 세금·관세의 감면, 산업용지 제공 등을 적극적으로 지원했다. 중화학공업은 산업 특성상 대규모 자본과 기술이 필요했던 반면 당시 중화학공업 분야에 진출한 오늘의 재벌 기업들은 자본과 기술, 경험 등 모든 것이 부재한 상태였다. 이른바 동네에서 슈퍼마켓을 운영하다가 백화점 사업으로 진출하는 것에 비유할 수 있다. 한마디로 재벌은 국가에 의해 육성된 것이었고, 이것이 정경유착이 구조화된 배경이다.

그러나 중화학공업화는 특혜를 노린 기업 간의 과당경쟁에 따른 중복·과잉 투자를 초래했고, 이미 선진국에서 검증된 사업이었다고 해도 새로운 사업이 모두 성공할 수 없었으므로 부실기업이 반복적으로 생산되었다. 그 결과 주기적으로 부실기업의 정리 작업 및 사양산업의 합리화 작업이 진행되었다. 그런데 이 과정에서 손실은 국민의 몫으로, 이익은 재벌과 정치권력 등에게 배분되었다. 즉 부실기업을 인수하는 기업에 대해서는 대출 원리금 상환 유예, 이자 지급 면제, 조세 감면, 시드머니(seed money, 종자돈) 대출 등 금융·세제상의 특혜가 제공되었다. 예를 들어 1980년대에 정리된 부실기업의 부채는 모두 6조 8,000억 원이 넘었는데, 기존 대출 원리금 상환 유예액이 4조 2,000억 원, 조세 감면액이 2조 1,000억 원 규모에 달했고, 시드머니는 대출 원금의 상환 유예나 이자 감면으로도 정리가 곤란한 업체에 대해 10년 거치 10년 분할 상환의 특별 장기저리 융자로 4,608억 원이 대출되었다.

점입가경으로 시드머니에 대한 특혜 시비가 일자 은행 대출금 자체를 대손 처리해 원금을 탕감시켜주는 편법을 썼는데, 그 규모가 9,863억 원 규모에 달했다. 부실기업 처리 과정이 은행의 부실채권과 대손처리로 인한 은행 부실 가능성으로 부각되자 한국은행은 특별융자를 통해 지원했는데, 그 규모는 1조 7,200억 원 규모였고 부실기업 중 절반 이상을 재벌이 인수했다. 재벌 기업이 이 과정의 최대 수혜자였던 것이다. 이렇게 특혜를 받은 재벌 기업들이 정치권력에 정치자금을 제공하는 것은 아주 자연스러운 일이었다.

실제로 군사독재 권력은 재벌 기업들이 자신의 능력으로 부를 축적한 것이 아니라는 인식을 했고 안정적인 국정 운영이라는 미명하에 권력을 유지하기 위한 불법 정치자금을 당당하게 요구했던 것이다. 즉 국민의 희생을 수반한 한국의 재벌 중심 경제체제는 '손실의 사회화와 이익의 사유화'라는 불공정 공유 시스템이었던 것이다. 따라서 군부 독재 권력의 종식과 민주화 진전 과정에서 재벌 개혁 등 '경제 민주화'가 우리 사회의 핵심 의제가 된 것은 자연스러운 결과였다. 군부 독재 권력에 저항한 민주화 운동 진영 입장에서 재벌 중심 경제체제와 그 속성인 불공정과 반칙 등은 청산 대상일 수밖에 없었던 것이다.

그런데 1987년 '민주항쟁' 때부터 우리 사회의 중심적 '화두'가 된 경제 민주화, 즉 재벌 개혁이 30년 넘도록 완성되지 못한 이유는 무엇일까? 그것은 바로 한국 사회에서 제조업 기반의 경제성장과 재벌 중심 경제체제가 동의어이기 때문이다. 이는 제조업 기반의 경제성장 방식을 대체할 수 있는 대안의 경제체제 및 새로운 성장 패러다임을 만드는 문제와 관련이 있다. 실제로 군사정권의 마지막 해이자 문민정부(김영삼 정부)의 출발점인 1992년에 제조업 일자리가 줄어드는 탈공업화가 동시에 진행되었다. 그 결과로 재벌 중심 경제체제의 산물인 불공정경제시스템과 장시간 저임금 근로자의 존재와 이에 의존해 수명을 연장해온 저부가가치 사업장의 존재라는 한국 경제의 적폐가 만들어졌다.

이처럼 탈공업화의 등장은 국민의 일자리와 소득 창출에 중심적 역할을 했던 제조업을 대체할 새로운 '산업 만들기'가 시대적 과제로 부상했음을 의미한다. 한국 경제는 민주화가 시작되며 공정성 강화와 산업 구조조정(미래 만들기)이라는 이중 과제를 시대적 과제로 가진 것이다. 그런 점에서 한국 경제의 분기점은 1997년 말 외환 위기가 아니라 오히려 1992년이고, 시대적 과제에 대한 잘못된 대응이 외환 위기를 초래했으며, 외환 위기 이후의 한국 경제는 퇴화 과정 중에 있다. 그럼에도 한편(자칭 보수 진영)에서는 수명이 소진된 '한국식 산업화 모델(박정희 성장 시스템)'에서 한 걸음도 나가지 못하면서 부패와 불공정에 대해 반성(반칙에 기초한 기득권의 포기)조차 않고 있고, 다른 한편(자칭 진보 진영)에서는 '한국식 산업화 모델'의 쌍생아인 '부패와 불공정'에 대한 개혁, 이를테면 경제 민주화를 추구하지만 '한국식 산업화 모델'에 대한 '대안 경제모델'(미래 방향)을 제시하지 못해왔다. 문제는 '미래'를 만들지 못하면 기득권 세력의 '분열-갈등 만들기' 패러다임에 휘말려 공정과 정의의 지속적 강화가 불가능할 뿐더러, 서민의 지지조차 받기 어려운 상황으로 내몰릴 수밖에 없다는 점이다. 이것이 문재인 정부의 현 주소이다.

한국 경제의 적폐, 격차와 불균형의 구조화

고용 문제와 일자리 양극화

'산업'은 말 그대로 '일자리를 낳는다'는 의미를 갖는다. 제조업의 역할을 대체할 새로운 산업이 준비되지 않은 상황에서 시작된 탈공업화는 일자리 충격을 수반할 수밖에 없다. 일자리 증가율의 하락과 더불어 중간 임금 일자리가 줄어들고 다수의 하위 임금과 소수의 상위 임금 일자리로 고용의 지형이 분화되는 '일자리 양극화'가 그것이다. 1992년 전후 5년의 일자리 증가율을 보면 1986~1991년간 연평균 6.8%에서 1992~1997년간 연평균 2.3%로 1992년 전후로 크게 감소했다. 장기적으로 볼 때도 고도성장기인 1963~1991년간 연평균 5.9%에서 탈공업화가 진행되기 시작한 1992~2017년간 연평균 2.1%로 감소했다.

특히 대기업 일자리 비중이 감소된 부분을 주목해야 한다. 10인 이상 사업체 중에서 대기업 노동자가 차지하는 비율은 1987년 38% 까지 차지했으나, 2017년에는 25%로 30년 사이에 13% 포인트나 감소했다. 삼성전자와 현대차 등 대기업의 주력 사업이 제조업이라는 점에서 이 사실은 중요한 지점이다. 우리나라의 3대 주력 산업(자동차, 조선, 반도체)이 20여 년 이상 유지될 정도로 대기업은 새로운 수익 사업을 만들어내지 못하고 있고, 조선과 자동차 산업의 위기 등에서 보듯이 기존 사업의 방어조차 힘들어하고 있다. 이것이 청년층 일자리 상황이 악화되는 주요 요인 중 하나다. 그리고 청년층 일자리 악화와 저소득층 일자리 감소는 동전의 앞뒷면을 구성한다.

참고로 청년층이 선호하는 민간 일자리는 대기업 일자리나 신기술에 기반해 창업한 신생 기업의 일자리다. 그런데 대기업이 새로운 수익 사업을 만들지 못하거나 성과를 내지 못하다 보니 신규 고용은 활발할 수 없다. 일부 기성세대들은 청년층들의 제조업 기피를 나무라지만 청년층이 과거 기술 및 사업 모델에 기초한 제조업을 기피하고 새로운 기술과 관련된 분야에 관심을 갖는 것은 자연스러운 현상이다. 그런데 신기술과 관련된 창업이 활발하지 못하다 보니 이 분야에서도 청년층 일자리가 빈곤한 것이다. 대기업들은 새로운 수익 사업을 만들지 못할 뿐 아니라 중국 등 후발 주자들의 추격으로 기존 사업의 방어에도 어려움을 겪고 있다. 그 결과 대기업은 중소기업이나 자영업자 등이 영위하는 사업에 진출하며 산업 생태계를 파괴시키고 있다. 보수정권인 이명박 정부조차 '동반 성장'을 강조하고, 박근혜 정부조차 '경제민주화'를 주요 공약으로 내걸었다는 것은 '양극화'가 지속 불가능할 정도로 악화되었음을 보여준 것이다. 게다가 대기업의 어려움은 협력 업체의 물량 감소로 이어지고 있고, 협력 업체의 가장 아래 부분에 고용된 임시직 및 일용직 일자리가 줄어들면서 저소득층의 소득 또한 감소하는 것이다.

일자리 증가율의 감소와 더불어 1993년 이후 일자리 양극화, 즉 임금 수준에서 중위권 직업의 일자리는 정체 내지 감소가 진행되었다. 소득 양극화는 일자리 양극화의 또 다른 표현인 셈이다. (1에 가까울수록 불평등의 심화를 의미하는 지니계수로 측정한) 소득분배는 1993년 3분기부터 증가하기 시작했다.[04] 외환 위기는 소득분배의 양극화 현상을 심화시켰을 뿐이다. 물론 일자리 양극화는 산업화를 달성한 국가들에서 일반적으로 나타나듯이 기술 진보에 의한 결과다. 특히 IT 혁명 등의 자동화는 정형화된 단순 반복 업무(routine tasks)들을 기술로 대체하고 있기 때문이다. 한국은 여타 선진국과 달리 고숙련 업무를 수행하는 노동력의 비중이 낮고 단순 숙련 노동력이 많다 보니 자동화하기가 용이하다. '압축적 공업화'의 또 다른 표현인 '선택적 공업화'를 한 결과로 (노동자 1만 명당 로봇 도입 대수로 정의하는) 로봇밀도가 지난 20년 넘게 빠르게 증가해 세계 최고 수준이다. 반면 '선택적 공업화'에 따른 고부가가치 서비스 부문의 구조적 취약성으로 줄어든 중위소득 일자리를 상위소득 일자리가 대체하기보다는 대부분 하위소득 일자리가 차지했다.

서비스업 대안론의 환상

여기서 한 가지 의문이 제기될 것이다. 역대 정부들이 지난 수십 년간 서비스업의 발전을 추진했음에도 서비스업의 낙후성은 왜 심화되는 것일까? 예를 들어 서비스업의 종사자 비중은 1992년 50.2%에서 2015년 70.1%로 증가한 반면, 서비스업의 1인당 부가가치(생산성)는 제조업 1인당 부가가치의 111%에서 57%로 감소했다. 왜 그럴까?

서비스업은 크게 제조업과 관련된 사업서비스업 그리고 고임금 직종이 많은 금융·의료·교육·법률 등 가치 창출의 지원과 관련된 서비스업으로 나누어 생각할 수 있다. 먼저 고임금 직종이 많은 후자의 경우에 속하는 교육과 의료, 법률 등은 산업으로 육성할 대상인가의 논란이 존재하고, 금융의 과잉 성장은 경제에 부정적으로 작용하는 문제점이 드러났다. 이를테면 50개 선진국을 대상으로 1980~2009년간을 분석한 국제결제은행(BIS)[05]에 따르면 금융 발전은 어느 수준까지는 성장에 도움이 되지만 고용 규모가 전체의 3.5%를 초과하는 등 일정 수준을 넘어서면 오히려 성장과 생산성에 부정적으로 작용한다. 또한 IMF[06]에 따르면 민간 부문의 신용이 GDP 대비 100%에 도달한 이후부터 금융은 성장에 부정적으로 작용한다.

사실 금융, 의료, 교육, 법률 서비스 시장의 육성을 주장하는 사람들은 그 롤 모델로 미국을 삼고 있다. 예를 들어 미국의 금융과 의료 부문은 1960~2012년간 각각 GDP 대비 4%에서 8% 그리고 5%에서 18%로 성장했다. 그런데 문제는 두 부문의 성장이 2014년 기준 해당 부문이 자신의 이익 추구를 위해 각각 3억 7,000만 달러의 로비 자금으로 만들어낸, 즉 정부의 대규모 개입에 의한 것이라는 점이다. 그 결과 미국의 의료 지출이 영국(9%), 스웨덴(10%), 캐나다(11%), 독일(11%)의 거의 2배 수준임에도 불구하고 미국인의 기대수명은 포르투갈과 그리스보다 낮을 정도로 의료 산업의 성장이 미국민의 의료 혜택과 비례하고 있지 않다는 사실을 외면한다. 해당 서비스 부문의 성장이 일반 국민이나 경제 전체의 후생 증대로 이어지지 않는다면 서비스업 경쟁력 강화의 목적은 무엇인지 묻지 않을 수가 없다.

교육이나 법률 서비스업도 마찬가지다. 교육시장이 성장하면 사교육 종사자나 GDP는 증가할 것이지만 일반 가계의 부담 증가를 수반하는 방식이라면 결코 바람직하지 않다. 법률 서비스업도 법률 종사자가 많아지고 법률 서비스 시장의 규모가 커지는 것이 (이를테면 그것이 소송 증대를 수반하는 방식이라면) 일반 국민들에게 바람직한 것은 아니다. 탈공업화 이후 미국 방식의 서비스업 성장의 영향은 가계소득의 악화에서도 확인된다. 탈공업화가 급속히 진행된 미국에서 2000년 이후 15년간 500만 명 이상이 감소한 제조업 종사자가 서비스업으로 진출했지만, 중간층 실질 가계소득이 약 5,000달러나 후퇴하고 중산층의 몰락 등을 수반했다는 점은 우리에게 시사하는 바가 크다. 이는 트럼프가 일자리를 상실하거나 위협받는 제조업 종사자의 감정을 자극해 당선된 배경이기도 하다.

다음으로는 제조업과 관련된 사업서비스업의 경우다. 산업구조적 측면에서 볼 때 서비스업은 제조업의 전체 가치 사슬에서 고부가가치 부문과 관련이 있다. 제조업은 원천기술 확보를 위한 연구개발(R&D), 상품 기획이나 디자인 등 제조 전(前) 단계인 고부가가치 부문부터 진입 장벽이 낮은 '제조 공정'의 저부가가치 부문, 제조 후(後) 단계지만 상대적으로 부가가치가 높은 마케팅과 AS 등으로 구성된다. 선진국이 제조업과 관련된 사업서비스업에서 강점을 보이는 이유는 원천기술, 제품 디자인, 소재와 부품, 완제품 등 제조업 전체 가치 창출 과정에 대한 '원세트형' 산업구조를 갖고 있기 때문이다. 그런데 우리의 경우 제조업의 가치 사슬 중 상대적으로 추격이 용이한 조립생산 부문을 중심으로 '선택적 공업화'를 추진한 결과 원천기술이나 제품 디자인 등 고부가가치 부문과 관련된 서비스업의 발전은 뒤처질 수밖에 없었고, 선진국과의 격차가 여전히 존재한다. 이른바 '개념설계' 역량 부족의 문제다.

예를 들어 스마트폰 부문에서 수익률이 가장 높은 애플 아이폰의 경우(32GB 아이폰 7 기준) 보조금 적용 전 649달러에 판매되었는데 이 중 제조 과정 전체 비용(R&D나 마케팅 비용 제외)이 224.80달러였고 최종 조립 비용은 5달러에 불과했다. 제조 과정 비용에 일본, 독일, 한국 등의 부품 비용이 포함된다. 애플의 몫이 큰 이유는 상품 기획이나 제품 디자인 등 고부가가치 부문을 차지하고 있기 때문이다. 이는 우리나라도 부품이나 소재 등에서 그동안 많은 성과를 이루어냈지만 제조업의 서비스화를 이루려면 선진국이 담당하는 고부가가치 부문의 경쟁력을 확보해야만 높은 이익을 얻을 수 있음을 의미한다.

게다가 기본적으로 서비스업이 제조업 일자리 감소의 대안이 되기는 어렵다. 서비스업은 농업 사회에서도 존재했고, 서비스업의 성격상 서비스업 자체가 주력 산업이 되기는 어렵다. 서비스업은 기본적으로 주력 산업을 보조하는 성격을 갖기 때문이다. 무엇보다 4차 산업혁명으로 가장 타격을 받을 일자리가 서비스업이다.

일자리 증가율의 감소와 일자리 양극화의 결과 소득 불평등이 심화되고 내수가 약화되며 투자율과 성장률은 급감했다. 투자 증가율을 의미하는 총고정자본형성 증가율이 1980년대(1982~1991년) 연평균 14.8%에서 1990년대 외환 위기 전(1992~1997년)에는 연 6.9%까지 하락했다. 그 결과 성장률은 1982~1991년간 연평균 11.2%에서 1992년 6.2%와 1993년 6.8%로 급락했다.* 즉 경제성장률 하락은 외환 위기 이전부터 시작했다. 이처럼 외환 위기 이전부터 투자율이 급감하자 자본시장 개방 및 분별력 없는 금융 자유화를 추진했고, 그 결과가 모두가 알다시피 외환 위기였다. 즉 금융과 금융적 논리가 기업과 경제의 모든 측면을 지배하게 되어버리는 현상인 '금융화'의 파고에 직면해 금융 자유화가 적극 추진됐을 뿐 금융 안정성에 대한 고려는 부재했다. 당시 정부, 지식인, 재벌 기업, 금융회사 등은 자본의 갑작스런 유입이나 유출이 초래할 충격(금융 위기나 외환 위기 등)에 대한 이해가 매우 부족했던 것이다.

이처럼 1992년은 산업구조를 재편해야 하는 한국 경제에 하나의 분기점이었다. 그런데 여기서 눈여겨봐야 할 점은 한국 경제의 탈공업화가 산업화를 완료한 다른 선진국들과 달리 압축적으로 진행되었다는 것이다. 한국의 제조업 비중은 27.6%(1991년)에

---

* 물론 당시 성장률 하락은 1990~1991년 미국의 경기 침체와 그 이후 고용 없는 경기 회복, 그리고 일본의 거품 붕괴에 따른 장기 불황의 시작 등과도 관계가 있다.

서 16.9%(2011년)로 감소하는 데 20년이 소요된 반면 일본의 경우 27.8%(1973년, 1974년 27.6%)에서 16.8%(2011년)으로 감소하는 데 37~38년이 소요되었다. 게다가 한국은 제조업 종사자의 절대적 규모나 상대적 비중 하락이 동시에 진행된 경우로, 상대적 비중 하락이 먼저 시작된 후 최소 10여 년 이후부터 절대적 규모의 하락이 시작된 선진국에 비해 충격적일 수밖에 없었다. 즉 우리의 경우 낙후된 서비스업 구조와 더불어 제조업의 공백을 메울 시간적 여유가 절대적으로 부족했음을 의미한다.

1992년은 탈공업화와 더불어 자본시장 개방과 한·중 수교도 진행된 시점이다. 자본시장 개방은 금융 자유화의 가속화와 더불어 기업에 대한 금융자본의 영향력을 증대시키는 계기로 작용했다. 금융화는 일반적으로 기업 경영에서 금융자본의 영향력을 증대시킴으로써 단기성과 및 주주 이익 중심의 경영을 강화하고, 배당금 지출 증대 및 자사주 매입에 따른 기업 내부 자금 조달원을 고갈시켜 기업투자 및 기업의 장기성장, 기업가의 동물적 야성(animal spirits)의 약화 등을 초래한다. 이런 점에서 노동시장 유연화도 금융화와 분리해 생각할 수 없다. 상대적으로 단기 수익을 추구하는 금융자본의 영향력이 증대할수록 기업의 단기성과 추구 경향이 증대하고, 이는 고용 안정성 약화로 이어지기 때문이다. 또한 금융의 논리가 강화되고 신용 기준이 완화(후퇴)되며 부채의 증권화에 관대해지게 되어, 가계부채를 증가시킨다. 외환 위기 이후 금융화의 심화에 따라 기업금융이 약화된 반면 가계금융이 확대되고 그에 따라 가계부채가 급증한 배경이다.

반면 한·중 수교는 한국의 수출 시장을 확장시키는 중요한 계기가 되기도 했지만, 중국으로부터의 수입이 급증해 저임금 노동력에 의존하는 중소업체에게 큰 타격을 입혔다. 실제로 부도업체 수가 1990년 4,107개, 1991년 6,159개에서 성장률이 크게 둔화된 1992년과 1993년 1만 769개와 9,502개로 급증했는데, 문제는 1994년 1만 1,255개, 1995년 1만 3,992개, 1996년 1만 1,589개로 성장률이 개선된 이후에도 부도업체의 증가세가 지속되었다는 것이다. '중국 쇼크'로 일자리를 잃은 노동력들은 자영업, 특히 영세한 자영업 분야로의 진출을 강요받았고, 실제로 1992~1997년간 영세 자영업자의 증가율과 자영업자 비율의 증가율 간 상관성은 0.96이나 되었다. 즉 영세 자영업 종사자 증가가 전체 자영업자 비율의 증가를 주도한 것이다. 이것이 1인당 임금 근로자 소득 대비 1인당 자영업자 소득의 격차가 확대되기 시작한 배경이다. 1991년 1인당 자영업자 소득은 1인당 임금 근로자 소득의 99.4%에서 2015년 62.3%까지 하락했다. 자영업자의 상대적 소득 하락을 주도한 것이 과당경쟁에 내몰린 영세 자영업이었다. 예를 들어 제조업 1인당 부가가치 대비 도소매·음식·숙박업 부가가치 비중은 1990년에 65% 수준이었으나 1994년 45%, 1998년에는 30%로 붕괴되었다가, 그 후 다소 회복되어 2003년까지 30%대 초반, 2004년부터는 27~28% 수준에 머물러 있다.[*] 임금 근로자와 자영업자 간 소득 격차가 존재하지 않았던 1990년대 초까지 한국 사회에서 문제되지 않았던 자영업자의 문제가 사회적 이슈로 부상한 배경이다.

내수 약화는 수출 의존 증대로 경제 구조를 전환시키고, 기업의 수출 경쟁력 강화 전략에 따라 임금 인상 억제, 비정규직 선호, 생산 자동화에 따른 고용 억제 등으로 국민소득 중 노동소득의 비중을 약화시킨다. 1990~2011년간 실질 GDP 증가율이 약 3배 증가하는 동안 실질 임금은 약 1.6배 증가에 불과했다. 그 결과 국민총소득(GNI)에서 가계소득의 비중은 1991년 68.5%에서 2011년 55.5%로 하락한 반면 기업소득의 비중은 12.6%에서 21.9%로 증가했다. 이렇게 외환 위기 이후 내수 취약성의 구조화와 수출에 목을 매는 경제 구조의 악순환이 형성되었다.

일반적으로 외환 위기 이후 발생한 것으로 알려진 비정규직 노동력의 사용도 이미 1990년대 초부터 진행되었다. 1992년 정부는 경제 불황을 해결한다는 명분으로 그동안 금지했던 근로자 파견 사업과 파견 근로자의 사용을 특정 직종에 한해 제한적으로 허용했고, 대법원에서도 '긴박한 기업 경영상의 필요성'의 범위를 확대함으로써 정리해고의 정당성을 인정하는 판결(1991.12.10. 선고 91 다 8647)을 선고했다. 이러한 정부와 대법원의 결정으로 비정규직은 늘어났으며 대규모 구조조정이 일상적으로 일어나 산업 전반의 고용 안정성

---

* 산업별 명목 GDP를 산업별 취업자로 나눈 값. 출처는 한국은행 및 통계청.

이 악화되었고, 외환 위기는 노동시장의 구조개혁을 가속화했다.

생산 자동화 역시 한국이 가장 앞서가고 있다. 국제로봇연맹 (IFR)[08]에 따르면 노동력 1만 명당 로봇 도입 대수를 보면 2016년 기준 한국은 631대로 세계 평균 74대의 약 9배나 높다. 한국에 이어 2~4위 국가들이 싱가포르, 독일, 일본 등이다. 인구가 적은 싱가포르의 488대나 한국처럼 제조업 중심의 산업구조를 가진 독일이나 일본의 309대와 303대보다도 월등히 높은 규모다. 미국은 7위로 189대에 불과하다.

이처럼 내수 약화와 수출 의존 증대는 임금 불평등을 심화시키며 격차 사회를 구조화했고, 가계와 기업 소득의 불균등 성장이 고착화되었다. 게다가 기업은 수출 가격 경쟁력 확보를 위해 생산기지를 해외로 이전했고, 국내투자 위축과 국내산업의 공동화 등이 대두되자 정치권은 감세-노동시장 유연화-고환율 등 친기업 정책을 펼쳐 (재벌) 기업을 지원했다. 이는 가계와 기업소득의 불균등 성장을 초래했다. 특히 환율 정책의 혜택은 소수의 수출 대기업에게 집중되었고 가계나 중소기업 등은 수입 물가 상승이나 부품 등 중간재 수입 비용 상승으로 피해를 입었다. 그 결과 소득분배가 악화되었다.* 그리

---

* 전체 해외 직접 투자가 GDP에서 차지하는 비중이나 제조업 해외 직접 투자가 GDP에서 차지하는 비중 모두 1994년부터 증가하기 시작, 그러나 외환 위기 이후 정체를 보이다가 2000년대 이후, 특히 2004년 이후 급증했다. 즉 1983~1992년간 국내 기업의 해외 직접 투자의 연평균 증가율은 국내 설비 투자 연평균 증가율의 1.8배에서 1993~2002년간은 2.2배, 2003~2012년간은 4.3배로 증가했고, 특히 최근 10년간 해외 직접 투자 연평균 증가율 17.2%는 세계(12.4%), G8(10.9%), G20(11.9%) 평균보다 높은 수준이다.

고 이러한 경향은 무역 개방도가 높아질수록 증대했다. 특히 대기업은 제조업 중간재를 해외로 외주화시키고 제조업 관련 서비스는 국내로 외주화[09]시킨 결과, 전자의 경우 국내 하청 중소기업의 물량 감소와 대기업에 대한 협상력 약화 그리고 단가 하락 압박 요인으로 작용했고, 후자의 경우는 비정규직 노동력의 증가를 초래했다. 예를 들어 1993~1997년간 '중소기업 임금/대기업 임금' 비중과 기업의 '해외 직접 투자/총투자' 비중 간 상관성은 −0.71 이상에 달한다. 즉 해외 직접 투자 비중이 증가할수록 대기업−중소기업 종사자 간 임금 격차가 커진 것을 의미한다. 대기업 대비 중소기업 종사자의 임금 비중은 1993년 약 78%에서 2016년에는 61%까지 하락했다.

임금 근로자와 자영업자, 정규직과 비정규직, 대기업과 중소기업 종사자의 소득 격차 확대 등 임금 불평등 심화는 저출산(고령화)에 따른 인구 구조 악화의 주요 요인으로 작용했다. 결혼시장탐색모형 경제 이론에 따르면 결혼율을 결정하는 가장 중요한 경제 요인으로 임금 불평등을 지적한다. 남성이 여성에게 청혼했을 때 청혼을 받은 여성의 결정에 미치는 주요 요인은 남성의 상대적 임금 수준이라는 주장이다.* 즉 임금 불평등이 심화될수록 결혼을 하지 못하는 남성과

---

* 남성이 결혼 상대자인 여성에게 청혼을 하고 여성은 남성이 청혼해오기를 기다린다는 가정하에 남성은 결혼시장 참가자 가운데 마음에 드는 여성에게 청혼을 하고, 청혼을 받은 여성은 남성의 임금 수준을 관찰한 후, 그 수준이 자신이 생각하는 '유보가치'[reservation value, 노동을 공급하기 위해 노동자가 사용자에게 요구하는 최소한의 주관적인 임금 수준인 '기대임금 또는 희망임금'(reservation wage)과 유사한 개념]보다 낮다면 청혼을 거절하고 다음 청혼자를 기다린다.

여성이 증가할 수 있다는 논리를 함축한다. 실제로 정규직과 비정규직 간 임금 격차는 결혼율 차이에 그대로 반영되고 있다. 2016년 3월 기준 정규직 직장을 가진 20~30대 남성의 기혼 비율은 53.1%였던 반면 비정규직은 28.9%에 불과했다. 즉 비정규직 기혼 비율은 정규직의 54.4%였는데, 이는 정규직 대비 비정규직의 임금 비중인 53%와 비슷했다.[10] 이러한 영향에 따른 저출산으로 15~64세의 생산가능인구가 문제인 정부가 출범한 2017년 5월부터 감소하기에 이르렀다. 생산가능인구의 감소는 (고령 인구나 여성 노동력의 활용에 획기적 개선이 없는 한) 노동력 감소로 이어지며 잠재 성장률의 하락으로 작용할 수밖에 없다. 그리고 일본의 경우에서 보았듯이 저출산이 심화될 경우 생산가능인구의 감소에 그치지 않고 인구의 절대적 감소로 이어지고 내수 규모가 축소된다. 또한 저출산은 전체 인구에서 65세 이상 인구가 차지하는 비중의 증가 현상인 고령화와 동전의 앞뒷면을 구성한다. 65세 이상 인구가 전체 인구 중 7% 이상인 고령화 사회에서 14% 이상인 고령사회로 진행되는 데 일본은 24년, 독일은 40년, 미국은 73년이 소요된 반면 한국은 17년이 걸렸을 뿐이다. 고령사회 진입도 애초 예상인 2018년보다 1년 앞당겨졌듯이 고령화 또한 압축적으로 진행되고 있다. 이러한 고령화는 생산성 감소, 저축 감소와 경상수지 악화, 세수 감소와 사회보장 지출 증대 그리고 재정수지 악화의 한 요인으로 작용할 것으로 예상된다.

한국식 산업화 모델은 파산했다

수출주도 성장 전략은 늘 치명적 약점을 갖고 있다. 세계 경제 환경에 절대적으로 의존한다는 점이다. 세계 경제 환경이 악화되었을 때 수출주도 성장 전략은 취약성을 노출하고, 내수가 구조적으로 취약한 한국의 상황에서 가능한 선택은 인위적 경기 부양이나 부채(미래소득 당겨 쓰기)에 의존하는 것밖에 없다. 예를 들어 닷컴 버블 붕괴와 2001년 경기 둔화로 수출 증가율이 2000년 17.2%에서 2001년에는 −2.3%로 급락하자 김대중 정부는 부동산 시장 활성화*와 신용카드에 관한 규제 철폐** 등 가계부채에 의존하는 경기 부양을 추진했다. 그 결과 신용 불량자가 360여만 명이나 발생했고 'LG카드 사태'가 터졌다. 당시에도 길거리 모집에 대해 비판의 목소리가 높았다. 그런데 규제개혁위원회는 그것에 대해 반시장적이라는 주장을 펴며

---

* 김대중 정부의 부동산 정책은 외환 위기로 가계 경제의 파탄 등 내수가 침체되자 1998년 양도세, 취득세, 등록세 감면을 필두로 청약 자격·제한 완화부터 분양가 자율화, 1999년 3월 분양권 전매제한 한시 폐지, 1999년 10월 주택 청약저축 배수제와 재당첨 제한 폐지, 2000년 주택 시장 안정화 방안, 그리고 2001년 전월세 안정 종합 대책 등을 추진했다. 1998년 166조 원이었던 가계대출이 2002년에는 417조 원까지 연 26%씩 증가한 배경이다. 특히 2001년 303조 원에서 1년 만에 417조 원으로 114조 원이나 폭증했다.

** 1999년 2월 물품 구매 등과 관련된 주 업무를 50% 이상 취급하도록 하는 업무 제한의 폐지, 즉 신용카드 업체도 현금서비스와 같은 부대업무를 얼마든지 할 수 있도록 허용, 1999년 5월에는 월 70만 원이었던 현금서비스 한도 폐지와 신용카드 업체의 현금대출 위주 영업방식 전환, 1999년 8월 신용카드 사용을 촉진하기 위한 소득 공제의 확대, 2000년 1월 영수증 복권제의 실시, 2001년 7월~2002년 5월에는 길거리 회원 모집마저 허용하면서, 돈놀이의 단맛에 끌린 카드사들은 대학 캠퍼스는 물론이고 길거리에 좌판을 차리고 호객행위를 하며 미성년자, 노숙자에게도 카드를 발급하는 등 경쟁적으로 카드 발행을 남발했다.

규제를 반대했다. 외환 위기로 일자리 및 소득을 상실한 가계에 신용 조회도 하지 않고 카드를 마구 발급했으니 신용 불량자가 양산될 수밖에 없었고, 카드 사태는 자연스러운 결과였다. 지속 불가능한 부채주도 성장의 덕택으로 2001년 4.5%로 떨어졌던 성장률이 대통령 선거가 있었던 2002년에는 7.4%로 상승했으나, 카드 사태가 터진 2003년, 즉 노무현 정부의 첫해에 2.9%로 추락했다. 당시 참여정부의 핵심 인사는 노무현 정부의 첫해 저조한 경제성장률을 김대중 정부의 카드 정책 탓으로 돌렸다. 그러나 이는 반은 맞고 반은 틀린 소리다. 김대중 정부의 부채주도 성장 탓으로 2002년에 끌어올린 성장률 덕택에 노무현 정권이 탄생할 수 있었던 측면을 간과했기 때문이다.

문제는 수출주도 성장 전략이 글로벌 금융 위기를 계기로 사실상 파산을 맞게 되었다는 점이다. 2008년 금융 위기 이후 세계 교역의 구조적 둔화로 수출주도 성장 전략은 더 이상 지속이 가능하지 않게 된 것이다. 사실 1980년대 이후 노동소득 비중의 하락과 소득 불평등의 심화 등으로 내수가 취약해지자 내수 의존도가 높은 미국과 영국 등은 가계부채에 의존하는 성장 전략으로, 독일, 일본, 중국, 한국 등은 수출에 의존하는 성장 전략으로 대응했다. 전자가 후자의 수출 전략을 떠받쳐준 격이 된 것이다. 이것이 미국의 경상수지 적자가 크게 증가한 배경이다. 여기에 2000년대 들어 중국이 공격적인 개방 전략을 펼치며 글로벌 가치 사슬에 참여한 것은 세계 교역이 크게 증가하는 배경이 되었다. 세계 교역의 대부분을 제조업이 차지한다는 점에서 금융 위기 이전 제조업의 성장은 상당 부분 부채에 의존한 결과였던 것이다. 금융 위기 이후 부채 축소(deleveraging)는 세계 교역의 둔화로 나타났고, 그 결과 제조업의 공급 과잉에 대한 구조조정은 불가피했다. 게다가 미국의 주류 사회는 금융 위기의 원인 중 하나로 (독일·일본·중국·석유 수출국 등의 대규모 경상수지 흑자와 미국·영국 등의 대규모 경상수지 적자가 누적되는 현상인) '글로벌 불균형', 즉 '글로벌 과잉 저축(global saiving gluts)'*을 지적하고, 그에 따라 미국의 경상수지 적자 축소를 주요 정책으로 추진하면서 세계 교역 둔화에 기여했다.** 여기에 중국의 자급화 전략(China Inside)의 진전, 금융 위기 이후 세계 성장의 둔화에 따른 투자 둔화 등도 세계 교역의 둔화의 요인들로 작용했다. 실제로 (미국의 수입 증가율이 1995~2008년간 연 8.4% 증가에서 2008~2017년간 연 1.5% 증가로 감소하고 중국의 수입 증가율 역시 2001~2008년간 연 24.5%에서 2008~2017년간 연 5.2%로 감소하는 등) 세계 무

---

* 경상수지 흑자국은 내수 부족을 수출로 해결하기에 저축이 투자를 초과(과소 소비)하는 것을 의미하고, 경상수지 흑자국의 대규모 흑자가 전 세계적 차원에서 대규모 과잉 저축 현상으로 나타나고 있음을 미국 연준의 전 의장인 버냉키가 2005년 3월 10일 연준 이사 신분으로 처음 표현했다(The Global Saving Glut and the U.S. Current Account Deficit).

** 미국 주류 사회는 미국의 무역수지 적자로 유출된 달러가 미국 내로 재유입되어 미국채 10년물이나 정부보증기관이 발행한 30년물 MBS 등 장기 채권을 매입하면서 시장 장기 금리에 영향을 미침으로써 연준 통화 정책을 훼손시켰다고 주장한다. 글로벌 불균형 해소가 미국이 G20 정상회담을 창설한 배경이다. 오바마 행정부는 5차 G20 서울 정상회의에서 '경상수지 목표제' 도입을 시도했으나 실패하자 2015년 무역 강화 및 무역촉진법을 개정(일명 BHC 법안)하고 이에 근거해 환율 조작국을 선정하는 환율보고서를 의회에 의무적으로 제출하게 했다. 환율 조작국 선정이 큰 효과를 보지 못하자 트럼프 행정부는 무차별 무역 보복을 추진하고 있는 것이다.

역 거래액의 연평균 증가율은 금융 위기 이전(1986~2008년) 10.2%에서 금융 위기 이후(2009~2018년) 2.7%, 즉 약 1/4 수준으로 급감했다. 거래량 증가율 기준으로도 금융 위기 이전 연 6.0%에서 금융 위기 이후 연 2.4%로 2/5 수준으로 급감했다. 같은 기간 세계 경제성장률도 각각 3.04%에서 2.40%로 감소했다. 그 결과 세계 경제성장률 대비 무역거래량 증가율도 금융 위기 이전 2배 수준에서 금융 위기 이후에는 1배 수준으로 절반으로 감소했다.[11] 세계 주요국이 G20 정상회의에 모여서 표면상으로는 보호주의를 배격하면서 뒤돌아서서는 보호주의를 강화한 배경이다.

이처럼 세계 교역의 구조적 둔화는 수출주도 성장 전략이 더 이상 지속 가능하지 않음을 의미했다. 필자가 고정 연재하던 〈경향신문〉 '경제와 세상' 2011년 12월 28일자 칼럼에서 "현재 선진국의 경기 둔화는 일시적 현상이 아니라 구조적 문제에서 비롯한다. 이를 일시적 현상으로 생각하는 이들은 금융 위기에서 배운 것이 없는 사람들이다. 선진국 경제가 최소한 장기 저성장 국면에 진입했다는 사실은 수출 의존적 성장이 한계에 도달했음을 의미한다."라고 주장한 배경이다. 당시 주변의 경제학자들은 나를 미친 사람처럼 취급했는데, 당시 2011년의 수출액 증가율이 19%에 달했기 때문이다. 그러나 수출액 증가율은 2012년에 -1.3%로 곤두박질쳤고 2013년과 2014년에 각각 2.1%와 2.3%로 정체를 보이다가 2015년과 2016년에는 각각 -8.0%와 -5.9%를 기록했다. 그리고 이명박 정부와 박근혜 정부에서 공격적인 FTA 추진*에도 불구하고 2012년 58.3%에 달했던 국민총소득 대비 수출액의 비중은 2017년에는 44.8%까지 하락했다. 2017년 세계 교역액이 크게 증가한 것을 근거로 세계 교역의 회복을 낙관하는 주장들이 있었으나 이는 2017년 세계 교역액 증가의 주요 요인 중 하나가 달러 약세에 기인했음을 간과하는 주장이다.[12] 세계 교역의 40% 이상이 달러로 이루어지는 상황에서 약 달러는 거래액의 증가를 수반하기 때문이다. 실제로 2017년 세계 교역액은 거래액 기준으로는 10.8% 증가했지만 거래량 기준으로는 4.5%만 증가했을 뿐이다. 세계 금융 위기 이전(2003~2007년) 거래량 연평균 증가율인 7.2%에 크게 미치지 못하는 수준이다.[13]

〈표3〉 수출-제조업-대기업 주도 성장 패러다임의 몰락 (단위: %)

	2010년	2011년	2012년	2013년	2014년	2015년	2016년
수출액 증가율	28.3	19.0	-1.3	2.1	2.3	-8.0	-5.9
수출액/GNI	51.6	58	58	56	52	47	44
제조업 매출액 증가율	18.5	13.6	4.2	0.5	-1.6	-3.0	-0.5
대기업 제조업 매출액 증가율	19.1	14.3	4.1	-1.2	-3.5	-6.2	-2.6

자료: 한국은행

* 2012년 한·미 FTA, 2013년 한·터키 FTA, 2014년 한·호주 FTA, 2015년에는 한·EU, 한·캐나다, 한·중, 한·뉴질랜드, 한·베트남 FTA, 2016년에는 한·콜롬비아 FTA 등이 발효되었다.

수출의 둔화, 심지어 수출의 후퇴는 제조업과 대기업에 '충격'으로 작용했다. 우리 수출의 주력 산업이 제조업이고 대기업의 주력 사업이 제조업이기 때문이다. 다음 표에서 보듯이 세계 교역량이 2.0%로 급락한 2012년 우리 수출액도 급감했고, 그 충격은 제조업 성장, 특히 대기업의 제조업 성장률 급감으로 이어졌으며, 2013년부터는 심지어 역성장이 진행되었다. 한국의 주력 산업들의 위기가 대두된 배경이다. 세계 교역의 감소는 해운 → 조선 → 철강 순으로 충격이 확산되었고, 저성장과 부채 축소(구조조정) 등에 따라 자동차, 전자 등에 대한 수요 감소로 이어졌으며, 뒤이은 세계 경기 침체에 따른 유가 하락이 석유수출국의 재정난과 해외 플랜트의 수출 감소 등으로 이어진 것이다. 산업 구조조정이 필요했지만 이명박 정부는 금융 지원 등으로 부실을 키웠고, 이어 박근혜 정부는 기업 구조조정이라는 경제적 과제를 안고 시작했다.

그러나 4%대의 잠재 성장률 달성을 공약으로 내세운 박근혜 정부는 임기 첫해였던 2013년 성장률이 2012년 2.2%에 이어 2%대 (2.9%)를 지속하자 위기의식을 느끼고 부채주도 성장으로 전환한다. 이른바 2014년 7월 출범한 박근혜 2기 경제팀의 수장인 최경환 부총리의 이름을 딴 '초이노믹스'가 등장한 배경이다. '초이노믹스'는 가계를 중심으로 내수를 살리겠다고 표방(예를 들어 기업소득환류세제 도입)했지만 무게 중심은 부동산 경기 활성화를 통한 내수 부양이었다. '빚내서 집사라'는 말이 시중에 회자되었듯이 부채주도 성장 전략이었다. 초이노믹스는 경제학적으로 매우 나쁜 정책이었다. 노무현 정부와 이명박 정부에서는 가계부채 1% 증가로 GDP를 0.5~0.6% 만들어냈으나 박근혜 정부가 들어서며 마이너스로 전환되었기 때문이다. 건설산업 등 일부에 도움이 되었을지 모르지만 경제 전체적으로는 매우 비효율적인 정책이었던 것이다. 애당초 부채 증가율이 소득 증가율을 앞서는 상황˙에서 부채주도 성장(미래 소득 당겨 쓰기)은 지속 불가능한 것이었다. 가계부채 증가율과 (경제성장률과 물가증가율의 합인) 경상성장률 간 격차가 2016년 6.6% 포인트까지 확대될 정도로 부채주도 성장 방식은 파산을 예고했다. 2015년과 2016년 실질 경제성장률은 2.8%와 2.9%로 잠재 성장률 이하를 맴돌았고, 앞서 소개했듯이 전체 가계의 40~60%가 (물가 상승을 배제한) 명목소득이 후퇴하는 '저소득층의 빈민화와 중산층의 저소득층화'가 진행됐다.

구조조정보다 인위적인 몸집 키우기 및 유지를 지원받던 제조업은 한계 상황에 직면하며, 2015년 4분기부터는 일자리 감소세로 전환된다. 2016년 대우조선, 한진해운, 현대상선 사태에 이어 2017년 한국GM 사태 등이 그렇게 터졌다. 먼저, 2015년 7월 대우조선해양이 2015년 2분기 업적을 발표하자마자 큰 동요가 일어났다. 대우조선해양의 2분기 업적은 깜짝 놀랄 만한 수준이었다. 1분기 매출액이 4조 4,860억 원, 영업손실 430억 원이었던 것에 비해 2분기 매

˙ 가계부채 증가율과 처분가능소득 증가율은 2014년 각각 6.5%와 2.2%에서 2015년에는 각각 10.9%와 1.1%, 그리고 2016년에는 각각 11.7%와 -0.3%로 격차가 확대되었다.

출액은 1조 6,564억 원, 영업손실은 무려 3조 399억 원에 달했다. 전 분기에 비해 매출액이 60% 이상 대폭 감소했고, 영업손실 규모가 무려 매출액의 2배 정도에 달했다. 시장은 충격을 받았다. 대우조선해양의 주가는 단 하루 만에 30% 정도 급락했다. 뉴스가 알려지기 직전 1만 3,000원 정도였던 주가는 7월 말 7,000원 정도 수준까지 40% 정도 폭락했다. 큰 손실을 본 투자자들과 언론들은 분식회계 의혹이 있다면서 대우조선해양에 비난을 쏟아냈다. 이런 비난에 대우조선해양 전현직 관계자들은 국정감사에 출석해 분식회계는 절대 없었다고 반박했다. 공사가 진행되는 과정에서 예상보다 공사비가 훨씬 더 많이 발생할 것으로 처음 예상된 시점이 2015년 2분기였기 때문에, 2015년 2분기에 손실을 반영했을 뿐이라고 주장했다. 그러나 금융감독위원회 산하 증권선물위원회는 분식회계를 방조했다는 혐의로 딜로이트안진회계법인에 대해 12개월간 업무정지 조치를 결정했고, 대우조선해양의 회계감사를 수행했던 회계법인과 담당 회계사들은 2018년 3월 대법원에서 최종적으로 유죄가 확정되었다. 그럼에도 2015년 10월 중순 박근혜 정부의 청와대와 기획재정부, 금융위원회가 산업은행에게 분식회계를 한 대우조선해양에 4조 2,000억 원 규모의 지원을 하라고 압박한 것이 드러났다. 그것이 이른바 청와대 '서별관 회의' 결정이다. 산업은행은 금융위원회의 통제를 받는다. 즉 산업은행 회장은 금융위원회 위원장의 제청으로 대통령이 임명한다. 그런데 금융위원장은 대통령이 임명한다.

제I부 우리 경제는 어디에 서 있는가?

3조 원이 넘는 부실을 숨긴 것은 금융위원회와 청와대의 방조 없이 불가능했던 일이고, 추가 지원도 청와대 주도로 밀실에서 결정했던 것이다. 그 결과는 부실 키우기와 조선산업 경쟁력 하락으로 이어졌다. 4.2조 원을 지원하며 추가 지원은 절대 없다던 정부는 2017년 3월 다시 2조 9,000억 원 추가 지원과 약 4조 원의 채무 조정까지 해줌으로써 부실을 국민 부담으로 떠넘겼던 것이다.*

무엇보다 부실기업에 대한 금융 지원은 과잉 공급 능력의 축소라는 조선업 구조조정의 방향과 모순되는 것이었다. 2018년 조선업 회복 방법에 대해서는 뒤에서 분석해볼 것이다. 결론만 먼저 소개하면, 개별 기업의 재무구조 개선 중심으로 진행된 구조조정의 결과, 조선업 생태계는 금융 위기 이전보다 크게 취약해졌다. 예를 들어 통계청의 '제조업 생산능력 및 가동률지수'를 보면 (인력·설비·조업시간 등이 정상적으로 생산에 투입되는 상황에서 달성할 수 있는 최대 생산량을 뜻하는) 생산능력지수(2015년=100)가 선박 및 보트 건조업의 경우 2018년에 69.2로 2007년의 71.4보다 하락했다. 게다가 2018년 내내 하락세가 지속되었다.** 고용보험 피보험자 기준 조선업 종사자 수도 구조조정이 본격화된 2015년 18만 7,652명에서 2018년 말 10만 7,667명으로 3년 사이에 무려 8만 명(42.6%)이 줄어들었다.[14] 금융 위기 이전 수준으로 회

---

* 또한 STX조선해양에 대한 4조 5,000억 원이라는 막대한 공적 자금 투입을 포함해 SPP조선, 성동조선해양 등에 금융권을 통해 총 7조 4,000억 원을 지원했으나 법정관리, 파산, 매각 등으로 이어졌다.
** 2017년 12월 79.6에서 2018년 1월 75.8, 3월 71.8, 6월 68.8, 9월 65.2, 12월 64.9로 하락했다.

귀한 것이다. 해운업도 산업 차원의 구조조정보다 개별 기업별 재무 구조 개선을 요구한 결과 한진해운은 해체되고 현대상선에는 '밑 빠진 독에 물 붓기'식으로 금융 지원이 지속되고 있다. 해운업은 사실상 좀비산업이 된 것이다. 자동차 산업의 위기도 사업 재편에 대한 대응 실패의 결과였다. 즉 2018년 초 군산에서 한국GM의 철수는 예고된 것이었다. 이에 대해서는 뒤에서 자세히 언급할 것이다.

이처럼 대기업이 새로운 수익 사업을 만들지 못하는 가운데 기존 사업을 방어하기에 급급해졌고, 이는 협력 업체 및 중소기업의 일감 감소로 이어졌다. 그런 이유로 산업별로는 제조업, 자영업, (건물 경비, 청소, 임대 등) 사업시설유지·관리·임대서비스업 등에서 일자리가 줄어들고, 종사자별로는 임시직-일용직과 자영업자가 줄어들고, 연령별로는 핵심 노동력층인 40대 일자리가 줄어들고 있다. 이 모든 것의 중심에 산업 구조조정의 실패가 있다. 예를 들어 청년 일자리 악화 문제는 새로운 산업이 만들어지지 못하는 가운데 기존 주력 사업들은 위축되면서 나타나는 현상이다. 기존 주력 산업들은 기존 인력과 자동화 등으로 해소되기에, 새로운 인력 충원을 위해서는 기업이 새로운 사업 영역을 확장시켜야만 가능하기 때문이다. 자동차 산업에서 보듯이 기존 사업의 경쟁력은 약화되고 (친환경 및 차량 공유 사업 중심으로) 사업 재편이 이루어지는 상황에서 가장 약한 고리에 연결된 종사자들이 타격을 입고 있는 것이다. 이를 한마디로 표현하면 '제조업 리스크'라 부를 수 있다. 제조업에 과잉 의존하고 있는 우리 경제에서 '제조업 리스크'는 '시스템 리스크'다. 그리고 제조업 리스크는 또 다른 시스템 리스크들인 가계부채 리스크, 부동산 리스크, 미래(청년) 리스크 등과 상호 연관되어 있다.

3단계로 진화하는 제조업 위기

제조업 문제에서 비롯한 경제의 어려움은 1990년대 초 이래 발생한 탈공업화에서 기원한다. 이전에 농업 사회에서 산업 사회로의 전환을 경험했듯이, 사실 탈공업화는 산업화를 경험한 모든 국가들이 겪는 자연스러운 현상이다. 농업 사회에서 산업 사회로 전환했다고 해서 농업 생산량이 줄어든 것은 아니다. 농업 사회 때보다 훨씬 적은 종사자로 과거와 비교할 수 없을 정도의 농업 생산량을 만들어내는 것이다. 마찬가지로 탈공업화의 기본 원인은 기술 진보 등에 따른 생산성 증대의 결과다. 이 경우 탈공업화에 대한 적절한 대응은 줄어든 제조업 종사자로 하여금 새로운 일자리를 갖게 해주는 것이다. 이것이 많은 사람들이 서비스업 경쟁력의 강화를 주장하는 이유다. 그렇지만 앞서 소개했듯이 서비스업의 경쟁력을 강화해야 한다는 주장은 산업구조의 문제를 간과한 '구호' 수준이거나 서비스업에 대한 이해 부족을 담고 있다. 그뿐 아니라 사회 갈등을 유발하거나 사회 전체 후생과 비례하지 않는 점 등을 간과하고 있다.

제조업 위기의 두 번째 단계는 글로벌 금융 위기 이후 도래했다. 세계 교역액의 급감은 교역의 대부분을 차지하는 제조업의 위기로 이어질 수밖에 없었다. 교역과 직접 연관된 해운업과 조선업 등이 타격을 입은 배경이다. 세계 교역액의 감소가 구조적인 현상이라면 해당 산업들은 산업 차원의 구조조정이 필요하다. 구조적 현상을 경기순환 문제로 인식하고 처방할 경우에는 해당 산업을 좀비화시키거나 산업 생태계를 약화시킬 수 있다. 예를 들어 문재인 정부는 조선업의 위기를 경기순환 문제로 인식하고 있는데, 특히 2018년 선박 수주 세계 1위 탈환을 그 근거로 삼고 있다. 그러나 선박 수주 규모나 금액 등은 금융 위기 이전 수준에 많이 미치지 못하고 있을 뿐 아니라 초대형 컨테이너선 20척의 일감을 마련해준 정부의 해운업 지원과 액화천연가스(LNG) 운반선 수요 증가 등에 한정되어 있다. 2018년 조선 '빅 3'가 수주 낭보를 이어가는 반면 중형 조선사들의 위기는 오히려 심화된 이유도 같은 맥락이다. 즉 2018년 발주된 세계 LNG 운반선 65척 가운데 56척을 국내 조선 '빅 3'가 싹쓸이했지만, 같은 기간 국내 중형 조선사가 수주한 물량(43만 6,000CGT)은 전체 수주 물량의 4%에 그쳤는데, 이는 2017년보다 2% 포인트 하락했을 뿐 아니라 10년 전보다 14% 포인트 감소한 규모다. 그 결과 조선 3사의 수주액 268억 달러를 포함한 2018년 수주액은 금융 위기 직전인 2007년 약 943억 달러의 30% 정도에 불과한 상태다.

더 심각한 문제는 조선업은 조선 기자재 산업을 담당하는 중형 조선소 없이는 경쟁력이 없다는 점이다. 조선 기자재 산업은 자동차 산업에서 부품 산업과 같은 역할을 수행한다. 조선업이 고용의 효자 산업이 된 것도 기자재 산업과 중형 조선사가 있었기 때문에 가능한 것이었다. 물론 '빅 3' 중심의 정부 지원과 같은 방식으로 중형 조선 소도 지원을 하는 것이 바람직한가의 문제도 존재한다. 즉 정부 지원을 하더라도 금융 위기 이전처럼 성장하기 어려운 조선업의 상황 변화를 전제로 조선업 전체 차원의 구조조정과 병행할 필요가 있기 때문이다. 마찬가지로 환경 규제 강화 조치 및 경쟁국에 대한 'LNG 선 제조기술 우위' 등에 따른 'LNG선 특수'에 의한 착시 효과는, LNG선 특수가 소멸되거나 중국과의 기술 격차가 축소될 경우 '또 다른 리스크'가 될 수 있음을 의미한다. 요컨대 컨테이너, 벌크, 탱커 등 기존 선박의 수주 경쟁력의 확보를 전제로 한 포트폴리오의 다양성 이 회복되지 않으면 조선업의 회복이라고 말할 수 없다. 오히려 기자 재 산업을 담당하는 중형 조선사의 지속적인 어려움은 조선업 생태 계를 약화시키고 있다. 따라서 다양한 포트폴리오의 확보를 전제로 조선업 전체 차원의 구조조정이 필요하다. 최근 현대중공업의 대우 조선해양 인수 작업은 필자가 대우조선해양 사태 발생 시 주장한 산 업 차원에서의 조선업 구조조정의 불가피성을 입증하고 있다.

　제조업 위기의 세 번째 단계는 사업 재편에 따른 충격이다. 자동 차 산업이 대표적인 경우에 해당한다. 자동차 산업은 금융 위기 이 후 친환경차-자율주행-차량 공유 사업 중심으로 전환했다. 친환경차의 부상은 부연할 필요 없고, 자율주행차는 (스마트폰에서 쉽게 연상되듯이 개인 이동수단의 스마트화를 의미하는) '스마트 모빌리티' 사업 차원에서 '스마트 자동차' 사업의 부상에 따른 것이고, 완성차에서 차량 공유 사업으로의 전환은 차량 공유 서비스에 비해 자가 차량의 비용 경쟁력 하락과 빅데이터 확보 차원에 따른 것이었다. 실제로 선진국 대도시를 중심으로 차량 공유 서비스가 빠르게 확산되며 완성차 시장의 판매량이 2018년 100만 대나 감소한 상황이다. 게다가 자동차 사업자 입장에서도 AI 기술의 개발과 미래 사업을 만들기 위해서는 데이터 확보가 필수적이고, 이에 따라 자가 차량을 혼자 사용하는 것보다 수많은 사람들의 데이터를 얻을 수 있는 차량 공유 서비스가 매력적일 수밖에 없다. GM은 이런 이유로 2013년 완성차 사업 중심에서 전기차와 차량 공유 서비스 등으로 사업 재편을 결정하고, 2014년 하반기 'GM 2025 플랫폼 계획'을 발표하면서 26개의 글로벌 생산 플랫폼을 4개로 단순화해 수십억 달러를 절감하겠다고 발표했다. 이후 유럽 사업 철수, 호주와 인도네시아 공장 철수, 태국과 러시아 생산 중단 및 축소, 계열사 매각, 인도 내수 시장 철수 등 적자 사업장에 대해서는 발 빠르게 철수했다. 정리하자면 군산GM 공장 폐쇄는 예고된 것이었다. 완성차 시장은 2025년경 정점에 진입한 이후 급감할 것으로 전망되고 있다.[17] 더욱이 지난해 판매량 감소에서 보듯이 완성차 시장의 쇠퇴는 예상보다 더 빨리 진행되고 있다. 현대차의 판매량은 2015년 이후 감소하고 있고, 그 연장선에서

2018년에는 실적 쇼크를 기록하며 자동차 부품 산업의 위기로 이어지고 있다. 문제는 이 위기가 시작에 불과하다는 점이다. 전기·전자 장치(전장) 중심으로 재구성되는 전기차 등 친환경차의 확산에 따라 내연기관 기반의 자동차 부품 산업은 어려움이 가중될 수밖에 없다. 이처럼 '스마트 모빌리티' 사업으로 이동하면서 제조 제품보다 제조 제품을 제어하는 소프트웨어의 중요성이 강조되고, 제조 제품은 서비스 제공이나 데이터 확보 등의 수단으로 바뀌고 있다. 제조 제품의 생산 중심으로 구성된 한국 제조업의 위기는 제조업 의존이 매우 높은 한국 경제의 '시스템 리스크'이고, 산업 구조조정과 산업 생태계 재구성이 불가피한 이유다.

한국 경제에서 '제조업의 위기'는 '반도체 리스크'와 '중국 리스크' 등으로 발전, 악화되고 있다. 반도체와 중국에 대한 의존도가 너무 높기 때문이다. 2018년 반도체 수출액은 전체 수출액의 21%를, 그리고 대중국 수출 시장은 27%, 대홍콩 수출까지 합칠 경우 34%를 차지할 정도로 한국 수출에서 절대적 비중을 차지한다. 이는 반도체와 중국 시장이 없을 경우 한국 경제가 위기에 직면할 수 있음을 의미한다. 두 리스크는 별개의 리스크가 아니라 같은 리스크다. 시진핑이 "반도체를 인체의 심장"에 비유할 정도로 '반도체 국산화'를 국가의 핵심 목표로 추구하고 있기 때문이다. 중국을 염두에 두지 않더라도 특정 산업이나 특정 시장에 너무 의존할 경우 해당 산업이나 시장에 문제가 발생했을 때 경제는 커다란 충격을 받을 수밖에 없다. 예를 들어 2018년 말부터 반도체 경기가 꺾이면서 2019년 1월 반도체 수출액은 2018년 1월 대비 23% 이상 감소했고, 이는 전체 수출액 5.8% 감소의 배경으로 작용했다. 뒤에서 다시 설명하겠지만 2018년 수출액 증가분 315억 달러 중 288억 달러, 즉 91% 이상이 반도체에 의해 만들어진 것이었다. 반도체 경기가 꺾이거나 경쟁력을 잃어버릴 경우 혹은 중국 자급화가 급진전될 경우, 한국 경제가 어떻게 될까를 생각하면 우리가 대처할 시간이 얼마 남지 않았음을 알 수가 있다. 실제로 세계 경기와 반도체 경기가 둔화되면서 2019년 1월 수출액이 28.7억 달러 감소했는데 그중 반도체 수출액 감소가 24.4억 달러, 즉 전체 수출액 감소의 85% 이상을 차지했다. 반도체와 중국 쇼크로 2019년 1분기 수출액이 2015년 수출액 수준으로 후퇴하기에 이르렀다. 1992년 이후 '탈공업화 리스크'에서 금융 위기 이후 '제조업 리스크'로, 그리고 다시 '반도체 리스크'로 한국 경제의 입지가 축소되고 있는 것이다. 한마디로 '반도체 리스크'와 '중국 리스크'가 '시스템 리스크'로 진화하고 있는 것이다.

소득주도 성장, 누가 위기에 빠뜨리는가?

수출 및 부채주도 성장 전략이 한계에 다다른 지금의 상황에서 구조적으로 취약해진 가계소득과 내수를 강화시키겠다는 정책 목표는 절대적으로 올바른 선택이다. 사실 가계소득 강화의 필요성은 가계소득 증대 3대 패키지 정책을 추진했던 박근혜 정부에서도 인정한 것이다. 또한 균형 성장의 필요성도 동반 성장을 내걸었던 이명박 정부에서 이미 인정한 것이다. 다른 출구가 없기 때문이다. 대한민국의 많은 경제학자들은 사실 소득주도 성장론의 내용을 모른다. 공부한 적이 없는 이론이기 때문이다. 대부분의 경제학자는 대학원 과정에서 박사학위를 받을 때까지 시장 만능주의에 기반을 둔 주류 경제학만 훈련받는다. 한국 경제학계 만큼 경제학의 다양성이 부족한 나라가 없고, 한국만큼 주류 경제학이 지배하는 나라도 없다. 무슨 경제학에 다양성이 필요하냐고 말하는 사람들은 세상을 바라보고 이해하는 기준은 하나밖에 없다고 주장하는 사람들이다. 즉 이들이 소득주도 성장론을 '듣보잡' 취급하는 이유는 자신들의 공부가 그만큼 협소하기 때문이다. 어떤 이론을 비판하려면 그 이론에 대해 공부를 하는 것이 전제가 되어야 한다. 그렇지 않다면 상대의 이야기를 경청하고 합리적인 비판을 하는 것이 아니라 자신이 모르기 때문에 무조건 반대를 하는 것과 다를 바가 없다.

소득주도 성장론은 학계에서는 임금주도 성장론(wage-led growth), 좀 더 정확히 말하면 '포스트 케인스학파'의 경제 이론이다. 일부 국가에서는 수요주도 성장(demand-driven growth) 정책으로 추진되듯이 현재 경제의 어려움을 수요 부족, 특히 수요의 대부분을 구성하는 가계소비의 위축에서 비롯되었다고 본다. 경제는 시장 관점에서 볼 때 수요와 공급으로 구분할 수 있다. 교과서 속 세계에서 시장은 균형으로 수렴하지만 현실을 보면 경제의 어려움은 '장사가 안 된다.'는 말에 담겨 있듯이 공급에 비해 수요가 부족한 상황이 일반적이다. 전체 수요는 가계소비 지출, 기업투자 지출, 정부 지출, 국내에서 생산된 상품들에 대한 외국인들의 지출인 순수출(수출-수입)로 구성된다. 이들 수요 항목 중 가장 큰 부분을 차지하는 것이 가계소비 지출이다. 미국의 경우 2/3에서 70%를 구성한다. 반면 기업투자 지출이 국민소득(GDP)에서 차지하는 비중은 20%에도 못 미친다.* 반면 한국의 경우 2017년 기준 비영리 민간단체를 포함한 민간 부문의 소비 지출은 국민소득 중 48% 정도, 기업투자 지출이 차지하는 비중은 31% 수준이다. 1980년대 초 62%에 달했던 민간소비 지출의 비중은 1980년대 후반부터 50%대 초로 하락한 후 2015년부터는 50%도 무너졌다.** 우리 경제가 기업투자와 수출에 목을 매는 배경이다. 문제는 1991년 39%에 달했던 기업투자 지출의 비중이 외환 위기 이후 31% 안팎까지 하락했고, 수출이 붕괴되었던 2012년부터 30% 선도 무너졌다는 점이다. 2017년에 잠시 30% 선이 회복되었을 뿐이다. 우리나라의 경우 기업투자가 절대적으로 수출과 연계되어 있음을 방증한다. 이런 상황을 고려해서 수출은 우리가 통제

---

* 미국 경기가 한편에서는 과열이라고 표현할 정도로 회복되었다고 하지만 2018년 1분기 기준 GDP 중 기업투자 지출 비중은 16.9%에 불과하다.
** 2018년 2분기 기준 GDP 대비 가계소비 지출의 비중은 46%에 불과하다.

할 수 없는 변수인 반면 내수는 우리의 노력에 따라 변화시킬 수 있는 것이고, 내수의 중심축인 가계소비를 회복시키기 위해서는 가계소득의 강화가 필요하다는 목소리가 부상한 이유다. 사실 가계소득과 가계소비가 강화되어야 기업투자도 회복될 수 있다. 우리나라는 지난해 일인당 국민소득 3만 달러, 인구 5,000만 명이 넘는 나라, 이른바 '30-50 클럽'에 가입했다. 세계 7번째라고 얘기하듯이 G7에서 인구가 적은 캐나다를 제외한 주요 선진국들이 '30-50 클럽'에 가입한 국가들이다. 이들 국가는 내수 의존도가 높다는 점을 공통점으로 갖고 있다. 이는 외부 환경의 변화에 좌지우지되지 않는 경제구조를 갖게 된 것으로 볼 수 있다. 따라서 3만 달러 시대 우리 경제의 과제는 내수 강화가 될 수밖에 없고, 이를 위해서는 양극화의 해소와 괜찮은 일자리 만들기 등을 통한 가계소득의 강화가 필수적이다.

포스트 케인스학파는 수요가 기본적으로 가계소득과 기업소득에 의해 결정되기에 기업의 고용 역시 가계소득에 영향을 받을 수밖에 없다고 본다. 그런데 기업은 고용 수준에 이중적 모습을 드러낸다. 경제 전체적으로는 임금과 고용이 높아지면 판매가 증가하기에 기업 전체의 이윤도 증가하지만, 개별 기업의 입장에서는 임금 상승이 단기적으로 이윤을 압박하기에 임금을 최대한 억제할 동기를 갖는다. 경제가 창출한 부가가치를 노동자의 임금과 자본가의 이윤으로 분할하는 과정에서 갈등이 작동하는 이유다. 그래서 포스트 케인스학파는 개별 기업의 근시안적 사고를 벗어나 국민경제 발전에 이르려면 최저임금법, 생활임금 조례, 기업권력의 대항체로 강력한 노조를 장려하는 법안 통과 등 지속적인 국가 개입이 필요하다고 주장한다.

이러한 문제 인식에 기초해 문재인 정부는 소득주도 성장을 4가지 정책으로 접근하고 있다. 첫째는 최저임금 인상, 일자리 안정자금 지원, 근로장려세제(EITC) 강화, 자영업자를 위한 사회보험 지원 강화, 카드 수수료 및 임대료 경감, 불공정 거래 관행 개선 등을 통해 가계소득을 증대시키겠다는 것이다. 둘째는 생활 SOC · 도시 재생 뉴딜 등으로 생활환경 개선, 의료비 경감(문재인 케어), 보육료 · 주거 · 교육 · 통신 · 교통 부담 경감 등을 통해 가계의 지출 비용을 경감시키려고 한다. 셋째는 고용보험 확대, 실업부조 도입, 아동수당 도입, 기초연금 확대, 장애인 연금 · 기초생활보장 확대 등 안전망 확충 · 복지 강화를 추진한다. 마지막으로 공정경제로 일자리 만들기와 혁신 성장을 만들어내겠다고 한다.

대부분의 국민들이 반대할 이유가 없는 이런 정책들을 보수 진영에서는 왜 반대할까? 적어도 단기적으로는 기업소득과 부자소득 등의 감소가 수반되기 때문이다. 사회 안전망 확충이나 사회복지 강화 등도 하나하나 살펴보면 반대할 수 없는 정책들이다. 그러다 보니 재정에만 의존하는 재정중독 등의 사유로 공격한다. 사실 한국의 정부 지출은 GDP 대비 서유럽 일부 국가들의 50% 수준과 비교할 때 1/3에도 미치지 않는 15% 수준에 불과하다. 보수 진영은 기본적으로 안전망 확충이나 복지 강화 등을 반대한다. 재정 지출 증가는 결국 세금 증대를 수반할 수밖에 없고, 세금은 누진세 구조인 데다 소득이 많을수록 세금 납부는 증대할 수밖에 없기 때문이다. 무상급식이 논쟁되던 시절 보수 진영이 모든 학생들에게 제공하는 무상급식(보편적 무상급식)을 반대하고 고소득층 자녀를 제외한 선별적 무상급식을 주장하면서 제시한 논리가 '삼성전자 이재용 부회장 같은 부자들 자녀에게까지 왜 공짜 점심을 주느냐.'였다. 이러한 주장에 일부 국민들이 현혹된 이유는 사회보험과 공공부조의 성격 차이를 모르는 데서 비롯한다. 국민연금·국민건강보험·고용보험·산업재해보상보험 등 사회보험은 혜택을 받는 당사자가 기본적으로 일정 부담을 지는 반면 국민기초생활보장·아동수당 등 공공부조는 세금으로 충당한다. 세금은 고소득층이나 부자 등이 많이 내기에 부자 자녀는 공짜 점심을 먹는 것이 아니라 '비싼 점심'을 먹는 것이다. 본인이 부자가 아니면서 부자 자녀가 공짜 점심을 먹는 것을 반대했던 사람들은 공공부조와 세금 구조를 이해하지 못했기 때문이다.

그런데 문재인 정부의 소득주도 성장 정책들은 왜 이렇게 혼란을 야기할까? 예를 들어 '노동 존중 사회'를 표방한 문재인 정부에게 노동계가 낙제점을 주고 있다. 최저임금 인상 정책이 최저임금 산입 범위 확대로 최저임금 인상 효과가 희석되고 있고, 근로시간 단축 정책이 탄력근로제 확대로 장시간 연장근로와 실질 임금 감소가 우려되고 있기 때문이다. 또한 소득주도 성장 정책에도 불구하고 고용, 분배 악화 그리고 가계소득의 위기가 지속되고 있기 때문이다.

그리고 문재인표 최저임금 인상과 근로시간 단축 등에 따른 혼란은 보수 진영에 반격의 빌미를 제공하면서 소득주도 성장 정책들의 지속적 추진을 어렵게까지 하고 있다. 대한민국 대부분의 경제학자들은 한국 경제의 체질 변화 없이는 저성장 기조나 심지어 성장 중단은 불가피하다고 본다. 과거의 성장 패러다임이 수명을 다했다는 것을 의미한다. 수명이 소진된 과거의 패러다임이 지속되면서 한국 경제에도 적폐가 존재한다. 이는 장시간 저임금 근로자에 의존하는 저부가가치 사업장의 존재로 표현할 수 있다. 2017년 대통령 선거 때 유력 후보 5인이 최저임금 1만 원 달성을 2020년 혹은 2022년으로 제시할 정도로 최저임금의 빠른 인상에 대해 우리 사회의 공감대는 형성되었다. 전 산업의 노동자들을 시간당 임금 기준으로 1위부터 최하위까지 나열했을 때 중간인 중위 임금자의 2/3에 미치지 못하는 저임금 근로자의 비중이 거의 4명 중 1명인 광범위한 저임금 계층의 존재는 구조화된 격차 사회의 단면이기 때문이다. 마찬가지로 OECD 국가 중 멕시코 다음으로 최장 근로시간을 가진 나라로 과로에 따른 건강 위협과 삶의 질 저하 등을 수반하는 사회 문제가 지속되면서 근로시간 단축도 박근혜 정부 때 이미 여야 간 합의가 이루어진 부분이다.

그럼에도 최저임금 인상률과 근로시간 단축은 2018년 내내 우리 사회 갈등의 한복판에 있었다. 우리 사회는 주요 이슈가 있을 때 합리적 토론을 하기보다 자신의 정치적 이념이나 협소한 이해 등에 기초해 흑백논리로 전개시킨다. 예를 들어 최저임금 수준은 최저임금 적용 대상자의 일자리에만 영향을 미치는 것은 아니다. 그래서 최저임금과 관련된 주요 이슈들을 정리할 필요가 있다. 보수 진영에서는 (시장에서 결정되어야 하는 임금 수준을 규제하는) 최저임금 제도 자체를 부정적으로 평가하다 보니 최저임금은 일자리를 축소시킨다는 논리에만 초점을 맞출 뿐 일자리 이외의 이슈들에는 눈을 감는다. 반면 진보 진영의 경우 최저임금 제도나 최저임금의 인상 효과로 빈곤 축소 효과와 국내 소비의 안정화 효과뿐만 아니라 파트타임이나 아르바이트 노동자의 근로 의욕 향상과 노동 참여가 증가하는 효과 등을 주장한다. 여기에 정부의 취업 훈련 지원 프로그램과 맞물릴 경우 노동 참여 증가 효과를 극대화시킬 수 있다고 주장한다. 무엇보다 최저임금 인상은 임금 불평등을 개선한다. 실제로 우리나라의 경우에도 시간당 임금 기준으로 정규직 대비 비정규직 임금은 2017년 8월 58.0%에서 2018년 8월 59.3%로 1.3% 포인트 개선되었다. (상위 10%와 하위 10%의 임금 격차를 표시하는) 임금 불평등도 시간당 임금 기준으로 2017년 4.13배에서 2018년 3.75배로 개선되었고, 월 임금 총액 기준으로는 5.63배에서 5.04배로 개선되었다. 중위 임금의 2/3 미만인 저임금 계층은 시간당 임금 기준으로는 21.5%에서 15.7%로 감소하고, 월 임금총액 기준으로는 20.5%에서 17.9%로 감소했다.[18] 게다가 중장기적으로 기업의 생산성 증대를 위한 노력을 자극하는 요인으로 작용한다고 주장한다. 그리고 고용에 대한 최저임금 인상의 효과도 입증되지 않았다고 주장한다.

　이처럼 최저임금 인상은 일자리의 변화에 대한 효과뿐만 아니라 다양한 의미를 갖는다. 그럼에도 보수 진영은 '고용 참사'론을 지원하기 위해 최저임금 인상 속도를 집요하게 문제 삼았다. 최저임금이 고용에 미치는 효과는 파악하기 쉽지 않다. 게다가 고용 분야에 따라 다양한 영향을 미친다. 가장 최근의 신뢰할 만한 연구 결과에 따르면 최저임금 인상은 교역 부문의 일자리를 축소시켰음에도 근본적으로 저임금 일자리의 전체 규모에 영향을 미치지 않았다.[19] 물론 기존의 다른 연구들은 최저임금 인상으로 단기적으로는 일자리 축소가 거의 일어나지 않을지 모르지만 장기적으로는 일자리에 대한 악영향이 생각 이상으로 클 수 있다고 주장[20]한다. 게다가 제대로 디자인된 최저 임금 인상 정책을 전제로 한다. 사실 소득주도 성장 정책의 필요성을 주장하는 경제학(예를 들어 포스트케인스 학파[21])에 따르면 임금 인상이 총수요를 증대시켜 고용 증가로 이어진다 하더라도 임금 인상 수준은 생산성 수준에 의해 제약된다. 즉 최저임금 수준의 임금근로자를 고용하는 저부가가치 사업장은 생산성이 낮아서 최저임금 인상률이 클수록 타격을 입을 수밖에 없다는 얘기로, 장기적인 관점에서 최저임금 인상 속도를 높이기 위해서는 생산성이 낮은 저부가가치 사업장에 관련된 노동력이 산업 재편을 통해 생산성이 높은 고부가가치 사업장으로 재배치되어야 함을 의미한다.

　따라서 최저임금 인상률 결정은 한국의 산업구조와 관련이 있다.

앞서 지적했듯이 제조업과 재벌 중심의 한국 경제는 1990년대 초부터 산업 체계의 다양화 및 산업구조의 업그레이드 등 산업 혁신 없이 탈공업화만 진행되는 가운데 정부의 퇴장과 시장의 강화로 재벌 중심 경제체제는 더 공고화되었다. 그 결과 대기업과 중소기업 종사자 간 임금 격차, 임금 근로자와 자영업자 간 1인당 소득 격차, 정규직과 비정규직 임금 격차 등 격차 사회가 구조화되었다. 오늘날 대부분의 안전 관련 직무를 비정규직이 떠맡고 있는 배경이다. 즉 우리 사회는 철저히 비정규직에 의지해 살고 있는 반면 2018년 말 김용균 노동자의 희생에서 보듯이 정작 이들 비정규직들에게 안전은 전혀 존재하지 않는다. 우리 사회의 안전을 책임지고 있는 비정규직의 안전 없이 우리 사회의 안전이 있을 수 없다. 그것은 사회 구성원 전체의 생명과도 직결되는 문제다.[22]

이것들이 바로 '탈공업화 함정'에 빠진 한국 경제의 적폐들이다. 여기서 '탈공업화 함정'이란 제조업 종사자가 줄어드는 탈공업화 이후 일자리와 소득에서 제조업의 공백을 채울 준비가 안 된 상황, 즉 산업 생태계의 재구성이나 새로운 경제 질서로의 이행 실패나 지연에서 발생하는 사회 경제적 탈구(dislocations) 현상 및 그에 따른 경제 역동성의 쇠퇴, 심지어 반동 현상의 창궐 등을 의미한다. 한국 경제의 적폐는 한마디로 대규모 장시간-저임금 노동자와 그에 연명하는 저부가가치 사업장의 존재인 것이다. 한국 경제의 시대 과제인 재벌 개혁(공정경제)과 산업 혁신(혁신성장)이 분리될 수 없는 과제인 이유다. 저임금 해소와 근로시간 단축이 문재인 정부에서 핵심 정책 이슈로 제기된 배경이기도 하다. 이처럼 최저임금 인상률이 저부가가치 사업장의 생산성을 초과한다면 저부가가치 사업장은 자연스럽게 구조조정이 진행될 수밖에 없다. 저부가가치 사업장 종사자의 퇴로가 필요한 것이다. 가장 바람직한 것은 저부가가치 사업장 종사자를 고부가가치 산업으로 재배치하는 것이다. 지속적이며 빠른 최저임금의 인상은 산업 구조조정이나 산업 생태계의 재구성과 함께 진행될 수밖에 없다. 그런데 최저임금 인상만 진행되고 산업 구조조정이나 산업 생태계의 재구성 등 혁신성장은 추진이 소홀했거나 성과를 내지 못하면서 최저임금이 문재인 정부에 대한 공격거리가 되었다.

소득주도 성장 정책들을 성공적으로 추진했던 다른 국가들과 달리 불리한 산업 환경으로 인해 보수 진영으로부터 쉽게 공격을 받을 수밖에 없는 이유다. 예를 들어 소득주도 성장 정책들을 추진했던 대표적 경우가 대공황 이후 미국 루즈벨트의 뉴딜 개혁이나 스웨덴의 사민주의 대타협 등이다. 최저임금의 도입, 조세 체계 개혁, 복지 체계의 확립, 노동자 교섭력의 제도적 강화 등 루즈벨트 개혁이 진행되던 시기 미국은 19세기 말부터 20세기 초 진행된 2차 산업혁명의 결과로 중화학공업이 꽃을 피우던 때였다. 그 결과 제조업 종사자가 1939년 1월 907.7만 명에서 1943년 11월 1,659.8만 명으로 약 5년 만에 752.1만 개나 증가했다. 요컨대 기업의 경우 사업이 새롭게 확장되고 수익이 증대했기에 임금과 복지 강화 등에 따른 비용과 세금 인상이라는 부담 증대를 수용하고 감내할 수 있었던 것이다.

반면 스웨덴의 사민당은 중앙교섭을 통해 지나친 임금 인상을 억제시켰다. 고용과 복지 확대를 약속해 노조들이 이를 수용하도록 만들었다. 당장의 임금 인상보다 지속적 경제발전으로 더 큰 이익이 돌아갈 수 있다는 점을 강조했다. 이 같은 '사민주의 대타협'은 세계 대공황 위기 속에서 노사는 물론 좌우가 공생할 수 있는 최선의 방식이었다. 게다가 스웨덴은 미국과 달리 산업 경쟁력에서 뒤처졌던 후발국이자 경제(시장) 규모도 작았기에 개방을 수용할 수밖에 없었다. 구체적으로 매년 초 노사정이 만나서 경제성장률 목표치, 임금 상승률 등 주요 거시경제 정책을 함께 결정했다. 권한과 (국민-사회에 대한) 책임을 모두 공유했다. 그리고 기업 경영권을 보장해주며 다른 한편으로 산업 구조조정으로 피해를 입은 사람들에 대한 사회 안전망 확충 및 복지를 강화했던 것이다. 그 결과 노동자의 경제력과 산업 혁신이 함께 진화했고 산업계를 사민당의 우군으로 만들 수 있었다.

박근혜 정책의 부활, 무너지는 경제 생태계

문재인 정부는 스웨덴 경제를 롤 모델로 삼았으나 산업 구조조정과

2차 대전 중 혹은 종전 후 경기 침체 때조차 제조업 종사자는 최소 1,200만 명 이상을 유지했다.

혁신 없이 공정경제와 소득주도 성장을 추진했다. 더욱이 산업 생태계가 활력을 띠었던 미국이나 스웨덴 등과 달리, 탈공업화가 심화되고 있고 중국 등 후발국의 추격으로 산업 경쟁력이 약화되는 등 훨씬 불리한 상황이다. 즉 고용 악화의 근본 원인은 앞서 살펴봤듯이 제조업의 위기 때문인데 최저임금 인상이 빠르게 진행되자 최저임금에 모든 책임이 떠넘겨진 것이다. 한국 경제의 현실을 고려할 때 산업혁신 정책을 중심으로, 저부가가치 사업 부문의 구조조정 충격을 수용할 준비와 동시에 최저임금 인상이 추진되었으면 좋았을 것이다. 또한 저임금 계층에 대해 정부의 직접적인 소득분배를 강화하고 구조조정의 희생자들을 위한 안전망 확충 등이 추진되어야 했다. 근로시간의 단축 문제도 저부가가치 사업 부문의 구조조정을 수반한다는 점에서 기본적으로 마찬가지의 대응이 필요했다. 대개 시간당 임금이 낮을수록 노동시간이 길고, 저임금 계층은 노동시간의 확장으로 소득을 보전해온 것이 산업계의 현실이기 때문이다. 우리 경제가 수용할 수 있는 수준에서 장시간-저임금 노동에 의존하는 저부가가치 사업장의 구조조정 속도를 고려한 후 노동자와 사업장의 피해를 정부가 직접 지원하고 안전망을 확충해야 했던 것이다. 그리고 이를 위해 조세체계의 전면적 개편과 이를 통한 부동산 시장의 정상화 정책 등이 병행되어야 했다. 즉 소득세의 누진성 강화와 모든 소득의 통합 과세, 자산소득에 대한 과세 강화 등을 전제로 면세 대상자 범위의 축소가 필요했다. 그러나 (비정상적인 부동산 가격의 정상화를 포함한) '부동산 시장 정상화'보다는 (부동산 시장의 과열을 억제하는) '부동산 시장 안정화'를 목표로 설정함으로써 안전망 확충과 복지 강화에 필요한 재원 확보에도 실패했고, 부동산 가격을 폭등시킴으로써 대부분이 저소득층인 무주택자의 주거비용 부담을 증대시켰다. 결과적으로 최저임금 인상 효과를 무력화한 것이다.

자영업자의 문제도 산업구조에 대한 이해 부족으로 혼란을 자초한 측면이 크다. 앞서 소개했듯이 자영업자가 처한 어려움도 탈공업화 등에 그 뿌리를 두고 있다. 이는 가계소득의 취약성과 가계부채 부담 증가로 억압된 가계소비가 만든 자영업 위기의 '수요' 측면, 그리고 일자리 단기화나 일자리 부족 등으로 인한 자영업 진출이 만든 자영업 위기의 '공급' 측면의 결합물이다. 즉 매출 부족(수요 측면)과 과당경쟁(공급 측면) 모두 고용 불안정이라는 가계의 일자리 문제에서 비롯하고 있는 것이다. 특히 2016년에 비해 2017년에 고용과 가계의 위기가 잠시 개선되었다가 2018년에 다시 악화되어 자영업자들이 어려움에 빠지자 최저임금 인상 정책이 자영업 위기의 원흉처럼 취급되었다. 일부에서는 빠른 최저임금 인상과 더불어 자영업 소득 강화 대책들(카드 수수료 인하, 사회보험료 지원, 상가 임대료 인상률 제한, 불공정 거래관행 제한 등)을 함께 추진했어야 한다고 주장한다. 그러나 제조업 위기를 중심으로 한 산업 생태계의 약화 문제를 처방하지 않는 한 자영업의 근본적 어려움이 해소되기는 어렵다. 한국 경제의 시대 과제인 공정성 강화(예를 들어 가맹점주에 대한 공정거래위원회의 권익 보호)와 산업 생태계 재구성은 자영업에도 그대로 적용되기 때문이다. 즉 정부 대책들로 자영업 소득이 일시적으로 강화된다 해도 대규모 자영업 예비군이 존재하고 자영업으로 진출을 강요받는 상황을 해결하지 않는 한 자영업 과당경쟁은 재발될 수밖에 없다.

그렇다면 문재인 정부의 소득주도 성장 정책은 왜 이렇게 빈틈이 많았을까? 필자가 아는 범위 내에서 문재인 정부의 소득주도 성장 정책을 만든 이들(홍장표 전 경제수석이자 소득주도성장 특별위원회 위원장을 포함해 정책기획위원회에 참여한 경제학자들)은 산업 구조조정과 산업 생태계 재구성의 심각성 및 필요성에 대한 이해가 매우 빈곤했다. 문재인 대통령이 혁신성장을 공식적으로 언급하기 시작한 것이 2017년 가을 즈음이었고, 그해 말(12월 18일)에 산업통상자원부는 혁신성장을 뒷받침하기 위한 '새 정부의 산업 정책 방향'을 발표한다. 그러나 이때 발표된 산업 정책은 박근혜 정부의 산업 정책보다 부실했을 뿐아니라 구호 수준에 불과했다. 이러한 결과는 문재인 정권의 핵심 공약을 만든 이들 스스로 산업 정책에 대한 준비가 없었기 때문이었다. 그 결과 관료들이 주도하면서 과거 대책이 재등장했다. 2018년 들어 고용과 가계의 어려움이 증가하면서 최저임금의 빠른 인상 등 소득주도 성장을 만든 이들이 주도한 정책들이 공격을 받자 경제 정책의 주도권은 김동연 전 부총리를 중심으로 한 관료들에게 넘어갔고, 그에 따라 혁신성장이 부상하기 시작했다. 즉 소득주도 성장(몸통)의 성과를 만들어내기 위한 공정경제(왼발)와 혁신성장(산업 구조조정, 오른발)의 보완적 관계를 이해하지 못하고 양자를 파편적으로 이해한 것이다. 그 결과 혁신성장의 추진은 관료들에게 넘어갔고, 2018년 내내 청와대 내에선 소득주도 성장 추진자들과 관료들 간에 갈등이 반복되었다. 여기서 관료들의 혁신성장 방안은 철저하게 박근혜 정부 때 만들어진 것의 재탕이었다. 예를 들어 김동연 전 부총리는 4차 산업혁명과 관련한 신성장 분야의 육성과 플랫폼 및 공유 경제 활성화 등을 강조했는데, 이는 박근혜 정부 시절 산업통상자원부 산하의 '제4차 신산업 민관협의회'에서 2016년 12월 21일 확정하고 2017년 4월 26일 정부 정책으로 확정한 '4차 산업혁명 시대 신산업 창출을 위한 정책과제'와 동일한 내용이다. 요컨대 2018년 문재인 정부가 3대 전략 투자로 선정한 데이터 경제, 인공지능, 수소전기차 개발을 중심으로 한 수소경제 등이 박근혜 정부에서 확정한 정책과제와 100% 일치한 것은 우연이 아니다. 박근혜 전 대통령이 탄핵만 받지 않았다면 2017년 초 발표됐을 산업 정책이었다. 청와대가 산업 정책을 준비하지 못한 상황에서 산자부 등 관료들에게 의존한 것은 당연한 수순이다. 그리고 1년 만에 관료들의 머리에서 새로운 정책이 나올 것을 기대하는 것이 오히려 무리였다. 대통령이 혁신성장을 강조하고 뒤늦게 제조업의 어려움을 인식하기 시작하면서 소득주도 성장을 만든 이들도 혁신성장을 수용하기 시작

박근혜 정부의 산업통상자원부는 4차 산업혁명에 대한 코리아 루트를 찾기 위해 민간 중심으로 '신산업 민관협의회'를 발족해 혁신 생태계 구축, 일자리 대체에 대한 보완 대책 마련 등을 추진했다.

했지만, 본래 한국 경제의 시대 과제인 공정성 강화와 산업 생태계 재구성의 상호 보완성을 인식하지 못했기에 혁신성장은 매우 불완전하게 결합되었다. 즉 소득주도 성장을 만든 이들은 공정경제와 가계소득을 강화시키면 혁신성장은 자연스럽게 수반될 것으로 설계했다.[23] 공정경제와 가계소득의 강화가 어떻게 산업혁신을 만들어내고 산업 생태계의 재구성을 가져다줄 것인지에 대한 논리는 결여되었던 것이다. 그저 대기업과 중소기업 간 불공정 관계가 개선되고, 가계소득 강화를 통해 내수가 강화되면 중소기업 주도의 혁신이 살아날 것이라는 막연한 기대를 제시했을 뿐이다. 정부 정책을 추진하는 주체들에게 필요한 정책의 완전성이 얼마나 중요한지 보여준 사례로 남을 것이다.

경제 철학의 빈곤은 문재인 정부의 2기 경제팀이 박근혜 정부의 3기 경제팀의 복사판이라는 데서도 확인된다. 즉 성과와 시간에 쫓기면서 혁신성장의 실행을 박근혜 정부의 대책을 정확히 반복하는 관료들에게 떠넘길 때부터 예견된 것이었다. 부총리 지명을 받은 첫날 홍남기 내정자의 의견이 규제 개혁을 통한 서비스업 발전과 공유 경제 활성화였는데, 정확히 박근혜 2기 경제팀의 정책 목표였다. 박근혜 정부의 창조경제를 추진했던 주무부서인 미래창조과학부 차관 출신이라 당연한 결과였다. 박근혜 정부 말 2015년 4분기부터 그 이듬해 4분기까지 5분기 연속 0%대 성장률이 지속되는 상황이었던 2016년 2월, 박근혜 전 대통령은 제9차 무역투자진흥회의*에서 부랴부랴 투자 활성화 대책으로 신서비스 산업인 공유 경제 활성화 카드를 들고 나왔다. 그런데 문재인 정부 출범 직후였던 2017년 7월 정부 관계부처 합동으로 발표된 대책도 바로 이와 유사한 '서비스 경제 발전전략'이었다. 한마디로 문재인 정부의 경제 관료들에게 '혁신성장'은 박근혜 정부 '창조경제'의 뉴 버전에 불과했던 것이다.

실제로 홍남기 경제팀이 2018년 12월 14일에 발표한 '2019년 경제 정책방향' 내용의 99%는 이명박, 박근혜 정부의 경제 정책과 유사하다. 예를 들어 성장률 하락을 방어하기 위한 재정 지출 증가와 재정의 조기 집행은 어쩔 수 없다 하더라도 소비·관광 활성화나 공유 경제 활성화 및 서비스 산업 발전 등을 위한 핵심 규제 혁신 등은 박근혜 정부 경제 정책과 판박이다. 주요한 차이가 있다면 기업 설비 투자 감소가 지속되는 가운데 공공시설에 대한 기업투자를 끌어올리기 위해 포괄주의 방식으로 민자 사업 추진을 전면화한 점이다. 갈증을 해소하기 위해 양잿물을 마신 격이다. 민자 사업이란 전통적으로 정부 몫이었던 도로, 철도, 학교, 하수시설 등 사회기반시설을 민간이 대신해 건설·운영하는 사업을 말한다. 여기서 이명박 정

* 박근혜 전 대통령의 무역투자진흥회의는 아버지인 박정희 전 대통령의 수출진흥회의의 유산이다. 수출진흥회의는 대통령이 직접 경제계 인사들을 만나 투자를 약속받는 형식이다. 박정희 전 대통령은 1960년대 집권 초기부터 수출 중심의 고도성장 정책을 추진하면서 청와대에서 이 회의를 매달 열었다. 1979년 세상을 떠나기 전까지 전체 151회 가운데 단 다섯 차례를 제외하고 모두 회의를 주재했다. 1960~70년대 방식을 부활시켰으니 성과가 제대로 나올 리 만무했다. 무역투자진흥회의의 핵심 가운데 하나인 '현장 프로젝트'를 보면 선정된 현장 프로젝트 42건(투자금 62조 원) 가운데 준공이 마무리된 사업은 새만금 산업단지 내 열병합 발전소 건설 등 5건(3.82조 원)일 정도로 전체 투자 규모에 견줘 6%에 불과했다.

부에서 시작된 '철도 민영화' 정책을 답습해 박근혜 정부의 국토교통부가 2016년 7월 6일 민자철도사업 활성화 방안을 발표했다. 새로 건설하는 모든 철도 노선에 19조 8,000억 원 규모의 민간자본을 끌어들여 박근혜 정부 임기 안(2017년 말이나 2018년 초)에 착공하겠다는 계획이었다. 당시 이에 대해 위법 논란과 더불어 민영화 대못 박기라는 비판이 시민사회와 야당 등에서 나왔다. 비싼 사회적 비용을 지불했던 2013년 철도 민영화 갈등이 재연될 기미도 보였으나 정권이 바뀌면서 유야무야되었다. 그런데 문재인 정부 경제 2기팀의 민자 사업은 이명박, 박근혜 정부의 공공시설 민영화 사업에서 한걸음 더 나아간 것이다. 이명박, 박근혜 정부에서 민자 사업은 도로·철도 등 53종 시설만 가능했는데, 그 민간투자법을 개정해 모든 공공시설에 허용하겠다는 것이다. 민자 사업 추진을 찬성하는 사람들은 특혜는 없애고 위험과 수익을 정부와 민간이 적절히 나누도록 설계만 잘하면 문제가 없다고 하지만, 민자 사업은 주로 재무적 투자자(말만 그럴듯하지 기업 차원의 재테크다)가 주도하다 보니 안전 등 공익성은 뒷전이고 수익성을 최우선으로 할 수밖에 없다. 또한 그 결과 수익이 나오지 않을 경우 정부가 국민 세금으로 보조해주거나 사용료를 인상하는 등 국민 부담을 증가시킬 뿐이다.

게다가 문재인 정부 경제 2기팀은 건설투자에서도 감소가 지속되자 광역권 대표 공공 프로젝트에 예비 타당성 조사를 면제키로 했다. 공공 프로젝트 예비 타당성 조사가 무엇인가? 공공 프로젝트의 경우 사업이 집행된 이후에 예상했던 효과에 미치지 못하거나 불필요한 사업을 추진한 경우 또는 부처 간의 중복투자로 인한 정부 예산의 낭비 등으로 인한 재정운영의 비효율성 문제가 끊임없이 제기된다. 그렇기에 정부 재정운영의 효율성을 높이기 위해 사업을 추진하기 전에 그 사업의 필요성과 실현 가능성 등을 사전에 평가할 필요가 있다. 그런데 재정 집행의 효과를 높여 단기 성장률을 끌어올리기 위해 재정 낭비 가능성도 무시하겠다는 것이 아닌가? 그리고 이런 토목사업들이 지방 경제를 어떻게 살려낼 수 있다는 말인가?

문재인 정부의 변신(?)은 산업 정책에서 화룡정점을 찍었다. 문재인 대통령은 2018년 12월 13일 창원을 방문해 '중소기업 스마트 제조혁신 전략보고회'에 참석해 제조업 혁신 방안으로 '스마트 공장'을 제시하고 2022년까지 스마트 공장을 3만 개로 늘릴 것이라는 내용을 발표했다. 그런데 이 방안은 박근혜 정부 산업통상자원부가 2017년 4월 20일 '중소기업 정책 간담회'에서 발표한 '스마트 제조혁신 비전 2025'의 내용과 동일하다. 그리고 과학기술정보통신부가 2018년 12월 26일 제3차 경제활력대책회의 겸 제23차 경제관계장관회의에서 "2023년까지 4차산업 핵심인재 1만 명 육성"을 주요 내용으로 한 '4차 산업혁명 선도인재 집중양성 계획(2019~2023년)'을 발표했고, 문재인 대통령이 2019년 연두 기자회견에서 "임기 내에 혁신성장 선도 분야 인재 4만 5,000명, 과학기술·ICT 인재 4만 명 양성" 계획을 밝혔는데, 이 대책 역시 "2025년까지 스마트공장 창의융합형 인재 4만 명 육성" 계획을 담은 박근혜 정부의 '스마트 제조혁신 비전 2025'의 재탕이다.

이처럼 집권 1년 만에 문재인 정부의 컬러는 없어졌다. 그 결과 "성장의 열매가 모두에게 골고루 돌아가는 '포용적 성장'과 중·하위 소득자들의 소득 증가"를 목표로 한 '포용적 국가'는 구호로 그칠 가능성이 높아지고 있다. 2019년 들어 소득주도 성장 용어가 자취를 감추었고, 경제 철학의 빈곤이 문재인 정부와 이명박, 박근혜 정부의 차이를 빠르게 소멸시키고 있기 때문이다.

왜 이러한 역주행이 진행되고 있을까? 경제에 대한 대통령의 이해 부족과 조급함 등의 이유 때문일 것으로 추측된다. 사실 앞서 지적했듯이 2018년의 거시경제 지표들을 보면 충분치는 않지만 소득주도 성장 정책들의 효과가 부분적으로 확인되고 있다. 문제는 2019년 경제 상황이 녹록지 않으면서 관료들에 대한 의존을 높이고 있는 점이다. 관료들은 정권의 컬러와 무관하다. 아니 시장주의적 사고에 익숙하다. 박근혜 정부의 산업 정책이 다시 부활한 배경이다. 설비 투자와 건설투자가 곤두박질치고, 수출을 주도했던 반도체 경기가 급격히 식으면서 문재인 정부는 두려움을 느끼기 시작했을 것이다. 2019년 경제 성적표는 2020년 총선의 중요한 요인이 될 것이고, 만약 총선에서 패배한다면 식물정권으로 전락하고 정권 재창출은 어려워질 것을 걱정했을 수도 있다. 민간소비 증가율에 이어 2018년 경제성장률에서 2.7% 중 1.2%라는 중요한 기여를 했던 (순)수출이 곤두박질

치면 2019년 성장률은 매우 비관적일 수밖에 없기 때문이다. 그런데 수출의 내용을 보면 문재인 정부가 '박정희식 산업화 모델'을 청산하고, 새로운 대안 경제모델을 만들지 않는다면 희망이 없다는 사실을 보여준다. 한국의 수출액은 2015년과 2016년에 마이너스 행진을 한 후 2017년 큰 폭으로 증가했지만 2014년 수출액보다 10억 달러 증가한 규모에 불과했다.

따라서 수출이 회복된 2018년과 2014년의 수출의 내용을 비교하면 한국 수출 구조의 문제점을 확인할 수 있다. 한국의 수출액은 2014년 5,727억 달러를 기록한 후 감소하기 시작해 2016년에는 4,954억 달러까지 후퇴했다. 2017년에는 5,737억 달러까지 회복되었으나 2014년에 비교하면 10억 달러 증가한 규모에 불과했던 반면, 같은 기간 반도체 수출액 증가분은 353억 달러에 달했다. 반도체 수출이 없었다면 2017년에도 수출액은 감소할 수 있었다는 점에서 반도체 수출이 수출 회복의 일등 공신이었음을 보여준다. 그리고 2017년 수출액 증가분 783억 달러 중에서도 357억 달러, 즉 46%는 반도체 증가에 의한 것이었다. 그런데 2018년 수출액 6,052억 달러는 2014년보다 325억 달러 증가한 것이었는데 같은 기간에 반도체 수출액이 641억 달러 증가했다. 반도체 수출 증가를 제외하면 수출은 여전히 감소세가 진행된 것이다. 실제로 10대 수출 품목 중 반도체를 제외한 9개 품목의 경우 같은 기간 동안 516억 달러가 감소했다.* 2018년 두 번째 수출 효자 품목이었던 석유 관련 제품도 42억 달러가 감소했다. 이처럼 반도체에 과잉 의존한 결과 반도체 가격 하락은 수출에 직격탄이 될 수밖에 없다.

앞서 설명했던 대중 수출 의존도 심화에 따른 '중국 리스크'도 마찬가지다. 같은 기간 동안 중국 수출액이 169억 달러, 즉 수출액 증가의 52%가 중국 수출로 이루어졌다. 여기에 새로운 수출 시장(3위)으로 부상한 베트남에 대한 수출액이 같은 기간 동안 263억 달러 증가했다. 중국과 베트남 수출액 증가분 432억 달러를 제외하면 나머지 나라들은 수출이 감소했음을 의미한다. 그나마 대베트남 수출의 급증도 삼성전자의 사업 등과 밀접하게 관련되어 있다. 한국 수출의 세 번째 국가로 부상한 베트남에 대한 수출이 2019년 들어 감소세로 전환되고 있다. 특히 2018년 중국 수출이 차지하는 비중은 27%로 증가했고, 여기에 홍콩까지 더하면 34%에 달한다. 그렇다보니 2018년 하반기부터 성장률이 급감한 중국 경기가 둔화되면서 중국 수출은 직격탄을 맞을 수밖에 없었다.

'수출 리스크'는 '제조업 리스크'로 연결된다. 수출 증가율이 마이너스로 전환된 2018년 광공업 생산이 전월 대비 1.4% 감소하고 설비 투자 감소로 이어진 배경이다. 2018년 설비 투자액이 2017년에 비해 2.8조 감소했는데 그나마 삼성전자와 SK하이닉스의 설비 투자 10.5조가 있었기에 그 정도 감소로 그친 것이었다. 그렇다면 2019

˚ 유일하게 철강만 5억 달러 증가했을 뿐이다.

년 반도체 분야의 수출 감소는 반도체가 주도한 설비 투자의 급감
으로 이어질 것을 예상할 수 있다. 앞서 지적했듯이 반도체를 제외
한 주요 품목의 수출 감소가 지속되는 상황에서 생산과 설비 투자가
감소하는 것은 자연스러운 현상이기 때문이다. 게다가 제조업 의존
도가 절대적으로 높은 한국 경제에서 '제조업 리스크'는 경제 전체
에 충격을 확산시킨다. 이것이 2018년 12월 서비스 생산이 전월 대
비 0.3% 감소한 배경이다. 한국의 수출 감소는 세계 경기 후퇴에 따
른 자연스러운 결과다. 2019년 경기 후퇴 조짐이 심화되는 상황에
서 수출의 역성장(마이너스 증가율)이 예상되고, 그에 따라 생산과 설
비 투자 등이 모두 후퇴할 가능성이 높아지는 것이다. 실제로 전년
동월 대비 수출액 증가율을 보면 2017년 1~9월 동안 11~35%로 두
자리 숫자가 지속되다가 10월부터 한 자리 숫자로 떨어졌지만 여전
히 7~10% 근처를 유지했다. 그러나 2018년에는 1월 수출액 증가율
이 22%를 기록한 후 3%로 떨어진 2월부터 급감하기 시작했다. 그에
따라 전월 대비 설비 투자의 증가율도 2018년 2월 +1.3%에서 3월에
-7.8%로 급감한 후 그 후 마이너스 행진이 지속되었다.

이처럼 수출의 역성장과 설비 투자 급감, 여기에 부동산 경기의
후퇴에 따른 건설투자 회복 가능성이 낮아지면서 2019년 성장률은
매우 우려스러울 수밖에 없다. 이러한 우려를 반영한 것이 공공 프
로젝트의 예타 면제로 건설투자 끌어올리기, 그리고 공공시설에 민
간자본 유치와 재벌 기업에 매달리는 기업투자 유인으로 나타나고

있는 것이다. 그러나 이런 방식은 이미 이명박, 박근혜 정부에서 보았던 매우 익숙한 모습이다. 그리고 이런 방식이 반복되면서 한국 경제가 이 지경까지 온 것이다. 지금까지 보았듯이 한국 경제 생태계의 문제점은 다양성이 매우 빈곤하다는 것이다. '제조업 리스크'를 '시스템 리스크'라고 표현한 이유다. 제조업 경쟁력이 취약해지면서 '제조업 리스크'는 '반도체 리스크'나 '중국 리스크'로 갈수록 좁혀지고 있다. 반도체 위기 이후 한국 경제는 어떻게 될 것인가? 중국의 자립도가 증가해 한국에서 수입을 줄여나간다면 어떤 상황이 펼쳐질 것인가? 문제는 이런 우려스러운 상황이 그리 머지않아 현실이 될 것이라는 점이다. 한국 경제 생태계의 활력을 복구하는 길은 산업구조를 업그레이드해 제조업 등 기존 산업의 경쟁력을 강화하는 것이다. 더불어 제조업의 역할 감소를 대체하기 위한 산업 체계의 다양화는 불가피하며, 이런 이유로 산업 생태계 재구성은 한국 경제의 절체절명의 과제다. 그런데 이미 실패한 이명박, 박근혜 정부의 산업 정책을 따라 하는 문재인 정부의 산업 정책에 우려 섞인 시선을 보낼 수밖에 없다. 산업 정책이 실패할 경우 소득주도 성장 정책들도 지속 가능하지 않다는 점에서 문재인 정부의 컬러는 결국 소멸될 수밖에 없다. 이는 장기 불황의 시대가 도래할 수 있음을 의미한다. 성장률이 3% 밑으로 떨어지고 가계 절반의 명목소득이 후퇴하여 제로성장 시대가 도래할 경우에는 상위 10% 정도만이 소득 유지 혹은 상승을 경험하지 않을까?

세계 경제, '근대의 함정'에 빠지다
위기의 글로벌 경제에서 한국 경제의 활로 찾기

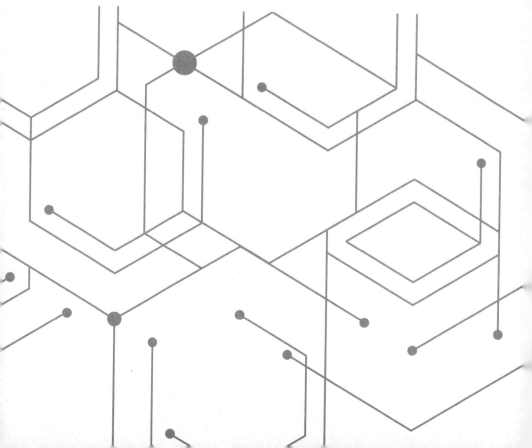

사람들은 경제학자의 능력을 과대평가하는 경향이 있다. 아니 어쩌면 경제 상황이 계속 악화되는 상황에서 그나마 의지할 사람이 경제학자뿐이기 때문일지도 모른다. 다른 대안이 없다 보니 경제학자에 대한 수요가 지속되는 것이다. 마치 많은 대학이 생명력을 상실했음에도 대안이 없다 보니 문을 닫지 않고 있는 것과 유사한 현상이다. 금융 위기가 발발하고 그 원인들에 대한 많은 진단들이 나왔고, 핵심 원인들에 대한 공감대도 형성되었다. 그러나 10년도 더 지난 지금 많은 경제학자들은 핵심 원인들에 대해 더 이상 언급하지 않는다. 경제학자들은 금융 위기가 발발한 원인에 대해 더 이상 관심을 갖지 않기 때문이다. 요컨대 금융 위기가 발발한 지 10여 년이 지난 지금까지 금융 위기의 핵심 원인들은 하나도 제대로 해결된 것이 없다. 그럼에도 경제학자들은 금융 위기 이전에 그랬듯이 세계 경제, 특히 미국 경제의 회복에 대해 강한 자신감을 보이고 있다. 문제는 이 자신감의 근거가 매우 취약하다는 점이다. 세계 경제를 구체적으로 진단하기 전에 금융 위기의 핵심 원인들이 어떤 상황에 있는지 간단히 살펴보자. 미국발 금융 위기를 많은 사람들이 세계 금융 위기라고 표현하는 이유는 금융 위기의 핵심 원인들이 세계 경제 구조와 분리된 것이 아니기 때문이다.

첫째, 많은 경제학자들은 금융 위기의 핵심 원인으로 소득 불평등을 지적한다. 그러나 금융 위기 이후 소득 불평등과 자산 불평등이 더욱 악화되었음에도 불평등을 해결하려는 의지는 찾을 수가 없다. 아니 찾을 의지조차 보이지 않는다. 금융 위기 이후 미국의 실업률 수준이 완전고용 수준 이하로 하락할 정도로 경기가 완전히 회복되었다고 하지만, 미국 경제의 내면을 들여다보면 가계 경제의 상황은 매우 취약하다. 예를 들어 보험회사 노스웨스턴 뮤추얼(Northwestern Mutual)의 조사에 따르면 미국인 중 21%는 은퇴 후를 위한 저축이 전무하고, 그 위의 추가 10%는 5,000달러(약 565만 원, 1달러=1,130원 기준) 미만에 불과하다. 미국인 3명 중 1명이 은퇴 시 5,000달러 미만을 보유할 가능성이 높은 현실이다. 현재 은퇴 연령에 가장 가까운 베이비부머(1946~1964년생) 중 33%는 퇴직 시 저축액이 2만 5,000달러(2,825만 원)

미만이다. 퇴직 시 미국인의 평균 저축 규모도 8만 4,821달러(약 9,585만 원)인 반면 전문가들은 최소 1백만 달러(11억 3,000만 원)가 필요하다고 주장한다.[01]

둘째, 금융회사의 위험추구 행동에 대해서도 마찬가지다. 금융 위기 이전처럼, 많은 경제학자들은 금융 규제가 향상되었기에 금융 불안이 재발될 가능성은 없다고 한다. 그러나 위험추구를 주도하는 금융회사들은 규제 대상인 은행보다 규제를 받지 않는 자산관리사와 사모펀드 등이라는 점을 간과한다. 게다가 규제를 무력화하는 '초(ultra)' 금융 완화의 지속에 대해 침묵하거나 심지어 적극 지지를 한다. 그 결과 팽창된 신용이 자산 가격의 거품을 키운다. 그리고 금융 위기 이후 보았듯이 거품 붕괴의 후유증은 대부분 일반 국민에게 돌아갈 것이다. 소득 증가보다 높은 신용(대출) 증가로 부채 상환 능력이 약화되는 금융 불균형과 그에 따라 작고 일상적인 경제 충격들이 대규모 금융 위기로 발전할 정도로 금융 취약성에 대해 '나 몰라라' 식으로 책임을 회피하는 전형적인 모습이다. 금융 위기 이전에도 그랬듯이 '이번에는 다르다.'는 과거 망각증이 반복된다.

셋째, '초' 금융 완화는 금융 위기를 유발한 부채를 금융 위기 이전보다 크게 증가시켰다. 주지하듯이 금융 위기나 유로존 위기는 지속 불가능한 부채에서 비롯된 것이었다. 그런데 지금 세계 경제는 금융 위기 이후보다 GDP 대비 부채 비중이 더 증가했다. 기존의 부채를 형태가 다른 새로운 부채로 전환시켰을 뿐이다.[02] 예를 들어 미국 등 선진국의 경우 금융 위기 이후 소득 대비 가계부채는 축소되었지만 국가 부채와 중앙은행의 부채 등이 폭증했다. 미국 정부의 부채는 금융 위기 이전 GDP 대비 60%대 초에서 2018년에는 105%가 넘을 정도로 급증했고, 대부분이 부채로 구성되는 연준의 자산 규모도 금융 위기 이전에는 9,000억 달러에도 미치지 않았지만 2014년 10월 양적 완화 종료 직전에는 4조 5,000억 달러까지 급증했다. 게다가 부채 비중이 상대적으로 양호했던 신흥 시장국의 경우에는 가계부채와 기업부채 등 민간 부문의 부채가 급증했다. 특히 금융 위기 이후 글로벌 경기 침체의 구원투수로 여겨졌던 신흥 시장국 경제의 경우 달러로 조달된 민간부채가 크게 증가했다. 그 결과 금융 위기가 재발할 경우 완충장치 역할을 수행할 수 없을 뿐 아니라 (달러) 자금의 갑작스런 회수 시 차입한 자금과 운용 자금(예를 들어 터키 리라화)의 만기가 일치하지 않는 '통화 불일치'로 외환 위기가 일어날 가능성도 높아졌다. 반면 선진국에서는 초저금리가 지속될 뿐만 아니라 국가 및 중앙은행의 부채가 급증한 결과 금융 위기가 재발할 경우 대응할 수단이 없다. 금융 위기 이전에는 소득 불평등을 조세나 정부 이전으로 최소화시키려 노력했지만 금융 위기 이후 저성장 및 국가 부채 증가에 따라 증세도 어렵고 정부재정 여력도 약화되어 소득 재분배는 한계에 직면하고 있다. 그 결과 최대 2025년까지 25개 선진국의 70~80% 가구의 실질 소득이 정체 혹은 후퇴할 것으로 예상되고 있다.[03]

넷째, 많은 경제학자들은 경제 구조나 환경 등의 변화를 인정하지 않는 일종의 현실 인식 장애 증상을 보이고 있다. 대공황 당시 전통적인 보수 경제학자들은 대량 실업의 원인을 노동조합 탓으로 돌리면서 노동조합이라는 제도가 없어진 비현실을 꿈꾸었다. 현재는 금융 위기 이전 30년을 지배했던 (구속받지 않는 자유시장과 자유무역, 사람의 자유로운 이동을 추구한) 신자유주의 프로젝트는 신자유주의의 본산지에서 부정되고 있다. 자유시장의 이상을 복원했던 레이건과 대처를 앵글로색슨 보수주의들이 매장[04]시키고 있는 것이다. 레이건('위대한 미국 정신의 재현')을 존경하는 트럼프이지만 자유무역과 사람의 자유로운 이동을 부정하고 있고, 사람의 자유로운 이동을 거부하는 결정 (브렉시트)으로 수상이 된 영국의 메이 역시 자유시장을 신뢰하지 않고 이기적 개인주의에 대한 추종도 거부하며 대처리즘과 절연을 선언하고 있다. 자유시장과 자유무역, 사람의 자유로운 이동의 이점에 대한 자신감이 앵글로색슨 자본주의에서 사라지고 있는 것이다.

사실 금융 위기 이후 펼쳐진 보호주의의 강화는 일시적 현상이 아니다. 금융 위기 이후 장기 저성장 국면(뉴노멀)으로의 진입, 글로벌 불균형 해소 방식에 대한 갈등으로 표출되고 있는 미국의 통화 주권(통화 정책 독립성) 대 신흥 시장국의 통화 주권(환율 안정성)의 충돌에서 비롯하는 것이다. 소득 불평등의 악화로 내수가 취약해진 상황에서 주요 국가들이 수출 증대와 수입 억제로 타개책을 찾고 있고, 미국은 통화 주권을 위해 모든 수단을 동원해 무역 적자를 축소시키려하는 과정에서 보호주의가 심화되고 있기에 쉽게 해결되기 어렵다. 즉 미국은 대미국 무역흑자를 대규모로 실현하고 있는 국가들로 유출된 달러가 미국 정부가 발행한 채권이나 정부보증채권 등 장기채권 매입 형태로 재유입되어 미국의 장기 시장금리 하락에 영향을 미쳤고, 그 결과 연준의 통화 정책(긴축정책)이 제대로 작동하지 않는다고 생각한다. 이것이 미국의 유력 정치인들이 해외 투자자들이 미국의 경제주권을 훼손시키고 있다고 공공연히 주장하는 배경이다. 또한 글로벌 금융 위기 이후 G20이라는 새로운 글로벌 거버넌스 체제를 만든 배경이기도 하다. 그러나 달러를 기축통화로 사용하는 현재의 국제통화시스템에서 다른 나라들, 특히 외환 위기의 트라우마를 갖고 있는 한국 등 신흥 시장국들은 달러의 안정적 확보가 절대적 과제이기에 무역흑자를 축소시키라는 미국의 요구를 수용하기 어렵다. 근본적으로 (미국의 대규모 경상수지 적자와 독일·일본·중국·한국·석유 수출국 등의 경상수지 흑자로 표현되는) 글로벌 불균형의 해결은 (미국 경제력의 상대적 약화를 의미하는) 경제력의 다원화와 (달러라는 특정 국가의 통화를 중심 통화로 사용하는) 달러본위제의 비대칭성이라는 국제통화시스템의 문제를 해소해야만 가능하다. 즉 미국은 달러를 기축통화로 고집하는 반면 미국 제조업의 경쟁력이 약화된 상황에서 달러의 해외 유출은 불가피하고, 그 결과 미국의 통화 정책 독립성은 제약될 수밖에 없다. 여기에 미국의 트럼프 정부가 자신의 목표를 달성하기 위해 달러를 무기로 사용하면서 미국에 대한 국제 사회의 불신과 불만이 높아지고 있다. 또한 그 결과 안전자산 역할을 수행했던 달러화의 비중을 축소시키며 달러본위제에 기초한 국제통화시스템의 불안정성을 증대시키고 있다.

이처럼 훼손된 국제무역 질서의 재구성과 국제통화시스템의 안정화를 위해 국제 협력이 어느 때보다 절실한 반면, 각국의 경제 상황이 어려워짐에 따라 자국 이익 중심에 기반한 민족주의 감정이 고조되면서 국제 사회는 파편화되고 있다. 이러한 구조와 환경의 변화는 근원적으로 '근대의 함정'에서 비롯한다. 근대를 구성하는 주요 요인들인 산업화, 국민국가, 국민경제 등의 수명이 다했음에도 여전히 경제학을 비롯한 사회과학은 근대의 눈으로 세상을 바라보기 때문이다. 근대의 수명이 다해서 발생하는 많은 문제들을 계속해서 근대의 시각으로 접근하다 보니 현실과 유리된 공허한 이야기만 반복하게 된다.

더 심각한 문제는 초금융완화로 미국 경제를 비롯해 선진국들의 경제가 '저금리의 함정'에 빠져 있다는 점이다. 이를 상징적으로 보여주는 지표가 '저실업률 속의 저물가' 현상이다. 미국, 독일, 일본 등 주요 선진국들은 완전고용 수준보다 낮은 실업률을 기록 중인 반면 물가 수준은 물가 목표치인 2%에 미달하거나 심지어 디플레이션 걱정까지 해야 하는 상황이 지속되고 있다. 경제 이론상 낮은 실업률은 고용시장에서 노동력을 구하기 어렵다는 것을 의미하고, 그 경우 임금 증가율은 가팔라지고 이는 인플레이션을 자극한다. 그런데 현실 세계에서 저물가가 지속된다는 것은 임금 증가율이 높지 않다는 것을 의미한다. 이론적으로 임금은 노동생산성에 의해 결정된다. 즉 낮은 임금 증가율은 노조 교섭력 약화, 글로벌화, 자동화 등과 더불어 노동생산성 증가율이 낮다는 것을 의미한다. 실제로 미국의 경우 미국 노동통계국(Bureau of Labor Statistics)에 따르면 금융 위기 이전(2000~2007년)에는 노동생산성 증가율이 연평균 2.7%였던 반면, 금융 위기 이후(2007~2018년)에는 연평균 1.3%로 절반 밑으로 떨어졌다. 그 결과 금융 위기 이후 성장률이 2/3 수준으로 떨어진 것이다. 성장률은 기본적으로 생산성 증가율과 노동이나 자본 등 생산요소의 증가율에 의해 결정되기 때문이다. 그렇다면 생산성 증가율은 왜 급감했을까? 저금리의 부작용이다. 첫째, 저금리의 지속으로 수익성이 낮은 기업들의 수명이 지속되고 있다. 이른바 '좀비기업'으로 부르는 기업이 급증한 것이다. 14개 선진국의 3만 2,000개 상장기업을 대상으로 조사한 BIS에 따르면 1980년대 말 약 2% 정도가 좀비기업이었던 반면 2016년 현재 12% 이상까지 급증했다. 같은 기간 동안 한번 좀비기업이 좀비기업으로 남을 확률도 60% 미만에서 85%까지 증가했다.[05] 좀비기업의 증가는 자원의 비효율적 사용을 증대시키고 경제 전체적으로 생산성을 둔화시킬 수밖에 없다. 주요국 중앙은행들, 특히 연준이 2018년 금리 인상을 가속화하자 시장이 '비명'을 지른 이유다. 둘째, 저금리의 지속은 산업 내에서 선도 위치를 점하고 있는 기업들이 후발 주자들에 비해 투자를 전략적으로 증대시키는 데 영향을 미치고, 그 결과 시장 집중은 심화되고 경쟁과 혁신이 약화된다. 기업이 수익성을 추구하는 가장 손쉬운 방법은 시장 지배력 확보를 통한 방식이다. 저금리 환경을 이용해 선도 기업은 전략적 투자를 통해 시장 지배력을 더욱 강화시킨다. 금융 위기 이후 시장 집중이 더욱 심화되고 혁신이 약화된 배경이다. 이에 대해서는 뒤에서 자세히 언급할 것이다. 이처럼 저금리의 지속이 생산성 및 성장 둔화로 이어지고, 성장 둔화는 다시 금리 인상에 장애로 작용하고 있는 '저금리의 함정'에 빠져 있는 것이다. 또한 저금리는 가계에 대한 (보험이나 은퇴 관련) 장기상품의 공급을 제약한다. 게다가 소득 및 자산 불평등은 수요 둔화를 매개로 성장을 둔화시킨다. 그리고 저성장의 장기화는 소비와 투자 결정을 지연시켜 저성장 및 저물가를 지속시키는 악순환을 만들어낸다. 이러한 상황에서 초금융완화는 취약한 경제의 수명을 연장시킬 뿐이다. 시장에 현금이 흘러넘쳐 구하기 쉬운데도 기업의 생산, 투자와 가계의 소비가 늘지 않아 경기가 나아지지 않고 마치 경제가 함정에 빠진 것처럼 보이는 이른바 '유동성 함정' 상태에 빠진 것이다.

1

Economics

미국인들도 모르는
미국 경제의 문제

미국은 두말할 나위 없이 제조업 기반의 산업화 시대인 '근대'의 주인공이다. 예를 들어 미국은 2차 세계대전이 끝났던 1945년에 세계 GDP의 40%와 세계 제조업 생산의 약 절반을 차지했고, 제조업의 원천기술에서 지금도 최고의 경쟁력을 확보하고 있을 정도로 제조업 시대의 주역이었다. 따라서 고용-금융-사회보장-주거-교육-혁신 등 미국의 주요 시스템들은 모두 제조업이라는 산업적 토대 위에 만들어진 것이었다. 이러한 근대는 산업화의 시대였을 뿐 아니라 특정 부분을 이상화(理想化), 즉 일부를 중심화하고 나머지는 주변화시켜 억압을 정당화하는 중심주의와 위계적인 이분법 사유체계(폭력적적 사유방식)가 지배한 시대였다. 인간과 자연, 이성과 감정, 남성과 여성, 문명과 야만 등으로 구분하고 전자에 가치론적 우월성을 부여하면서 인간의 자연 정복, 이성의 감성 억압, 남성의 여성 지배, 서구의 비서구 지배를 정당화했다. 2차 세계대전 이후의 세계 금융과 무역 질서도 미국 중심주의가 투영된 경제 질서로, 미국 제조업의 절대적인 경쟁력에 기초해 만들어진 것이었다. 미국 제조업(경제)의 절대적 경쟁력(우위)에서 작동이 가능했던 국제무역질서인 '가트(GATT) 체제'와 달러를 기축통화로 사용한 국제통화시스템인 '브레턴우즈 체제'* 등이 그것들이다.

따라서 제조업 기반 위에서 만들어진 주요 시스템들은 탈공업화가 진행되면서 많은 문제점을 드러낼 수밖에 없었다. 첫째, 탈공업화 이후 제조업의 공백을 채울 준비가 안 된 상태, 즉 새로운 경제 질서로의 이행 실패 및 지연으로 인해 (고용-금융-사회보장-주거-교육-혁신 시스템 등) 주요 시스템들과 국제 질서의 '탈구'가 나타났고, 그에 따라 경제 역동성이 쇠퇴하자 신자유주의식 포퓰리즘으로 이어졌으나 그 결과는 파국이었다. 둘째, (미국 경제의 절대적 우위에 기초해 만들어진 국제통화시스템인) 달러본위제는 미국 경제력의 상대적 약화, 즉 경

---

* 1944년 7월 미국 뉴햄프셔 주의 브레턴우즈에서 44개 연합국 대표들이 참석한 가운데 전후의 국제통화 질서를 규정하는 협정을 체결한 데서 '브레턴우즈 체제'라 부른다. 브레턴우즈 협정의 핵심 내용은 미달러화를 축으로 한 '조정 가능한 고정환율제도'를 도입한 점으로, 이 같은 국제통화 제도를 관장하는 기구로서 IMF와 세계은행이 설립되었다. 그러나 1971년 닉슨 미 대통령의 달러화 금태환 정지 선언으로 주요 선진국 통화제도가 변동환율제도로 이행함으로써 브레턴우즈 체제는 무너졌다.

제력의 다원화에 따라 필연적으로 (미국의 경상수지 적자 대 중국-한국-일본-독일-중동 산유국-아시아 신흥국들의 경상수지 흑자로 표현되는 심각한 국제수지 불균형인) '글로벌 불균형'을 초래할 수밖에 없었다. 그리고 이는 글로벌 금융 위기의 또 다른 원인으로 작용하면서, 현재 미국이 주도하는 무역전쟁의 배경이 되고 있다.

미국 경제의 신기루, 무너지는 모래성

무엇보다 금융 위기 이후 10년이 넘은 현재의 미국 경제의 상황을 정확하게 볼 필요가 있다. 우선 경기 회복의 대표적 기준인 경제성장률부터 보자. 2008년 9월 15일 미국 대형 투자은행인 리먼 브러더스가 파산하면서 미국 경제의 경제성장률은 3분기 연속 마이너스를 기록하며 침체에 빠져든다. 2009년 3분기 성장률(전기 대비)이 플러스(+)로 전환한 후 2017년까지 연평균 성장률은 2.2%였다. 이는 금융 위기 이전(1985~2006년)의 연평균 3.3%보다 1.1% 포인트 낮은 수준이다. 성장 체력이 금융 위기 이전의 2/3 수준으로 하락한 것이다. 2018년의 성장률 2.9%는 2015년 성장률 2.9%와 더불어 금융 위기 이후 최고의 성장률이다. 여기서 문제는 금융 위기 이후의 평균 성장률 2.2%보다 높은 0.7% 포인트 중 약 절반에 해당하는 0.34% 포인트가 정부 지출에 의한 것이었고, 특히 0.21% 포인트가 군사비 지출에 의한 것이라는 점이다. 미국의 2018년 성장률은 실질 잠재 성장률 이상으로 과열된 것이라는 평가가 지배적이다. 예를 들어 미국 의회예산국(CBO)은 잠재 성장률을 2% 안팎으로 추정하고,[06] 연준은 잠재 성장률을 1.9%로 추정한다.

경제 이론적으로 잠재 성장률 이상으로 경제가 성장할 경우 경기 부양은 단기적으로 경기를 과열시킬 수 있지만 장기적으로 많은 부작용을 수반한다. 일반적으로 경기 부양을 하면 단기적으로는 성장률이 잠재 수준 이상을 기록하고, 실업률도 (이론적으로 완전고용 수준의 실업률을 의미하는) 자연실업률 이하로 하락한다. 요컨대 2018년 미국의 성장률은 대규모 감세와 정부 지출 등에 의한 결과였다. 트럼프는 자신이 지명한 연준의 파월 의장이 2018년에 금리를 계속 인상하자 불만을 표출했지만, 사실 트럼프가 연준으로 하여금 금리를 계속 인상할 수밖에 없게 만든 것이다. 경기 부양의 첫 번째 부작용이 여기서 드러난다. 문제는 트럼프 감세에 따른 재정 적자 규모가 2018년에는 원래 규모인 GDP 대비 -2.9%보다 0.7% 포인트가 더 증가했고, 2019년에도 본래 규모인 GDP 대비 -3.3%보다 1.5% 포인트가 추가로 증가할 것으로 전망된다는 점이다.[07] 이는 국가 부채의 증가로 이어질 수밖에 없다. 그리고 재정 부양 효과가 약화되면서 2019년에는 성장률이 연준 예상치 2.1%를 비롯해 2%대 초반으로 내려갈 것으로 전망되고 있다.

둘째, 2018년의 경기 과열은 앞서 지적한대로 이미 실업률 지표에 반영되고 있다. 미국의 실업률은 2018년 9월과 10월에 1953년 이후 최저 수준인 3.7%까지 하락했다. 4%대 후반인 잠재 실업률 수준이나 트럼프 행정부가 시작된 2017년 1월의 4.8% 수준과 비교하면 1% 포인트 정도 낮은 것이다. 3.7%는 금융 위기 이전의 최저 수준인 4.4%보다 0.7% 포인트 낮은 수준이다. 그런데 16세 이상 인구 기준의 고용률(=취업자/16세 이상 인구)은 2018년 10월 기준 60.6%로 이는 금융 위기 이전의 63.3%보다 2.7% 포인트 낮은 수준이다. 경제 활동참가율[=(취업자+실업자)/16세 이상 인구] 역시 62.9%로 금융 위기 이전의 66.4%보다 3.5% 포인트 낮은 수준이다. 금융 위기 이후 한때 10%까지 치솟았던 실업률이 완전히 회복되었지만 취업자의 규모는 만족스럽지 못하다는 것을 보여준다. 이는 많은 이들이 구직에 실패하면서 아예 경제 활동을 포기했음을 의미한다. 실업률로 가려진 노동시장 회복의 취약성은 임금 증가율에 그대로 반영되고 있다. 중간 임금 근로자의 (3개월 이동 평균) 임금 증가율(2018년 11월 기준)은 2018년 3.9%인데 금융 위기 직전(2007년 9월)의 최고 수준인 4.4%에 못 미치고 있다. 대졸자 임금 증가율도 4.0%로 금융 위기 직전(2008년 4월)의 최고 수준인 4.7%와 큰 차이를 보이고 있다. 그 결과 금융 위기 전 5,000억 달러 정도였던 학자금 대출 연체액도 2018년 12월 현재 1.6조 달러에 육박하고 있다.

셋째, 그 결과 민간 실질 소비지출액도 금융 위기 이전의 추세보다 2018년 3분기 기준 약 8,000억 달러가 부족하고 이는 GDP의

4%에 해당하는 규모다. 마찬가지로 금융 위기 이전의 5% 안팎에 달했던 실질 소매판매 증가율도 2018년 10월 1일 기준 1.99%에 불과한 실정이다. 가계소비가 2/3를 차지하는 미국 경제를 고려할 때 금융 위기 이후 저성장 기조가 지속되는 이유다. 가계소비 지출과 더불어 민간 부문의 회복을 구성하는 기업투자의 GDP 대비 비중도 2018년 3분기 기준 18%로 2006년 1분기의 19.9%나 장기 평균인 18.5%에 미치지 못하고 있다. 그 결과 미국인의 1인당 GDP도 금융 위기 이전 장기 추세와 비교할 때 2018년 2분기 기준 약 6,000달러가 부족한 수준이다. 트럼프는 2017년 말 법인세 최고세율을 35%에서 21%(유효세율은 16%에서 10.5%)로 축소시킨 법안(The Tax Cuts and Jobs Act of 2017)을 통과시켰다. 트럼프 행정부(Kevin Hassett, the chairman of the Council of Economic Advisers)는 법인세 감세로 최소한 GDP 1% 이상을 증대시킬 것이라고 주장했다. 그런데 감세의 결과 2018년 3분기 동안 기업의 세후 이윤은 8% 증가했지만, 감세에 따른 비주거투자는 1% 증가에 불과했고, 이는 2018년 성장률의 0.1% 포인트를 증가시켰을 뿐이다.[07]

넷째, 그렇다면 금융 위기 이후 연준이 투입한 약 8조 달러에 달하는 천문학적 유동성과 초저금리의 효과는 어디로 간 것인가? 가계소비와 기업투자에 연결되지 않은 돈은 주식이나 부동산 시장 등으로 흘러 들어갈 수밖에 없다. 2007년 10월 11일 1만 4,198에 있던 다우존스 산업평균 지수는 2009년 3월 6일 6,443.27까지 하락했다가

2018년 10월 3일에는 2만 6,951.81까지 치솟았다. 주택 시장 역시 금융 위기 이전 수준을 추월한 상태다. 미국 주택 가격 지수를 나타내는 케이스-실러(Case-Shiller) 지수(2000년=100)는 금융 위기 전 최고 수준인 2006년 7월 184.6에서 2012년 2월 134까지 하락했다가 2018년 8월 205.7까지 치솟았다. 그런데 일반 시민들은 주가와 주택 가격의 회복으로부터 철저히 소외되었다. (2016년 기준) 상위 1%가 전체 주식의 40% 이상을, 그리고 상위 10%가 전체 주식의 84%나 소유하고 있기 때문이다. 또한 금융 위기 이전 69%에 달했던 주택 소유율은 2016년 2분기 62.9%까지 하락했다. 2018년 3분기 기준 64.4%까지 다소 회복되었지만 여전히 뒤에서 언급할 인위적 주택경기의 부양이 시작되었던 1995년 수준에 불과하다.

　주택 가격이 금융 위기 이전 최고 수준보다 10% 이상 상승한 상황에서 주택 소유율이 하락한 이유는 무엇일까? 미국 주택 가격의 상승은 일반 무주택 시민의 주택 구입에 의한 것이 아니라 수백만 채씩 주택을 매입한 사모펀드 블랙록 같은 금융회사의 투기적 매수의 결과였다. 주택 시장 부양을 위해 유동성을 공급한다는 연준의 신호가 금융회사의 투기적 수요에 불을 붙인 것이다. 오히려 금융 위기 이후, 중산층과 저소득층이 소유했던 주택 750만 채 이상이 차압당했다. 주가나 주택 가격 등 자산 가치의 상승이 소비 증가에 큰 효과를 미치지 못한 이유도 소비성향이 높은 일반 서민들이 주가와 주택 가격 상승의 혜택에서 배제되었기 때문이다. 오히려 주택가격의 상승에 따른 주택 임대료의 상승으로 무주택자의 주거비 부담은 증가했다.

임금 증가율의 둔화나 자산시장의 왜곡은 오히려 소득 불평등과 자산 불평등을 심화시킨 요인이 되었다. 1970년대 중반 이래 지속적으로 하락해오던 하위 50%의 (세전) 소득 비중은 금융 위기 이전 약 14%에서 2014년에는 약 12.5%까지 하락했다. 반면 상위 10%의 소득 비중은 금융 위기 이전 약 46%에서 2016년에는 약 47.5%로 증가했다.[09] 자산의 지니계수도 2007년 0.834에서 2016년 0.877로 상승했다.[10] 그 결과 2007~2016년 중간가계의 순자산은 34%, 소득은 2% 하락했고 양극화는 더 심해졌다.

불평등의 심화는 연준 통화 정책 문제와도 관련이 있다. 연준은 금융 위기 이후 구간 금리 제도의 도입으로 초과지불준비금에 이자 지급을 시작했다. 금융 위기가 발발하자 금리를 제로까지 인하했지만 실제는 0~0.25%였다. 연준의 금리는 은행 간 대출시장의 금리(예를 들어 국민은행이 신한은행에게 단기간 빌릴 때 적용하는 이른바 콜금리)를 연준이 제시한 기준금리 수준으로 유도하겠다는 일종의 '목표금리'(정책금리)다. 그 금리가 0%인 것이고 0.25%는 은행이 연준에 예치하는 (법정)지불준비금을 초과하는 '초과지불준비금'에 대해 연준이 지급하는 금리다. 이론적으로 시중 은행은 연준으로부터 제로 금리로 자금을 빌려 재예치할 경우 0.25% 이자를 벌 수 있는 것을 의미한다. 연준이 은행 자본의 이익을 위해 만들어졌다는 사실을 재확인시켜준 것이다. 게다가 구간 금리의 도입으로 은행 간 대출금의 규모는 급감했다. 금융 위기 이전인 2008년 2월 최고 4,682억 달러에 달했던 은행 간 대출금은 계속 하락해 2017년 11월 696억 달러까지 하락했다. 대형 은행들의 입장에 서는 지방의 소기업 및 가계의 자금 조달 역할을 수행하는 지방의 중소 은행들에 돈을 빌려주느니 연준에 예치하는 것이 이익이 되기 때문이다. 금융 위기 이전에는 20억 달러 미만에 불과했던 초과지불준비금이 양적 완화 종료 직전인 2014년 9월 2조 7,000억 달러까지 급증한 배경이다. 양적 완화 종료와 더불어 축소되기 시작했지만 2018년 10월 현재 여전히 1.7조 달러가 넘고 있다. 이것이 (한 단위 통화의 거래 횟수를 의미하는) 통화유통속도(=명목GDP/총통화량)가 금융 위기 이전 2.0에서 2018년 2분기 1.5 미만으로 떨어진 배경이다. 현금 사용의 감소라는 요인도 고려할 수 있지만 이 요인만으로 설명이 가능하다면 통화유통속도가 2017년 3분기 1.434에서 2018년 2분기 1.454로 상승한 것은 설명될 수 없다.

이처럼 금융 위기 이후 연준의 통화 정책은 정작 필요한 가계나 소기업 등을 위한 정책이 아니라 철저히 자금 조달이 유리한 은행 등 금융회사 및 대기업 등을 위한 것이었다. 그 결과가 자산시장의 거품 형성이다. 2018년 긴축(금리 인상)의 속도가 빨라지면서 그동안의 극단적인 금융 완화로 만들어진 자산 가격의 거품 붕괴 우려를 고조시키고 있는 배경이자, 주가와 부동산 가격 등이 불안정해지는 배경이다. 즉 극단적인 금융 완화에 대한 비용을 지불할 때가 오고 있는 것이다. 그리고 그 비용은 또 대다수 서민들에게 귀착될 것이다.

금융 위기의 원인은 해결되지 않았다

지금까지 보았듯이 미국 경제의 회복이 취약한 이유는 금융 위기의 핵심 원인들이 하나도 해결되지 않았기 때문이다. 여기서 미국 금융 위기의 핵심 원인들의 근원을 이해할 필요가 있다. 가장 중요한 핵심 원인인 소득 불평등은 탈공업화에서 비롯했다. 미국은 제조업 종사자 비중이 감소하는 '탈공업화'가 1960년대 후반부터 진행되었다. 제조업 종사자의 절대적 규모도 1979년 5월 1,955만 명에서 정점을 찍고 줄어들기 시작했다. 그 영향으로 미국의 일자리 증가율은 1970년대 연평균 2.6%에서 1980년대 1.6%, 1990년대 1.3%, 그리고 2000년대 0.9%로 하락했다. 특히 최근 10년간(2006~2016년)은 연평균 0.5%까지 하락했다. 게다가 탈공업화는 기술 진보 및 글로벌화 등과 더불어 '일자리 양극화'를 초래했다. 즉 중간 임금 일자리의 감소와 하위 및 상위 임금 일자리(특히 하위 임금 일자리)의 증가를 일으키며 소득 불평등의 심화가 시작되었다. 실질 소득의 정체로 소비가 억압된 저소득층의 경우 최소한의 소비를 유지하기 위해 차입을 증대시켰다. 즉 상위 5%의 소득 대비 부채의 비중이 약 10%가량 상승한 반면 하위 95%의 소득 대비 부채의 비중은 약 70%가량 증가했다. 소득 불평등과 가계의 레버리지(차입 비중) 간 공진화가 진행된 것이다. 금융의 성장과 가계의 채무화를 매개하는 주요인이 소득 불평등이었다. 고소득층일수록 소득에서 저축이 차지하는 비중인 저축 성향이 높기에 저축액을 증가시키는 반면, 저소득층은 소비를 뒷받침할 소득의 부족을 차입으로 해결해야 하기 때문이다. 고소득층의 저축을 저소득층의 부채로 연결한 매개체가 바로 금융이다. 이는 뒤에서 언급할 금융 시스템의 탈구와 밀접한 관련이 있다.

금융 위기의 또 다른 핵심 원인인 금융의 탈규제와 글로벌 불균형도 1960년대 후반부터 그 기원이 시작됐다. 즉 탈공업화와 더불어 미국 경제력의 상대적인 약화 속에서 브레턴우즈 체제(금본위제)가 위기에 직면했다. 브레턴우즈 체제의 핵심 내용은 금본위제, 즉 금 1온스를 35달러에 고정하고 각국 통화 가치를 달러에 고정한 고정환율제도다. 그리고 금본위제와 고정환율제 속에서 통화 정책의 자율성을 위해 자본 이동의 통제를 선택했다. 이러한 브레턴우즈 체제는 달러 가치의 안정성이 확보되어야 한다. 여기서 달러 가치의 안정성은 대내적으로 인플레이션 통제를 의미하고, 대외적으로는 환율(달러 가치)의 안정성 확보를 의미한다. 이는 재정수지 균형(재정 건전성 유지)과 경상수지 균형의 필요성을 의미한다. 그런데 미국은 헤게모니 유지를 위해 베트남 전쟁을 수행하며 정부 부채가 급증했고, 또한 린든 존슨의 '위대한 사회' 건설(1965~1969년, 사회복지 혁신 플랜)에 따라 재정 압력이 증대하며 인플레이션이 증가했다. 인플레이션은 달러 가치의 하락을 의미하고, 그 결과 금 가격 폭등을 초래했다. 엎친 데 덮친 격으로 미국은 1965년에는 일본에, 1967년에는 서독 등에 무역 적자를 나타내다가 1971년부터 미국은 본격적인 무역수지 적자국으로 전락했다. 무역수지 적자는 달러의 대외 유출과 달러 가치의 하락을 의미한다. 달러 가치가 하락하고, 미국이 보유한 금으로 대외 부채를 상환할 가능성이 없어지며 미국에 대한 금태환 요구가 증가하자(금의 대외 유출 가능성이 현실화) 미 정부는 1971년 금 교환 창구를 폐쇄하고, 8월 15일에 '금태환 정지'를 선언한다. 마르크, 엔 등 주요국의 통화 대비 달러 가치는 폭락하고 고정환율제는 지속이 불가능했다. 게다가 자본 이동 통제에 시장은 금융 혁신(예를 들어 유로달러)으로 대응했고, 미국의 자본 통제가 불가능하게 되었다.

결국 미국은 재정 정책의 유연성과 통화 정책의 자율성 확보를 위해 변동환율제의 도입과 자유로운 자본 이동이 유리하다고 결론 내렸다. 달러 가치의 변동성이 증대하더라도 달러를 찍어낼 수 있기에 외환 위기를 겪을 가능성은 없고, 자본시장이 발달한 미국 입장에서 자본의 자유로운 이동은 미국의 금융자본에 유리하다고 생각했기 때문이다. 그렇지만 달러를 기축통화로 사용하는 달러본위제는 포기할 생각이 없었다. 변동환율제의 확산과 자유로운 자본 이동으로 인한 환율 변동성의 증가 및 자본의 갑작스런 유·출입에 따른 충격을 막으려면 (특히 신흥 시장국의 경우) 충분한 외환보유고를 확보해야 하고, 경상수지 및 무역수지 흑자 기조를 유지해야만 한다. 이런 상황에서 미국 제조업 경쟁력의 상대적 약화가 심화되며 무역수지 적자 규모는 증대해갔고, 해외로 유출된 달러 규모가 증대함에 따라 미국 통화 정책의 자율성은 훼손될 수밖에 없게 된 것이다. 즉 경제력의 다원화와 달러본위제라는 기축통화제 간의 비대칭성이 글로벌 불균형을 둘러싼 갈등의 근본 원인이다.

　제조업의 경쟁력 약화와 수익성 하락은 자본의 탈제조업화 및 금융 부문으로 자본의 이동으로 이어졌고, 이는 금융자본의 수익성 추구(고위험 추구)를 위한 금융 규제 완화를 낳았다. 또한 금융 부문의 성장과 기업 경영에 대한 금융자본의 지배력 강화 등을 수반했다. 즉 전체 경제 활동에서 금융의 지배력과 기업 경영에 대한 금융 통제가 증가하는 '금융화'가 진행되었다. 앞서 얘기한 소득 불평등과 가계의 채무화, 금융의 성장의 출발점이 바로 탈공업화와 금융의 탈규제였던 것이다. 그리고 금융의 규제 완화에 따라 규제와 감독의 사각지대인 '그림자 금융(shadow banking)*'이 급성장했다. 금융 시스템의 탈구가 시작된 것이다. '그림자 금융'은 은행이 아니어서 은행 규제의 대상이 아니지만 거의 은행의 기능을 똑같이 수행하는 금융회사를 총칭한다. 따라서 '그림자 금융'은 은행이 받는 많은 규제를 덜 받기에 자금 조달 비용을 절감할 수 있고 높은 레버리지를 사용한다. 탈규제는 더 커다란 리스크와 더 높은 기대 수익의 추구를 가능케 함으로써 월가에 혜택을 주었다. 그림자 금융의 자산 규모는 1990년대 초에 이미 전통 은행의 자산 규모를 추월할 정도로 급

---

* 한국은행은 2018년 10월 23일, 금융안정위원회(FSB)가 그간 사용해온 그림자 금융의 명칭을 바꿔 '비은행 금융중개'로 쓰기로 결정했다. 이 책에서는 그림자 금융이라는 용어가 학술적으로 여전히 통용되기에 병행 표현한다.

제II부 세계 경제, '근대의 합정'에 빠지다

성장했다. 그러나 리스크 추구의 증대는 금융 위기의 가능성을 높일 수밖에 없었다. 특히 그림자 금융의 투명성 부족은 금융 위기가 발발했을 때 문제 해결을 더욱 어렵게 했다. 금융 위기 당시 미국 정부와 연준이 투자은행 중 자산 규모 5위 베어스턴스는 구제하고, 4위인 리먼 브러더스는 파산시키고, 3위인 메릴린치는 다시 구제하는 등 우왕좌왕하는 모습을 보인 배경도 금융회사들이 갖고 있는 부실 규모를 정확히 파악할 수 없었기 때문이었다.

　기업 경영에 대한 금융자본의 영향력 증대는 기업의 단기 성과주의를 강화했고, 자본의 논리로 추진된 감세, 공기업 민영화, 탈규제 등 신자유주의 경제 정책의 뒤에는 금융자본이 존재했다. 특히 노동시장 유연화를 위한 다양한 법적 규제의 변경 및 완화 그리고 임금 보조금, 공공 고용프로그램 등 고용 지원 정책의 폐기 등에 금융자본의 이해가 작동했다. 그 결과 높은 실업으로 이미 약화되고 있었던 노동자 계급의 지위는 더욱 위축되었고 노조와 기업 자본 간의 세력 균형은 무너졌다. 고용 시스템의 약화와 더불어 소득 불평등은 더욱 심화되었으며 가계부채의 증가 또한 가속화되었다. 이처럼 고용 시스템의 약화와 금융화는 상호작용하며 소득 불평등과 가계부채 증가의 악순환을 형성한 것이다.

　1980년대에는 노동시장 유연화와 (실업률 및 인플레이션 하락 등) 거시경제의 안정으로 금융 불균형과 금융 취약성이 심화되는 것을 간과했다. 결국 실물경제의 성장(소득 증가)보다 신용(부채)이 더 빠르게 증가하며 금융 불균형 및 금융 취약성이 심화되었고, 그 결과가 1980년대 말 저축대부조합(S&L) 사태였다.* 은행 위기는 1990년대 초 경기 침체로 이어졌고, 이때부터 '고용 없는 성장' 현상이 나타났다. 1980년대 노동시장 유연화를 위해 사회보장이 후퇴하면서 미국은 실업급여를 최대 27주로 제한했고, 의료보험을 고용과 연계시켰다. 이러한 정책하에서 (미국 기준으로 6개월 이상 실직 상태를 의미하는) 장기 실업자는 생존 위기에 내몰리기에 눈높이를 낮추어서라도 고용시장에 진입을 하려고 했으며, 그 결과 1980년대 미국 실업률은 하락했다.

그런데 노동시장의 유연화에도 불구하고 '고용 없는 성장' 현상이 나타나자 미국 정치권은 이에 '신자유주의식 포퓰리즘'으로 대응한다. 이른바 미국판 '빚내서 집사기' 정책을 도입한 것이다. 클린턴 행정부의 '국민주택 보유 증대 전략'이나 부시 행정부의 '소유자 사회' 등이 그것이다. 무주택자들에게 주택 금융을 지원하며 주택 가격은 상승하기 시작했다. 주택 가격이 상승하는 동안, 사회 구성원 대부분은 행복하다. 금융권은 돈놀이할 곳이 생겨 좋고, 주택 소유자는 자산 가치가 상승해 좋고, 자산 가치 상승에 따라 소비가 증대하며 경기에도 도움이 되기에 정치인도 좋아한다. 그러나 에너지 소비 없이

* 1989년 8월에서 1995년 말까지 정리된 747개의 부실 S&L의 부실채권 규모는 당시 S&L 업계 총자산의 25%에 달하는 4,500억 달러를 넘어선 것으로 집계되었고, 부실 정리를 위해 2,273억 달러에 달하는 공적 자금이 투입되었으며 이 중 875억 달러의 손실이 발생했다. S&L 사태와 관련해 무려 2,085명이 실형을 받았다.

영구히 움직이는 운동기계는 존재할 수 없듯이 영구 화폐기계 역시 존재할 수 없다. 연 2~3%의 실물 경제성장률로 연 10~15%의 수익을 제공하는 경제를 전제한다는 점에서 지속 불가능한것이다. 부채가 주도하는 경제는 실물경제의 가치 창조가 수반되지 않으면 (채무자가 끊임없이 빚을 굴려 원금과 이자를 갚아나가는 상황인) '폰지게임' 혹은 (특별한 이윤 창출의 수단 없이 계속해서 신규 회원을 모집하는 방식으로만 이윤을 창출하는 사업 방식인) '피라미드 사기'의 함정에 빠진다.

이론적으로 '부채'는 미래 소득을 당겨쓰는 것이기에 '부채주도 성장(debt-driven economy)'은 일자리의 안정성이 뒷받침되지 않는 한 지속 불가능하다. 실물 부문의 성장 없는 금융의 레버리지 증가는 버블일 수밖에 없고 결국에는 버블 붕괴를 초래할 수밖에 없다. 그 결과가 '서브프라임 모기지 사태'다. 여기서 서브프라임은 최하위 신용등급으로 전통적으로 시중은행에서 대출을 받기 어려운 사람들에게 이루어진 주택담보 대출금을 말한다. 주택 가격이 하락하며 주택을 차압당하는 가구가 속출했고, 대출금을 증권화시킨 채권들의 가치가 폭락하며 금융회사의 부실이 증가했으며 결국 파산으로 내몰린 것이 금융 위기의 한 단면이다.

지금까지 보았듯이 미국 금융 위기의 뿌리는 탈공업화와 중심주의의 해체라는 탈근대 충격의 산물임을 이해할 필요가 있다. 요컨대 미국이 주도한 근대 시대는 제조업 주도로 경제성장을 추구한 산업 사회와 국민국가에 기반한 패권 경쟁 등을 특징으로 한다. 따라서 미국의 주요 시스템들은 제조업과 관련된 산업 사회와 깊은 연관성이 있고, 미국 주도로 만든 국제 경제 질서 역시 미국의 헤게모니 및 패권주의의 연장선에 있다. 이것이 탈공업화와 경제력의 다원화에 따라 고용 시스템과 국제통화 시스템의 탈구, 금융 시스템 및 사회보장 시스템의 탈구, 모기지 시스템의 탈구 등 주요 시스템들의 연쇄적 탈구가 진행된 배경이다. 미국이 금융 위기의 근본 원인을 아직도 해결하지 못하는 이유이기도 하다.

미국 경제의 미래, 역동성의 고갈과 도전

미국 경제는 갈림길에 놓여 있다. '탈공업화 함정'은 미국의 최고 경쟁력인 혁신 역량 및 대학 경쟁력의 약화 등으로 이어지고 있다. 미국에서 가장 경쟁력을 가진 부문으로는 금융, 혁신, 대학 교육 등이 꼽힌다. 그런데 금융 시스템의 경쟁력은 금융 위기에서 보듯 많은 비용이 소요되는 결함이 드러났고, 금융 위기 이후 본질적인 개혁으로 이어지지도 않았다. 오늘날 미국 사회의 많은 엘리트들은 '혁신의 실종(lost innovations)' 혹은 미국 자본주의 역동성의 약화 등을 우려하고 있다.[11] 실제로 21세기에 대한 1990년대 후반의 장밋빛 전망과 달리 2000년대 첫 10년은 혁신이 실종된 시기로 평가된다.[12] 미국은 IT 혁명을 경험했던 1990년대 후반만 하더라도 21세기를 장밋빛으로 전망했다. IT의 뒤를 이어 생명공학(BT) 등에 대한 새로운 기술 혁명이 일어날 것으로 크게 기대했다. 그러나 예상과 달리 혁신에 대한 약속은 실패로 끝났다.[13] IT 붐이 절정이었던 1998년 말부터 금융 위기 직전인 2007년 말 사이에 제약, 바이오테크, 생명과학 관련 기업의 S&P 500 주가 지수는 32%, 그리고 IT 지수는 29%나 하락했다. 또한 생명과학, 바이오테크, 신소재, 우주과학 등 10대 하이테크 분야에서의 미국의 무역수지는 1998년에 300억 달러의 흑자를 달성했으나 2007년까지 530억 달러의 적자로 전환되었다.[14] 게다가 혁신의 원천인 벤처자본의 투자액도 공격적 통화 완화 정책과 경기 회복에도 불구하고 닷컴 버블 붕괴 이전 투자 규모의 약 18~29%에 불과했다.

금융 위기 이후에도 혁신은 실현되기 어려웠다. 오바마 행정부는 에너지 자원의 위기와 에너지 사용으로 인한 기후변화 위기 등을 해결하고 무엇보다 금융 위기 이후 새로운 성장 동력의 확보를 위해 '그린 뉴딜(Green New Deal)'을 내세웠다. 예를 들어 오바마는 취임 두 달가량 후인 2009년 3월 19일 출연한 NBC 방송의 심야 토크 프로그램인 '투나잇 쇼(Tonight Show)'에서 "지난 15~20년간 미국은 금융시장에서 많은 이익을 냈으며 이는 미국 전체 경제의 40%에 달하는 것으로 추정된다. 그러나 알고 보니 성장의 실체는 없었다."며 금융에 의한 성장은 신기루였음을 고백했다. 이처럼 금융과 실물의 불균형 그리고 무역적자(글로벌 불균형)의 해소와 약화된 금융의 역할을 회복하고 미국 경제의 체질을 강화하는 것이 시급했다. 이러한 배경에서 2009년 미국 의회는 2020년까지 1년에 210억 갤런의 바이오 연료를 사용해야만 한다고 결정했다. 이러한 목표를 달성하기 위해 세금 우대와 대출 보증 그리고 지원금 등을 지원하기로 했고, 그에 따라 바이오 연료의 개발은 초기부터 거품 가능성이 지적될 정도였다. 경제 논리와 기술 취약성 등으로 재정 지원이 종료되자 생산 규모는 급감했고 오늘날 바이오 연료 개발은 이슈에서 사라졌다.

무슨 일이 일어난 것인가? 가장 큰 이유는 혁신의 방식과 내용 등에 변화가 발생했기 때문이었다.[15] 특히 전통적인 제조업 제품과는 다른 '디지털 무형재'의 특성과 관련이 있다. 뒤에서 자세히 소개하겠지만 제조업 기반 경제의 핵심 생산요소가 토지, 노동, 자본 등이듯이 제조업은 노동 집약적 생산 방식에서 자본 집약적 생산 방식으로 진화했다. 그러나 디지털 무형재는 아이디어 및 데이터 집약적 가치 창출 방식에 기초한다. 즉 전통적 생산요소들이 유형재인 것과 달리 데이터와 아이디어 등은 무형재이기에 경쟁과 사적 소유보다 협력과 공유로 가치를 창출한다. 개방형 혁신, 협력적 혁신, 공동 창조, 이타자리(利他自利)형 사업 모델 등이 새로운 혁신과 가치 창출 방식으로 부상한 배경이다. 사업 모델 역시 전통적 사업들과 달리 자산 축소(Asset-Lite)형 및 고용 축소(Employment-Lite)형 사업 특성을 보이고 있는데 이는 핵심 생산요소가 아이디어나 데이터이기 때문이다. 디지털 무형재와 관련된 사업체들(구글, 페이스북, 넷플릭스 등)에서 기업 가치와 고용 규모 간 상관성은 크게 약화되었다. 개방형 혁신, 협력적 혁신, 공동 창조 등에서 볼 수 있듯이 아이디어와 데이터의 확보를 기업 내부가 아닌, 기업 외부의 아이디어와 데이터의 연결로 해결하기 때문이다. 즉 경영학 교과서에서 기업 경영의 근간을 기업 자체 자원을 잘 관리하는 것이라는 이른바 '내부 경영자원 중시론(Resource-Based Model)'으로 설명하는 것처럼 제조업 경제에서 가치 창출 방식은 독립적 생산 방식이었다. 그러나 디지털 무형재에서는 기업 내부의 자원과 외부 자원의 연결을 통한 생산 방식이 부상했는데 그 이유는 기업 내부의 자원으로 데이터와 아이디어를 만드는 것이 불가능하거나 비효율적이기 때문이다. 그리고 외부의 '협력'을 끌어내야 하기에 이익의 공유가 절대적으로 요구된다. 이것이 다른 사람의 이익을 만들어줌으로써 자신의 이익을 만드는 이타자리형 사업 모델이 플랫폼의 근간을 이루는 배경이다. 이처럼 배타적 목표 추구 규범인 경쟁과 독점적 사유, 비용과 이익에 입각해서 자신의 이익을 극대화시키는 합리성이 가치 창출의 핵심 원리로 작용했던 제조업 경제와 달리 디지털 경제에서는 협력과 공유, 호혜성이 핵심 원리가 되었다. 문제는 개인주의 문화에 기초한 미국 사회에서 이런 호혜성 원리가 제도적으로 정착하기가 쉽지 않았다는 점이다. 이와 관련해 1990년대 후반 클린턴 행정부 시절 소프트웨어 공급의 지체 현상을 해결하기 위해, 이른바 '소프트웨어 갭(software gap, 소프트웨어에 대한 수요 불충족의 정도)'의 문제를 해결하기 위해 미국의 컴퓨터 관련 업계와 학계 전문가들로 구성된 '대통령의 정보기술자문위원회'가 낸 결과물이 사장된 사실은 시사하는 바가 크다. 당시 위원회는 미국이 직면하고 있는 저작권 보호 환경으로는 다양한 수요를 따라잡을 수 없기 때문에 '소프트웨어 갭'을 좁힐 수 있는 유일한 대안으로 소프트웨어의 개발과 사용 체제를 소스 공개형으로 전면 전환할 것을 주장했다. 그러나 대부분의 위원회 보고서가 실현되는 데 어려움이 없었던 반면 이 보고서는 부시 행정부에 의해 묵살되었다. 소스 공개의 법제화는 미국의 개인주의 문화에서 받아들이기 어려운 일이었기 때문이다. 경쟁 원리와 사유 재산권 체계 위에 건설된 미국식 시장경제로서는 지식의 공유를 받아들이는 것 자체가 미국식 가치체계와 문화의 부정이었던 것이다. 미국의 플랫폼 사업 모델들이 (수익을 소수가 독점하는) '플랫폼 독점'의 문제에서 벗어나지 못하고 있는 이유다.

또한 벤처자본 모델이 한계를 드러냈다. 오바마 행정부는 에너지 자원의 위기와 에너지 사용으로 인한 기후변화 위기 등을 해결할 뿐만 아니라 무엇보다 금융 위기 이후 금융의 공백을 메울 새로운 성장 동력으로 '그린 뉴딜'을 내세웠다. 그러나 앞서 살폈듯이 '그린 뉴딜'은 온데간데없이 사라졌다. IT 혁신의 동력이었던 벤처자본 모델이 '녹색' 분야에서 작동하지 않았기 때문이다.[16] 즉 녹색산업은 IT에 비해 투자 규모가 크고, (수익이 가능한 매출까지 나오는) 투자 자본의 회수 기간이 길다. 예를 들어 구글이나 아마존의 경우 약 2,500만 달러의 투자 규모로 만들어낼 수 있었으나, 차세대 태양광 전지나 디지털 조명, 전기차 배터리 등은 수십 억 달러가 소요된다. 따라서 (상대적으로 소액 투자자들의 자금을 모아 창업하는 벤처기업에 필요한 자금을 대고 주식으로 그 대가로 받는, 즉 투자 규모가 제한적일 뿐 아니라 과도한 위험을 추구하기 어려운) 엔젤투자에 기초한 벤처자본 모델은 녹색산업에는 적합하지 않았던 것이다. 재생 에너지의 원천은 대부분 높은 선행투자 비용과 낮은 운영비용을 특징으로 한다. 즉 장기적인 내장 수입 흐름을 갖는 자산이기 때문에 특히 부채 방식의 자금 조달이 적합하고 높은 부채 비율의 경향성을 갖는다.

물론, 미국 경제에서 나타난 혁신의 새로운 흐름을 간과해서는 안 된다. 2000년대 이후 혁신 방식에서 새로운 변화가 발생하며 새로운 비즈니스 모델이 부상하고 있는데, 이를 주도하는 것이 미국 기업들이기 때문이다. 1990년대 후반 IT 혁명으로 등장한 닷컴 기업들이나 IT 관련 기업 중 구글이나 아마존, 페이스북, 애플, 넷플릭스 등 일부가 플랫폼 기업으로 진화했다. 플랫폼 기업으로 진화한 기업들의 공통점은 가치 창출을 '이익 공유'를 통해 참여와 협력을 통한 이른바 '공동 창조' 방식으로 바꾼 점에 있다. 더 나아가 이들 기업들은 데이터를 하나의 '자산'으로 보기 시작한 것이다. 편의나 이익 등을 제공해 플랫폼을 구축한 후 그로부터 확보한 빅데이터를 활용해 AI 기술을 발전시키고, 그렇게 발전시킨 AI 기술은 사업 경쟁력을 향상시키고 자율주행차 등 새로운 사업 확장을 가능케 했다. 그런데 앞서 살폈듯이 데이터 기반 사업 모델에서는 R&D 중심의 제조업 혁신 방식은 더 이상 작동하지 않는다. 부즈 앤 컴퍼니(Booz & Company)가 2005년부터 매년 전 세계에서 R&D 투자가 가장 많은 1,000개 상장회사를 조사한 결과 R&D 지출이나 특허 보유 건수와 기업 재무 성과 간 유의미한 상관성을 확인할 수 없었다.[17] 실제로 재무 성과가 업계 최고 중 하나인 애플의 매출액 대비 영업이익률과 매출액 대비 R&D 지출액의 비중을 보면 2011년에는 각각 31.2% 와 2.24%(24.3억 달러), 2012년에는 각각 35.3%와 2.16%, 2013년에는 각각 28.7%와 2.62%, 2014년에는 각각 28.7%와 3.33%를 기록했다. 삼성전자는 R&D 지출액이 매출액 대비 6% 이상을 유지한다. 그런데 애플과 삼성 중 누가 더 혁신적인 기업으로 평가받는가? 고인이 된 애플의 스티브 잡스가 앱스토어(app store) 모델을 내놓았을 때 삼성전자는 당시 인기 어플을 개발한 사람들을 고용하는 방식으로 대응했다. 뼛속까지 제조업체임을 인증하는 사건이고, 지금까지 스마트폰 기기 제조업체로 남아 있는 이유다.

문제는 새로운 혁신 방식의 등장에도 불구하고 혁신 기업의 역할이 제한적이라는 점이다. 그 이유는 새로운 혁신 방식이 아직 초기 단계인 이유도 있지만, 3차 및 4차 산업혁명이 주도하는 기술혁신이 판매량 등에서 시장 집중을 증대시키고, 이 수익으로 신생 기업들을 인수함으로써 시장 집중을 심화하고 있기 때문이다. 게다가 시장 집중을 주도하는 이른바 '슈퍼스타 기업'들은 앱 기반 경제 활동이다 보니 고용 창출이나 고용 안정 등에서 기여도가 낮다. 그 결과 신생 기업의 비중과 고용 창출 역량은 축소되고 있다. 예를 들어 1년 미만 신생 기업의 비중은 1970년대 후반 16% 이상에서 2014년에는 절반에도 못 미치는 8%로 하락했고, 신생 기업의 고용 비중도 같은 기간에 약 6%에서 약 2%로 하락했다. 창업한 지 5년 미만의 기업 비

〈표4〉 창업 1년 미만의 미국 신생 기업 비중[18]

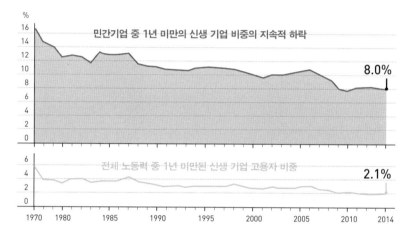

〈표5〉 창업 5년 미만의 신생 기업 비중[19]

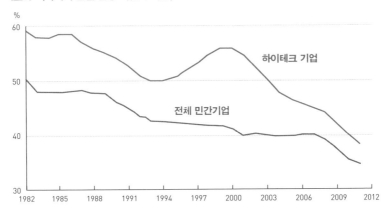

〈표6〉 미국의 부문별 신생 기업의 비중, 1982~2011[20]

중도 1980년대 초 약 절반 정도에서 2015년에는 1/3까지 하락했고, 고용 비중은 21%에서 11%까지 하락했다.[21] 특히 하이테크 분야에서 신생 기업의 비중이 2000년 이래 크게 하락했다.[22]

또 하나의 문제는 미국 대학 교육의 효율성이 약화되고 있다는 점이다. 미국의 많은 학생들은 대출이나 아르바이트 등으로 학비를 조달해 학교를 다닌 후 졸업 후 직장생활을 하며 대출금도 상환하고, 추가 대출로 주택을 구입해 장기간 상환을 하며 살아간다. 그런데 학자금 대출 연체 규모가 금융 위기 전 약 5,000억 달러 수준에서 2018년 말 1.6조 달러에 달할 정도로 급증하고 있으며, 젊은층들의 주택 구입은 급감하고 있다. 예를 들어 1946~1980년에 태어난 세대들의 경우 25~34세 시기 주택 소유율이 45%였던 반면 1981~1997년에 태어난 이른바 밀레니얼 세대는 37%로 급감했다.[23]

청년 일자리 문제가 악화되고 있음을 보여주는 것이다. 미국 같은 선진국에서의 청년 일자리 문제는 교육 수준과 생산성의 관계가 약화되었음을 드러내는 지표이기도 하다. 경제 이론에서는 기업은 생산성 높은 노동력을 선호하고, 생산성은 교육 수준이나 숙련 등에 비례한다고 말한다.

그런데 기업이 청년 노동력을 기피하는 상황은 교육과 생산성의 연결고리가 약화되었음을 의미하는 것이다. 실제로 2000년 이후 대학 교육에서 습득한 인지량이 대졸자 직무에서 급감하고 있음을 보여준다.[24] 그 결과 비정형화된 인지 업무와 관련된 고용 증가율도 2000년 이후 감소했다.[25] 즉 대학 교육이 대졸자 직무가 요구하는 역량을 지원하지 못한다는 것이다. 사실 선생은 지식을 전수하고 학생은 그것을 습득하는 현재의 교육 방식은 산업 사회의 유산이다. 문제는 20대 초, 중반까지 습득한 지식을 컴퓨터는 몇 초 안에 익힐 수 있다는 점이다. AI가 할 수 있는 업무는 사라질 위기에 직면할 것이고, 결국 인간은 AI를 활용해 생산성을 높일 수 있는 업무에 종사해야만 할 것이다. 이런 상황에서 기존의 대학 교육이 위기에 직면하는 것은 자연스러운 현상이다.

이처럼 미국이 가장 경쟁력을 가졌다고 평가받는 부문인 금융, 혁신, 대학 교육 등이 망가졌거나 흔들리고 있다. 그 결과 주요 시스템들의 기능 약화가 나타났고, 더불어 사회 불평등의 심화는 정치 양극화로 이어지고 있다. 정치적 양극화의 심화로 정책은 이익집단의 로비에 의해 좌우되고 공동이해는 감소하며 안전망이나 교육기금이 축소되었을 뿐 아니라, 재분배 정책이 약화되었다. 사회는 세대, 사업, 산업 등 경제적 이해의 차이에 따라 파편화되며 미디어와 문화 등도 파편화되었다.[26] 이것이 자신이 만들고 추진한 신자유주의의 프로젝트를 스스로 부정하는 배경이다. 이 상황은 21세기 미국이 산업화 시대를 주도했던 20세기 미국과는 근본적으로 다른 국면에 있음을 의미한다. 달러와 군사력이라는 절대적 경쟁력(하드 파워)으로 미국 헤게모니를 유지하려 하지만 미국의 의도한 대로 관철시키지 못하고 있을 뿐 아니라 무엇보다 소프트 파워의 손상을 입고 있다.

미국은 패권 전쟁에서 승리할 수 있는가?

미국과 중국의 무역전쟁이 더욱 전면화되면서 세계 경제에 불확실성을 고조시키고 있다. 미중 무역전쟁은 기본적으로 미중 간 패권 전쟁이지만, 더 근본적인 배경은 미국 중심주의에 기초한 국제 질서의 지속 불가능성에 있다. 필자가 여러 방송에 출연해서 미중 무역전쟁에서 미국의 절대적 승리는 불가능하고, 미국이 일방적으로 승리하지 못할 경우 미국 중심주의의 해체가 가속화될 가능성이 높다고 밝힌 바가 있다. 앞서 지적했듯이 현재의 국제 질서는 미국의 절대적 경제력에 기초한 것인 반면 경제력의 다원화로 더 이상 미국 중심주의는 구조적으로 지속 불가능하기 때문이다. 이런 상태를 상 징적으로 보여준 사건이 '글로벌 금융 위기'이고 G20이라는 새로운 글로벌 거버넌스 체제의 출범이다. 제조업 경쟁력의 상대적 약화에 서 비롯한 무역수지 및 경상수지 적자를 미국은 무리를 하며 인위적 으로 해결하려 하고 있고, 그 결과 미국은 리더십에서 국제 사회의 신뢰를 잃어가고 있는 것이 본질이다.

미국이 G20을 창설한 이유가 '글로벌 불균형'을 해결하기 위한 것 이었고, 실제로 5차 G20 서울 정상회담에서는 GDP 대비 4% 이내 에서 경상수지 흑자를 제한하는 경상수지 목표제 도입을 추진했다. 여기서 '4%' 수치는 이론적 근거 없이 미국의 상품수지 적자 규모에 끼워 맞춘 것이었다. 그러나 중국은 물론이고 독일, 일본 등이 반대하 면서 관철에 실패하자 '무역강화 및 무역촉진법'을 개정했는데, 이 수 정 법안의 제7편에 환율 조작(Title 7, Currency Manipulation) 내용을 포 함하고 있다. 이러한 이유로 이 법안은 '환율 조작국 제재 법안'으로 불리기도 한다. 이 법안에 따라 미국 재무부는 매년 4월과 10월, 1년 에 두 차례 '환율보고서(Macroeconomic and Foreign Exchange Policies of Major Trading Partners of the United States)'를 의회에 제출해야 한다. 미국 재무부는 환율 조작국의 지정 요건으로 1년간 대미 상품수지 200억 달러 초과, 경상수지 흑자 규모가 GDP의 3%를 초과하는 경 우, 외환시장 달러 순매수 비중이 GDP 대비 2% 초과하거나 12개월 중 8개월 이상 순매수한 경우로 제시했다. 세 가지 요건 모두를 위반할 경우 환율 조작국으로 지정해 무역 보복을 하고, 두 가지 요건을 위반할 경우에는 관찰 대상국으로 지정하고 있다. 이처럼 미국은 미국의 주요 교역국에 대해 경상수지 흑자 규모를 GDP 대비 4%에서 3%로 다시 축소할 것을 강요했다. 즉 미국이 교역국에 허용하는 경상수지 흑자 규모는 매우 자의적이다.

미국은 왜 이렇게 이론적 근거도 없이 막무가내로 밀어붙일까? 먼저 수치에 대한 배경부터 설명하자. 금융 위기 직전 GDP 대비 6%에 달했던 미국의 상품수지 적자는 역설적으로 미국의 경기 침체에 따른 소비 위축의 결과로 금융 위기 이후 상당히 축소되기는 했으나 4% 수준에서 더 이상 축소되지 않고 있다. 이 중 거의 절반가량이 중국으로부터 발생하고 있다. 문제는 미국이 중국의 위안화 평가 절상을 꾸준히 요구하고 있지만 위안화 절상에도 대중 상품수지 적자가 축소되지 않고, 무엇보다 중국의 대미 상품수지 흑자가 축소된다고 해서 미국의 상품수지 적자가 축소될 가능성도 크지 않다는 점이다.[27] 그렇다면 왜 미국은 중국이나 한국 등이 환율에 개입하는 것을 반대하며 시장에서 환율이 결정되기를 요구하는 것일까? 이와 관련해서는 미국의 순해외투자 포지션(=직접 투자+포트폴리오 투자+파생상품 투자+기타 투자)과 그 결과인 순해외투자 수지를 주목할 필요가 있다. 미국의 입장에서 해외투자 포지션이란 미국인이 수익을 목적으로 외국의 실물자산이나 금융상품에 투자한 미국인의 자산 상태를 말하고, 따라서 순해외투자 포지션은 미국의 해외투자 포지션에서 외국인이 수익을 목적으로 미국의 실물자산이나 금융상품에 투자한 외국인의 투자자산을 제외한 미국인 기준의 순투자자산을 말한다. 그런데 GDP 대비 미국의 순해외투자 포지션의 적자 규모는 2006년 10%가 조금 넘었으나 2016년에는 적자 규모가 40%를 넘어설 정도로 급증했다. 그럼에도 미국의 순해외투자로부터 획득한 수입(순해외투자 수지)은 GDP 대비 1% 정도를 유지하고 있다. 미국의 투자자들은 자금 조달 비용에서 유리할 뿐 아니라 해외투자 수익률이 미국 투자에서 취득하는 수익률보다 높기 때문이다. 그런데 미국 투자자들이 해외에서 높은 투자 수익을 얻는 데 중요한 원천이 환율의 변동성이다. 환율에 대한 정부 개입을 반대하고 시장에서 결정되기를 요구하는 이유다. 이처럼 GDP 대비 상품수지 4% 정도의 적자에서 순해외투자 수지 1% 흑자를 제외하면 3% 규모의 달러 유출이 발생하는 것이다. 환율 조작국 기준 중 하나인 GDP 대비 3% 초과는 여기서 나온 것이다. 얼마나 웃기는 주장인가? 미국의 상품수지 적자가 4%에서 고정되는 것도 아니고, 순해외투자 수지 흑자도 1%에서 고정될 수도 없다. 상황에 따라 계속 변경할 수 있다는 것이다. 게다가 자신들이 흑자를 보는 서비스 수지는 제외하고 주장한다.

문제는 외환시장 개입을 반대하는 미국의 요구를 수용할 경우 신흥 시장국의 환율 안정성을 포함한 환율주권(화폐주권)은 약화되고 외환시장 리스크(외환 위기 가능성)가 크게 증가한다는 점이다. 중국이 미국의 요구를 거부하는 이유다. 이에 미국은 중국에 대한 압박

강도를 높이고 있다. 오바마 행정부의 방식은 2015년 10월에 최종 타결한 태평양에 닿아 있는 12개국 간 '환태평양 경제동반자 협정(TPP)'으로 압축된다. 오바마 대통령이 TPP의 목표로 "중국과 같은 나라가 세계 경제 질서를 쓰게 할 수 없다."며 TPP를 '새로운 무역 규칙'의 설정이라고 천명했듯이 미국의 목적은 중국 부상을 견제하고, 아태지역의 패권을 유지하는 것이었다. 구체적으로 TPP에 '아동 노동이나 강제 노동의 금지'나 '환율 조작의 기준', '국유기업에 대한 우대정책의 축소 혹은 폐지' 등의 내용을 포함했듯이 상품, 서비스, 투자, 지적재산권 등에 국한된 기존 FTA 범위를 넘어 중국의 취약점인 노동, 환경, 환율제도, 국유기업 등으로 범위를 확대시켰다. 트럼프 행정부는 오바마 행정부가 추진한 TPP를 폐기했지만 오바마 행정부의 목표와 크게 다르지 않다. TPP 방식을 너무 소극적이라 평가하고 관세 등을 압박 수단으로 삼아 무역적자 축소, 산업보조금 등 정부 지원에 기초한 산업 정책 중단, 지적재산권 보호, 미국 투자자에 대한 진입 장벽 철폐 등을 요구하고 있다. 즉 무역법 개정에도 불구하고 환율조작국의 세 가지 지정 요건을 충족하는 나라가 한 나라도 없자 트럼프 방식이 등장한 것이다.

문제는 미국의 이러한 요구가 모두 관철되기 쉽지 않다는 점이다.*

---

* 문제는 미국이 비난하는 중국의 관행은 역사적으로 모든 선진국이 다른 선진국을 따라잡을 때 했던 것과 크게 다르지 않다는 점이다. 이에 대해서는 《위기의 경제학? 공동체 경제학!》, 동아엠앤비, 2018, pp. 104~105 참고.

미국이 요구하는 규모만큼 중국의 대미 무역적자를 축소시킬 경우 중국은 무역적자 국가로 전락하기 때문이다. 또한 국유기업 지원 강화 등 국가 주도로 경제발전을 추진해온 중국 사회주의 시장경제 모델을 포기할 경우 미국과 대등한 경쟁력을 확보하려는, 미국과 수평적 관계(신형 국제관계)를 형성하겠다는 '중국몽'의 실현은 불가능하다고 생각하기 때문이다. 2018년 12월 18일 '개혁개방 40주년 경축대회'에서 시진핑이 "그 누구도 중국에 무엇을 해야 할지, 하지 말아야 할지를 지시할 수 있는 위치에 있지 않다."며 "흔들림 없이 국유경제의 발전을 강화"하겠다고 천명한 배경이다. 즉 '주체적 개혁'과 '국유기업 지원 강화'를 강조한 것은 지금까지 중국이 추진해온 중국식 모델을 결코 포기할 수 없음을 밝힌 것이다. 미중 무역전쟁이 쉽게 끝나기도 쉽지 않겠지만 전면전으로 나가기도 쉽지 않다. 내가 방송 등에서 누차 표현했듯이 미국은 패권 전쟁을 너무 늦게 시작했다.

게다가 경제 냉전으로 발전시키기에는 미국 경제도 부담을 가질 수밖에 없다. 미국 경기가 급격히 냉각되고 있고 침체로 발전할 가능성이 높아지는 상황에서 전면전으로 발전할 경우 중국 경제에 커다란 타격을 입힐 수 있지만, 반대로 미국도 타격을 입는 것이 불가피하기 때문이다. 미국의 경우 중국이 적당한 양보를 해주어 미국의 체면을 살려주면 미중 무역전쟁을 지속할 의사가 없는 것이다. 중국 역시 자신의 목표를 달성할 때까지 시간을 최대한 벌기 위해서 미국에 적당한 수준에서 양보를 하고 싶을 뿐이다. 문제는 미국이 완벽하게 승리하지 못할 경우 유일 패권을 유지하려는 미국의 목표는 좌절될 수밖에 없다는 점이다. 새로운 국제관계를 요구하는 모양새지만 미국 중심주의와 패권주의에 기초한 국민국가 및 국민경제의 논리에서 벗어나지 못하고 있기에 문제인 것이다. 이처럼 상호 의존이 심화되는 세계 경제 환경에 적응을 하지 못하는 미국 경제는 글로벌 경제의 새로운 부담이 되고 있다.

무엇보다 패권은 국가 간의 추격이나 성장이 아니라 '탈공업화 함정'에서 누가 먼저 벗어나는가에 달려 있다. 3부에서 소개할 '데이터 경제'로의 전환에 누가 먼저 성공할 것인가에 달려 있는 것이다. 사실 '데이터 경제'는 '탈공업화 함정'에 필연적으로 뒤따르는 '국민국가 함정' 및 '국민경제 함정'에서 벗어나는 것을 의미한다는 점에서 패권 추구의 의미는 점차 소멸될 것이다. '데이터 경제'는 중심주의에 기초한 산업 사회와 달리 협력과 공유, 분산 등에 기초하기 때문이다. 이에 대해서는 3부에서 자세히 다룰 것이다.

더 큰 금융 위기가 올 수 있다

미국 경제가 지난 30년 동안 겪었던 세 차례의 경기 침체의 공통점은 모두 금융 위기가 유발시켰다는 점이다. 1980년대 저축대부조합 파산에 따른 1990년대 초 경기 침체, 2000년대 초 닷컴 버블 붕괴 이후 경기 침체 그리고 2007년 금융 위기 이후 경기 침체가 그것들이다. 금융 위기 이후 가장 높은 성장률을 기록한 2018년, 특히 2018년 중에서도 성적이 가장 좋았던 2분기와 3분기가 끝나자마자 미국 증시는 폭락하기 시작했다. 시장에서는 미중 무역 갈등과 긴축(연준의 금리 인상) 등을 핵심 요인으로 거론했지만, 더 큰 요인은 경기 침체 도래 가능성이었다. 시점이 2019년이냐 2020년이냐에 견해 차이가 있을 뿐 미국 경제가 경기 침체 국면에 진입할 것이라는 데 대부분 동의한다.

경제 이론적으로, 특히 주류 경제학에서 경기 침체의 원인에 대한 설명은 매우 빈곤하다. 경기순환상 경기가 회복을 넘어 호황 국면에 진입하면 경기에 대한 경제 주체들의 자신감이 증가하면서 기업은 과잉 생산을, 소비자는 과잉 지출을 하게 되고, 이는 필연적으로 균형의 회복을 수반하면서 경기 수축으로 이어진다. 문제는 경기 침체가 올 때마다 통화 완화, 즉 돈을 풀어 대응을 한다는 점이다. 특히 '금융화'가 진행되고 탈공업화가 심화되면서 풀린 돈이 실물 부문으로 흘러들어가는 비중은 줄어들고(이를테면 돈이 필요한 저소득층에 대한 혜택은 크지 않고) 대부분 자산시장으로 흘러들어가며 대부분 고소득층이 수혜를 입는다. 경기 침체와 금융 위기 때마다 소득 및 자산 불평등이 심화되는 배경이다. 그 결과 실물 부문의 회복 속도는 더디게 되고 실물 부문이 회복될 때까지 풀린 돈의 대부분(신용)이 자산시장의 거품을 만든다. 경기가 회복되어도 내용적으로 건강하지 않은 이유다. 그 결과로 작은 통화 긴축도 실물 부문의 후퇴로 이어지고, 실물 충격은 금융 충격으로 발전하며 금융 충격은 다시 실물 경기를 빠르게 수축시킨다.

현실에 있어서도 미국 경제의 회복은 천문학적인 양적 완화와 초저금리 등 기본적으로 신용 팽창으로 만든 것이었다. 따라서 신용 회수가 경기 위축으로 이어지는 것은 자연스러운 일이다. 2018년 10월 3일 다우지수가 26,828 포인트로 정점을 기록한 후 하락하기 시작해 10월 29일 24,443까지 하락했다가 11월 8일 26,191까지 회복할 때까지 시장은 미국 경기에 대해 자신감을 보였다.

그러나 2018년 말까지 하락 추세가 이어지자 미중 무역 갈등의 장기화와 가능성과 더불어 경기에 대한 우려가 고조되며 미국채 10년 수익률은 2018년 11월 8일 3.24%로 최고치를 기록한 후 하락세로 꺾였고, 2018년 말에는 2.7%대, 2019년 3월에는 2.4% 이하까지 떨어졌다. 2018년 1월 말 수준 이하로 돌아간 것이다. 이는 기본적으로 금리를 2015년 12월 이래 아홉 차례에 걸쳐 2.25% 올린 결과였다. 사실 트럼프 집권 이후 2017년 세 차례에 이어 2018년 네 차례나 금리를 인상한 파월 연준 의장에 대해 트럼프가 계속 불만을 제기했지만 이는 트럼프가 스스로 자초한 측면이 강하다. 잠재 성장률을 넘어서는 트럼프의 인위적 경기 부양이 물가 상승 압력과 더불어 정부 재정 적자를 큰 폭으로 증가시키며 장기 시장금리(예를 들어 국채 10년물 금리)의 인상 압력으로 작용했기 때문이다. 그리고 통화 긴축은 필연적으로 금융 위기 이후 팽창했던 신용 위축으로 이어질 수밖에 없다. 금융 위기 이후의 제로 금리와 양적 완화 등 장기간 초금융완화는 앞에서 보았듯이 실물 부문을 지원하기보다는 자산시장 부양에 영향을 미쳤기에 신용 위축은 자산시장 충격으로 이어질 수밖에 없다. 이러한 상황에서 그동안 저금리와 풍부한 유동성 속에서 발행이 급증한 레버지리론(부채가 많은 투기등급 기업들에 대한 대출)이나 대출채권담보부증권(CLO, 신용도가 다른 기업들의 대출채권을 묶어 이를 담보로 발행하는 구조화 상품) 등에 대한 우려가 증대하는 것은 자연스러운 현상이다. 높은 레버리지나 고위험(고수익) 회사채를 묶어 재증권화시킨 구조화 상품은 금융 위기를 일으킨 주범들이기 때문이다. 금융 위기 이전의 서브프라임 등급의 MBS가 신용도가 낮은 기업부채 등 레버리지론으로 바뀐 것이고, MBS를 중심으로 만든 부채담보증권 CDO에서 투자 적격 이하의 회사채를 바탕으로 만든 CLO로 바뀐 것뿐이다.

여기서 생각해볼 것은 금리를 2.25% 정도 인상한 후에 충격이 나타났다는 점이다. 2000년대 초 닷컴 버블 붕괴 후 경기가 침체되자 1%까지 금리를 인하한 후 경기 회복을 넘어 시장이 과열이 우려되면서 5.25%까지 4.25%를 인상했던 것과 비교된다. 요컨대 이전의 경기 회복에 비해 현재 미국 경제의 체력이 생각만큼 강하지 않다는 것을 의미한다. 실물 경기와 금융 충격에 놀란 파월 연준 의장은 2018년 11월 말부터 금리 인상 속도를 조절할 의사를 밝히기 시작했고, 2019년이 밝자마자 "연준은 추가 금리 인상의 진행과 관련해 인내심을 보일 수 있다."고 밝혔다. 그러자 시장의 일부에서는 금리 인상 중단 신호로까지 해석하기 시작했다. 실제로 시장은 긴축의 지속이 어려워질 것으로 보았고, 연준이 금리를 마지막으로 인상한 지난해 12월 20일 이후에는 3개월 이하 국채 수익률이 연준 기준금리(2.25~2.5%)보다 낮아졌다. 장단기 금리 역전 현상이 시작된 것이다. 실질 연준 금리는 제로 금리 근처[28]이고, 장기 금리인 10년물 실질 수익률은 1%도 안 되는 수준이다.[29] '저금리의 함정'에서 벗어날 수 없음을 보여주는 것이다.

이처럼 2019년 들어 통화 완화로 분위기가 전환되었고 미중 무역협상 타결 가능성과 맞물리면서 주식시장은 반등으로 화답했다. 문제는 경기 침체가 현실화되거나 기업 실적의 악화 가능성이 증대할 경우 통화 완화 신호는 오히려 주식시장의 폭락을 부채질할 수도 있다는 점이다. 경기에 대한 자신감 약화로 해석할 수 있기 때문이다. 자신감 약화는 다른 곳에서도 감지된다. (2018년 12월 31일 기준) 연준 자산은 여전히 4조 584억 달러에 달할 정도로 통화 회수는 갈 길이 먼데 연준은 양적 완화를 지속, 즉 통화 회수를 중단할 의사까지 드러내고 있을 정도다. 경기 전망과 관련된 일화를 하나 소개한다. 전·현직 연준 의장 3명이 참석한 2019년 1월 4일의 전미경제학회에서 경기 침체 가능성과 관련해 직전 의장인 재닛 옐런이 먼저 "경기 확장주의자들은 노환으로 서서히 죽을 것이라 생각한다(경기 확장은 자연사할 것, 즉 갑자기 침체가 오지는 않을 것이다)."고 하자 이에 대해 전 의장 버냉키가 "나는 확장주의자들이 타살당할 것이라고 말하고 싶 다."고 응대했고 학회에 참석했던 경제학자들은 파안대소했다. 버냉 키의 표현은 연준이 금리 인상을 중단해도 미국 밖의 요인들에 의 해 미국 경기가 침체에 빠질 만큼 미국 경제가 건강하지 않다는 것 을 암묵적으로 시사한 것이다. 예를 들어 중국 경제, 특히 중국 제조 업 경기가 빠르게 식고 있다. 유로존 경제도 2019년 3분기부터 성장 둔화와 더불어 브렉시트 불확실성이 추가되며 경기 하강이 빨라지고 있다. 이것이 마리오 드라기 유럽중앙은행(ECB) 총재가 2019년 1월 통화 정책 회의 이후 유로존 지역의 경기 하방 가능성을 인정한 배 경이다. 일본은행 역시 마이너스(-) 금리와 양적·질적 완화 등 기존 의 통화 정책 기조를 지속할 것임을 밝히고 있다. 게다가 중국 및 선 진국 경기의 둔화는 신흥국의 경기 후퇴와 금융 불안 등 악순환을 만들 수 있다.

그러나 미국 경제가 침체에 빠진다면 그 원인은 외부에 있기보다 미국 내부에 있다. 사람들이 감기에 걸리는 이유는 외부로부터 감기 바이러스가 들어왔기 때문이기도 하지만 더 근본적으로 바이러스가 쉽게 침투할 정도로 몸 상태가 약해졌기 때문인 것과 비슷한 이치 다. 미국 경제 체력이 약화된 가장 중요한 이유는 미국 경제가 금융 위기의 원인을 하나도 해결하지 못했기 때문이다. 여기에 그동안 미 국 증시 붐의 주도적 역할을 수행한 (페이스북, 아마존, 애플, 넷플릭스, 구글 등) 블루칩 기업들이 성장의 새로운 국면을 맞이하고 있다는 점도 경제 체력 약화의 원인이 된다. 이른바 이들 '팡(FAANG)' 기업들은 플랫폼 사업 모델로 확보한 빅데이터로 AI 기술을 활용해 기존 사업의 경쟁력을 강화시키고 새로운 사업을 만들어내고 있다. 플랫폼 기업이 전통적인 기업과 달리 수익 규모보다 미래 성장 가능성으로 가치 평가를 받는 이유다. 2017년 월마트의 영업이익은 204억 3,700만 달러로 아마존의 영업이익 41억 600만 달러보다 약 5배 많은 반면 기업 가치(2019년 2월 23일 기준)는 아마존이 8,019.2억 달러인 데 비해 월마트는 2,867.8억 달러로 아마존이 약 3배 크다. 마찬가지로 2018년 9월 30일 기준 월트 디즈니의 영업이익은 148억 400만 달러로 넷플릭스의 영업이익 16억 500만 달러에 비해 9배 이상 많은 반면 넷플릭스 기업 가치(1,526억 달러)는 (2018년 5월 24일 장중) 한때 월트 디즈니의 기업 가치를 추월하기도 했다. 2019년 1월 23일 기준 넷플릭스의 기업 가치는 1404.15억 달러이고 월트 디즈니의 기업 가치는 1656.44억 달러로 월트 디즈니가 높지만 영업이익 차이에 비교하면 넷플릭스의 기업 가치는 상대적으로 매우 높다. 이처럼 플랫폼 기업들의 가치가 수익 규모에 비해 시장에서 높게 평가받는 것은 미래 성장 가능성 때문이고, 이는 바로 이들이 확보한 데이터에서 비롯한다. 문제는 이들이 확보한 데이터를 활용해 새로운 사업(혁신)을 만들어내는 역량을 보여주어야 하는 상황에 직면해 있다는 점이다. 연준의 통화 정책 정상화 조치의 중단 의사를 밝히며 미국 주가는 많이 회복되었음에도 불구하고 금융 위기 이후 주가 상승을 주도했던 팡 주가의 회복이 부진한 모습을 보이는 이유도 시장이 팡 기업들이 데이터를 활용해 과연 새로운 성장을 만들어낼 수 있을지에 대해 의구심을 갖고 있기 때문이다. 플랫폼 기업들의 성장 가능성에 대한 의구심이 실리콘밸리 스타트업이나 중국 벤처업계 등에 대한 투자 감소와 감원 등으로 이어지고 있는 것도 이런 배경에서 비롯된 것이다.

통화 정책 정상화의 중단에도 불구하고 미국 경제가 금융 위기를 맞을 것인가는 새로운 사업 모델들이 또 다른 혁신을 만들어낼 수 있는가에 달려 있다. 첫 번째 관문은 전기차를 중심으로 한 친환경차-자율주행차-차량 공유의 조합, 즉 스마트카 혹은 커넥티드 카(connected car) 사업이 성공적으로 안착할 것인가에 달려 있다. 문제는 움직이는 사물들 모두를 스마트화하는 스마트 모빌리티 사업이 성공적으로 안착하더라도 그것을 통해 획득한 데이터로 새로운 가치, 특히 새로운 일자리를 만들 수 있느냐다. 그것에 성공하지 못하면 오히려 초양극화와 일자리 대충격 등 부정적 영향이 더 커질 가능성이 있기 때문이다. 이에 대해서는 3부에서 자세히 다룰 것이다. 사실 아마존, 우버, 에어비앤비 등 대부분의 플랫폼 사업 모델은 진정한 혁신과는 거리가 멀다. 애플의 앱스토어 사업 모델은 자신이 갖지 못한 자원(아이디어)을 가진 사람들과의 이익 공유와 협력을 통해 새로운 가치(시장)와 일자리를 창출한 반면 아마존, 우버, 에어비앤비 등은 기존의 시장과 일자리를 대체한다는 점에서 제로섬 성격을 갖는 사업 모델이기 때문이다. 아마존이 1년간(2018년 9월 기준) 고용을 24만 명이나 늘렸다*고 하지만, 소매판매 부문의 지난 10년간 연평균 일자리 증가율은 전체 증가율 0.5%보다 낮은 0.3%에 불과했다. 아마존 일자리 증가의 이면에는 전통적 소매업종의 몰락**에 따른 일자리 감소가 수반되고 있다.

마지막으로 주목할 점은 과거 금융 위기 때는 안전자산 달러의 가치가 상승했으나 2018년 말 주식시장이 폭락하는 상황에서 달러 가치는 상승하지 않고 금 가격만 상승했다는 사실이다. 미국의 국가부채가 GDP 대비 100%를 넘겼고 기준금리(2.25~2.5%), 특히 10년물 미국채 수익률이 (경기 침체 우려와 연준의 긴축 후퇴 등으로 크게 하락했음에도 불구하고) 2.6%가 넘는 사실은 향후 경제성장분의 대부분이 새로 발행하는 국채의 이자 상환에 사용될 수 있음을 의미한다. 실제로 연준이 금리를 인상하기 직전인 2015년 재정년도(2014년 10월~2015년 9월)의 정부가 상환한 이자 비용은 4,070억 달러였던 반면

---

* 아마존은 2017년 10월 26일 발표한 실적 보고서에서 2017년 3분기 말 현재 종업원 수가 54만 1,900명이라고 밝혔는데 이는 전년 같은 기간 30만 명에서 1년 동안 약 24만여 명이 늘어난 것이다. 그런데 이는 순수한 고용 증가의 결과는 아니다. 미국의 유기농 식료품 체인 홀푸드의 인수 때문이었다. 137억 달러의 홀푸드 인수 작업을 종료한 후 아마존이 홀푸드 종업원 8만 7,000명을 자사의 인력에 포함했기 때문이다.

** 예를 들어 2015년 2월 2일 가전 유통업체 라디오섁(RadioShack), 2017년 4월 4일 신발 할인업체 페이리스슈소스(Payless Shoe Source), 2017년 6월 12일 아동복 전문점 짐보리(Gymboree), 2017년 9월 18일 세계 최대 장난감 전문점인 토이저러스(Toys R Us), 2018년 10월 15일 미국 최대의 소매 유통기업이자 미국 백화점의 상징인 시어스(Sears) 등이 파산보호 신청을 했다.

2018년 재정년도(2017년 10월~2018년 9월)의 이자 비용은 5,280억 달러로 30%나 증가했다.[30] 향후 국채 이자 상환 부담의 증가는 미국 정부의 차입을 늘릴 수밖에 없고 미국채 발행을 급증시킬 수밖에 없다. 2018년 미국 재무부는 9,550억 달러에 달하는 새로운 국채를 발행했는데 이는 전년도 발행액 5,190억 달러의 1.8배가 넘는 규모다. 2019년과 2020년 재정년도의 국채 발행액은 1조 달러에 달할 것으로 추정되고 있다.[31] 미 의회예산국은 순이자비용이 2018~2028년간 10년 내 거의 3배가 될 것으로 추정하고 있다.[32] 이는 미국 달러가 안전자산의 역할을 수행하지 못할 가능성을 보여주는 것이다. 실제로 해외의 달러 보유액이 증가하고 있음에도 불구하고 전체 미국채 중 해외의 미국채 보유 비중은 2013년 1월 약 50%에서 2018년 9월에는 40.5%로 감소했다.[33] 이처럼 달러 자산의 매력 감소, 즉 미국 달러에 대한 신뢰 약화는 만약 새로운 금융 위기가 도래할 경우 이는 과거와는 다른 차원의 금융시장 대혼란을 야기할 가능성을 의미한다. 즉 안전자산이 없는 세계 경제는 한마디로 불확실성이 상수가 된 새로운 단계로 진입하고 있다. 연준이 세계의 중앙은행이 아니고, 미국이 세계의 경찰이 아니라고 공공연하게 언급되는 상황의 본질은, 중심이었던 세계 경제 질서의 해체를 의미하기에 불확실성과 변동성은 크게 증가할 수밖에 없다. 그리고 세계 경제는 하나의 네트워크이기에 작은 충격에 의해서도 '시스템 리스크'로 발전할 수 있는 가능성이 증대된 것이다.

2
Economics

일본 경제의 정상화,
불가능에 가깝다

일본 장기 불황의 근본 원인

많은 사람들은 일본 경제의 장기 불황*의 원인을 1990년대 초 자산시장 거품 붕괴에서 찾는다. 니케이 225 지수는 1989년 말에 38,916 포인트를 기록한 후 하락하기 시작해 2011년 말에는 8,500 포인트 밑으로 추락했다. 그리고 일본의 6대 도시 땅값(2000년=100)은 1991년 285.3에서 2010년에 70.9까지 추락했다. 그 결과 일본의 가계자산은

---

* 흔히 '잃어버린 20년'은 1991년 4월 시작한 일본 회계연도의 472.3조 엔에서 2010년 회계연도의 475.8 조 엔을 말하거나, 1997년 4분기의 535.7조 엔에서 2018년 3분기의 546.7조 엔을 일컫는다.

　　　　　제II부 세계 경제, '근대의 함정'에 빠지다

1980년대 말 이래 계속 하락했다. 이른바 자산 가격이 하락하고 자산에서 부채가 차지하는 비중이 증가하면서, 가계와 기업이 부채 상환에 집중하다가 발생하는 경기 침체 현상인 '대차대조표 침체'의 늪에 빠진 것이다. 즉 자산 가치의 하락으로 가계와 기업의 재무 상황이 악화되었고, 이로 인해 재무구조의 개선에 나선 가계와 기업은 다시 소비와 투자를 억제함으로써 발생한 침체다. 기업이 이윤 극대화에서 부채 최소화로 경영의 우선순위를 변경하면서 GDP 대비 투자율은 1990년대 이전까지 30%대에서, 1990년대 지속적으로 하락해 2000년대에는 23%까지 약 7% 낮아졌다. 그중 주택건설투자가 2.5%, 설비 투자가 4.5%까지 하락했다. 은행도 무수익여신(Non-Performing Loans, NPL)의 손실을 처리하기 위해 구조조정과 합병 등에 내몰렸다. 일본 금융권의 부실채권 처분 손실 규모도 2007년 9월 기준 99조 엔에 달했는데 서브프라임 모기지 대출의 추정 손실액 규모인 98조 엔과 절대 규모 면에서 비슷하기까지 했다.* 개별 경제 주체의 재무구조 개선은 합리적 선택이었지만, 소비와 투자 축소가 성장과 고용 둔화 등의 악순환을 만들어냈다는 점에서, 이른바 (개인적으로는 최선의 합리적 선택이라 하더라도 모든 사람이 동일한 행동을 할 경우 전체적으로는 불합리한 결과를 초래하는) '구성의 오류'라는 함정에 빠진 것이다. 요컨대 (아무리 돈을 풀어도 소비나 투자 등 수요 창출로 연결되지 않고 마치 경제가 함정에 빠진 것과 같은) '유동성

---

* 98조 엔은 IMF가 전 세계 금융기관의 잠재적 총손실을 추정(Global Financial Stability Report, 2008. 4)한 금액인 9,450억 달러를 엔화로 환산한 금액이다.

함정'과 디플레이션이 구조화되어 버린 것이다.

그러나 세계 경제규모 2위 국가가 자산 가격 거품 붕괴의 충격으로 30년 가깝게 장기 불황이 지속된다는 것은 쉽게 납득되지 않는다. 사실 일본 경제의 장기 불황은 1970년대로부터 그 기원을 추적할 수 있다. 일본 경제의 성장률을 보면 1945~1950년간 연평균 9.4%에서 1951~1955년간 연평균 10.9%로, 1956~1960년간 연평균 8.7%에서 1961~1965년간 연평균 9.7%로, 1966~1970년간 연평균 12.2%로 이어지는 고성장이 유지되었다. 그러나 이러한 고성장은 1970년대 들어 중단된다. 즉 1972~1981년간 연평균 4.3%, 1982~1991년간 연평균 4.0%로 성장률이 급락한다. 그리고 자산 가격 거품이 붕괴된 이후인 1992~2001년간 연평균 0.6%와 2002~2011년간 연평균 0.1%로 1990년대 이후에는 사실상 성장이 중단된다.

1970년대에 무슨 일이 발생했는가? 일본에서도 미국 경제가 경험했던 탈공업화가 진행되기 시작했다. 전체 취업자 중 제조업 종사자의 비중이 1973년 27.8%로 정점을 찍었고 1979년 24.6%까지 하락했다. 그러나 제조업 종사자의 비중은 1992년까지 24.6%가 유지되었다. 이것이 1970년대 성장률이 급감했지만 1980년대는 성장률 하락이 멈춘 배경이다. 즉 제조업 종사자의 상대적 비중은 1974년 이후 하락하기 시작했지만, 제조업 종사자의 절대적 규모는 1979년부터 다시 증가하기 시작해 1992년에 정점을 찍고 줄어들기 시작했다.

이처럼 일본 경제는 제조업의 전성기를 맞이했던 1970, 1980년 대에 산업 구조조정의 필요성이 부상한 것이었다. 문제는 일본의 탈 공업화가 시작되던 1970년대 초, 국제통화시스템의 변화와 자본시 장의 개방 등 금융 환경이 급변하면서 일본 경제도 전환점을 맞이했 다는 점이다. 해외 자본에 대한 철저한 통제 속에서 정부-기업-은행 간 유기적 협력에 의해 전략 산업을 육성한 이른바 '네트워크 시장 경제' 시스템은 탈공업화와 더불어 자본시장 개방의 압력이 증대하 고 변동환율제가 도입되면서 균열이 가기 시작했다. 실제로 전후 일 본의 고성장은 정부 리더십하에서 경제 부문 및 경제 주체 간 협력 그리고 외국 자본에 대한 철저한 통제 등에 의해 가능했다.[34] 그런데 제조업 종사자 비중이 하락하기 시작한 1974년 전후로 취업자 증가 율이 하락하기 시작했고[35] 1980년대 이후에는 일자리 양극화도 진 행되었다.[36] 그 결과 내수가 취약해지고 기업투자의 감소와 성장률 둔화로 이어졌다. 또한 기업의 자본 지출이 감소하며 기업 이윤이 기업 저축으로 축적됐고, 순차입자에서 순저축자로 변한 기업의 포 지션 변화의 결과로 은행은 주요 대출 고객을 상실했다.

게다가 자본시장 개방에 따라 기업의 채권 발행이 증대하며 기업 의 은행 의존도가 약화되었다. 이 과정에서 은행들은 부동산 부문으 로 신용을 확장시키거나, 부동산 관련 사업의 투자를 진행한 기업들 에 대한 대출을 증대시켰다. 고성장 기간에는 1990년대 이후와 같은 부동산 가격의 지속적인 하락을 경험한 적이 없기 때문에 부동산은 가장 신뢰할 수 있던 담보였다. 즉 자산 가격 버블의 창출에 은행들이 주요한 역할을 수행한 것이다. 이처럼 탈공업화에 따른 산업 생태계의 재구성이 지연되는 가운데 기업과 은행 간 관계가 약화되고 이 과정에서 부동산을 중심으로 자산 가격 버블이 조성된 것이다.

자산 가격 거품의 붕괴 이후 일본 정부의 대응은 구태의연했다. 성장성이 낮고 수익성이 없는 산업을 정리하고 성장 가능성과 수익성이 높은 산업으로 자원을 재배치하는 산업 구조조정보다 기업과 금융회사 등에 대한 자금 지원으로 부실기업을 연명[37]시키고 금융회사를 구제[38]했다. 그 결과 좀비 기업이 급증하고 생산성 및 성장이 둔화되었다.[39] 이른바 1990년대의 '잃어버린 10년'을 초래한 것이다. 앞서 설명했던 것처럼 주택과 주식 등의 자산 가치의 하락으로 가계와 기업의 재무 상황이 악화되었고, 재무구조의 개선을 위해 가계와 기업은 소비와 투자를 억제하는 이른바 '대차대조표 침체'에 빠졌다. 그 결과 물가가 하락하며 실질 금리(=명목금리 – 물가상승률)가 상승하고, 이로 인해 채무상환 부담이 커진 경제 주체가 부채 상환을 위해 자산을 서둘러 매각하지만 이것이 자산 가치 하락의 원인이 돼, 결국 경제 전체가 디플레이션의 악순환에 빠지는 이른바 '부채 디플레이션'의 함정에 빠진 것이다.

일본 정부는 제조업 구조조정과 산업 생태계 재구성이라는 본질에 대한 처방보다는 경기 부양에 초점을 맞추었다. 먼저 정부는 경기 부양을 위해 130조 엔이 넘는 규모의 재정을 투입했다. 130조 엔은 적게는 한 해 GDP의 23.8%에서 많게는 26.3%에 해당하는 규모였다. 그러나 재정 지출에 의한 경기 부양은 실패했다. 토건사업 중심의 재정 부양은 산업 구조조정이나 탈공업화 속에서 제조업의 공백을 메울 산업 생태계의 재구성, 특히 새로운 일자리 창출의 기여와는 무관한 '삽질 프로젝트(shovel-ready project)'였기 때문이다. 토건사업에 필요한 재원을 조달하기 위해 건설국채의 발행이 급증했고, 이는 (고령화와 더불어) 정부 부채를 급증시켰다. 2000년대 초를 지나(이자 상환을 위한 재원 조달을 위해 발행하는) 적자국채가 건설국채 규모를 초과하기 시작했고, 2017년 기준 GDP 대비 253%에 달할 정도로 정부 부채의 악순환이 형성되었다. 2009년 정권 교체를 이뤄낸 민주당이 선거에서 "콘크리트에서 사람으로"라는 슬로건을 내건 이유도 자민당과 토건업자(건설업계)들과의 강력한 유착관계를 보여주기 위한 것이다.

또 하나의 경기 부양책은 중앙은행인 일본은행(BOJ)의 통화 완화, 즉 돈 풀기였다. 정책금리(공정금리)를 공격적으로 인하한 결과 1999년부터 제로 금리 시대가 열렸고, 2001년 3월 19일에는 1차 양적 완화를 채택했다. 그 결과 1990년대 초까지만 해도 약 50조 엔에 불과했던 일본은행의 자산 규모가 2006년에는 약 150조 엔으로 3배가 증

• 130조 엔의 규모를 짐작하려면 일본 GDP의 추이를 참고할 필요가 있다. 일본의 명목 GDP는 1994년 502.4조 엔에서 1997년 523.5조 엔, 2002년 515.7조 엔에서 2006년 531.4조 엔, 2011년 494.5조 엔에서 2014년 517.2조 엔, 2015년 531.4조 엔에서 2017년 545.1조 엔의 흐름을 보였다.

가했다. 그러나 은행 대출율은 양적 완화 기간 중에 오히려 15%나 하락할 정도로 돈은 민간 부문으로 유입되지 못했다. 통화 확장 정책은 경기 부양과 인플레율 증가에 효과를 거두지 못했다. 화폐 유통 속도와 (총통화량을 중앙은행이 공급하는 본원통화로 나눈 수치인) 통화 승수가 계속 하락할 정도로 돈이 돌지 않는 상황에서 통화 완화 정책은 효과를 거두기 어려웠던 것이다. 즉 앞서 지적한 '대차대조표 침체'나 '부채 디플레이션'의 늪에 빠졌기에 '단순한 돈 풀기'로는 효과를 거두기 어려웠다.

정부와 중앙은행의 무능에 따라 내수 침체가 지속되는 가운데 기업은 수출에 목을 맬 수밖에 없게 된다. 그런데 미래 불확실성으로 소비와 투자가 위축되고 저축이 증가하는 가운데 경상수지 흑자 기조가 지속되며 엔화 가치가 강세*를 띠자 정책은 수출의 가격 경쟁력 확보를 위해 내수를 억압하는 방식으로 이어졌다. 여기에 기업은 고용 축소, 임금 동결 및 후퇴, 비정규직 노동력의 사용 증대, 해외 이전 등으로 대응했다. 특히 기업의 고용 규모 축소는 대기업이 주도했다. 생산성의 증가에도 불구하고 실질 임금이 1990년대 후반부터 지속적으로 하락하여, 기업은 부유해졌음에도 노동자는 가난해졌다. 이것이 선진국 중에서 일본이 노동소득의 비중 하락이 가장

---

* 1990년 초 달러당 160엔 근처까지 갔던 엔/달러 환율은 1995년 달러당 80엔대 초까지 내려갈 정도로 엔화 강세가 지속되었고, 그 후 아시아 외환 위기 때까지 환율이 상승세로 반전했지만 1990년대 말에는 다시 엔화 강세로 전환한 후 2013년 아베노믹스 시행 전까지 엔화는 강세 기조가 지속되었다.

빠르게 진행된 배경이다. 특히 비정규직 증가 등 임금의 불평등은 결혼율을 저하시키며 저출산-고령화라는 인구 구조를 낳았고 내수 취약성을 심화시키는 요인으로 작용했다. 우리나라와 매우 유사한 모습을 보이고 있듯이 우리나라 경제는 일본의 경험을 답습하는 측면이 존재한다.

1990년대 장기 불황을 겪고 난 일본 정부는 뒤늦게 산업 구조조정과 탈공업화에 대응하기 위해 산업 생태계 재구성을 추진한다. 먼저 산업 구조조정은 인수합병 및 통폐합 방식으로 진행되었다. 일본 정부는 1999년 '산업활력재생특별조치법'을 제정해 기업의 구조조정을 지원했다. 박근혜 정부에서 2016년 도입한 '기업활력제고특별법'(일명 원샷법)의 '원조'였다. 구조조정의 결과 20개 정도였던 대형 은행이 3대 그룹으로 재편되었다. 14개사였던 정유산업도 2000년대에 5개로, 최근까지는 3개사로 재편되었고, 대형 5개사 체제였던 철강도 3개사 체제로 재편되었다. 반도체, LCD 사업도 통합이 이루어졌고, 조선사도 통폐합과 더불어 전략적 제휴 등이 이루어졌다.[40] 제조업의 군살 빼기 시도였던 것이다. 산업 차원에서의 구조조정은 새로운 수익사업의 창출로 이어져야만 성공할 수 있다. 산업 구조조정으로 퇴출되는 사업과 인력 등의 출구가 마련되어야 하기 때문이다. 그 이유로 창조산업의 육성이 시도되었다. 그러나 창조산업 육성의 결과는 처참한 실패였다. 1999~2011년 사이에 매출액과 고용 규모 그리고 기업체의 수에 있어서 창조산업은 각각 -14.3%,

-14.0%, -26.9%로 오히려 후퇴했다. 특히 제조업 부문에서 창조산업은 각각 -45.6%, -50.5%, -50.3%로 크게 축소되었다.[41] 이것이 2000년대 이후 장기 불황이 지속되는 원인이다. 산업 정책에서 둘째라면 서러워할 일본에서의 이러한 결과를 어떻게 이해해야 할까? 성격이 전혀 다른 창조산업을 제조업 육성 방식으로 접근한 결과였다. 그 결과 2004~2012년 평균 일본 상장기업의 현금 및 현금성 자산은 GDP 대비 44%로 15~27% 정도인 나머지 G6 국가에 비해 압도적인 수치에 달하는데, 이는 일본 기업이 투자 기회를 만들어내지 못하고 있음을 보여준다. 일본 기업의 현금 보유 규모는 아베 정권 이후에도 지속적으로 높아졌는데, 2016년 기업이 보유한 현금 규모는 2009년에 비해 1.5배가 증가했고, 이는 GDP의 45%에 달하는 규모로 여전히 개선되지 않고 있다.[42] 이에 일본 사회에서 뒤늦게 교육혁명의 필요성을 제기하고 있으나 여전히 쉽지 않은 상황이다.

'엔화 패권'으로 연명하는 아베노믹스

고이즈미 자민당 정권(2001~2006년)의 (규제 완화와 민영화, 작은 정부, 고령자와 사회적 약자를 도외시한 연금과 사회보장 개혁 등을 근간으로 한) 신자유주의식 구조개혁으로 (대규모 비정규직 양산, 소득 및 지역 격차의 확산 등) 양극화가 심화되자 양극화 해소에 초점을 맞추며 2009년 집권한 일본 민주당 정권(2009~2012년)은 복리후생을 강조했다. 즉 복지 강화로 가계의 가처분소득을 늘려 소비를 확대, 경기를 회복시키는 '내수주도형 성장'을 공언했다. 그러나 탈토건 복지를 내세우고 집권한 민주당은 아동수당 등 복지 공약의 불발, 세금을 인상하지 않겠다는 공약과 반대되는 소비세 인상, 자민당과 별 차별성이 없는 노다 내각의 우경화(예를 들어 환태평양경제동반자협정 교섭 참가) 등 정권 초기의 이념에 반하는 정책 전환을 당내에서조차 충분한 논의 없이 내세우며 우왕좌왕했던, 무능, 비전 부재를 드러냈다. 3년 4개월간 민주당은 자신이 제시한 개혁을 통해 유권자들이 미래에 희망을 가질 수 있다는 확신을 심어주지 못했다. 이것이 아베노믹스의 등장 배경이다.

2013년 출범한 아베 정권의 경제 정책인 이른바 아베노믹스 시나리오는 공격적 양적 완화로 엔화 약세와 수출 확대를 이끌어내고, 이를 통한 임금 인상과 소비 개선, 내수 확보를 통해 기업투자와 고용 증대를 만들어내고, 그 결과로 세수 증가와 재정 적자까지 축소시킨다는 것이었다. 이 논리대로 실현되었다면 일본 경제는 장기 불황에서 벗어났어야 한다. 그런데 아베 정권 5년간(2013~2017년) 연평균 성장률은 1.28%로 금융 위기 이전 5년간(2003~2007년) 연평균 1.70%보다 낮을 뿐 아니라 2018년 1~3분기의 분기별 성장률도 각각 -0.3%, 0.7%, -0.6%일 정도로 경기 회복의 모습은 확인할 수 없다. 노동생산성 증가율도 금융 위기 이전 연평균 1.4%(1995~2007년)에서 최근에는 0.5%(2011~2016년)로 둔화되었다.

그렇다면 아베노믹스 시나리오의 문제점은 무엇일까? 기대한 대로 공격적 양적 완화는 엔화 약세로 연결되었다. 2012년 말 달러당 90엔 밑에 머물던 (엔/달러) 환율은 2015년 중반 125엔까지 치솟았다. 그 결과 엔화 기준 수출액은 크게 증가했다. 일본의 수출은 2007년 83.9조 엔에서 2012년 63.4조 엔으로 하락했다가 2015년 75.6조 엔으로 상승했다. 그런데 달러 기준 일본 수출액은 2012년 7,986억 달러에서 2015년 6,248억 달러까지 하락했다. 이는 수출 물량의 증가가 없었다는 것을 의미한다.*

이것이 아베노믹스 실행 이후에도 일본 상품의 세계 시장 점유율이 계속 하락한 이유다. 요컨대 1980년대 후반 한때 10%에 달했던 일본 상품의 세계 시장 점유율은 1993년 이래 하락하기 시작해 2012년 4.5%까지 하락했는데, 아베노믹스 도입 이후에도 하락은 지속해 2017년에는 3.8%에 불과했다.[43] 아베 정권 초기에는 엔화 약세로 기업 이익이 크게 증가했다. 그러나 수출 물량의 정체로 기업 이익은 임금 증대나 투자 확대나 고용 증대로 이어지지 않았고, 그 결과 소비심리(소비자신뢰지수)는 전혀 개선되지 않았다. 1990년 34%에 달했던 GDP 대비 총투자 비중도 2008년 24%, 2012년 22.4%까지 하락했는데, 아베노믹스 도입 이후에 24%까지 다소 회복되었다가

---

* 2016년 8월 (엔/달러) 환율은 100엔까지 하락했고, 그 결과 엔화 기준 수출액은 2016년 70.0조 엔으로 하락했지만 달러 기준으로는 6,449억 달러로 다소 상승했다. 2016년 하반기 이후 (엔/달러) 환율은 110엔 전후를 등락했지만 엔화 기준 수출액은 2017년 78.3조 엔으로 크게 증가하고 달러 기준으로도 6,981억 달러까지 같이 개선되었다. 이는 2017년 일시적인 세계 경기의 회복에서 비롯된 것이다.

2015년부터 다시 하락해 2016년 23.55%를 기록하고 있다.

일본의 고용 개선은 신기루에 불과하다

특히 일본의 고용 개선과 관련한 부분은 국내에 잘 알려져 있지 않다. 실업률이 2018년 10월 2.4%까지 하락했을 정도로 완전고용 상태였지만 고용의 개선은 질 낮은 일자리가 주도했다. 예를 들어 1990~2015년간 풀타임 일자리 수는 변화가 없었던 반면 파트타임 일자리가 3.3배나 증가[44]했고, 2012년 35%였던 비정규직 비중이 2017년 37.3%까지 계속 올랐다. 2017년 평균 취업자는 6,530만 명으로, 전년 대비 65만 명이 증가했다. 그런데 15~64세 취업자는 29만 명이 증가한 반면 65세 이상 취업자가 37만 명이나 증가했다. (구직자 한 명당 일자리 수를 뜻하는) 유효구인배율은 1.50배로 전년 대비 0.14 포인트 상승했지만, 1배 초과하는 부문을 보면 건설 4.01배, 접객·봉사 3.85배, 간호·간병 서비스 3.57배, 음식물 조리 3.16배, 자동차 운전 2.72배 등인 반면 1배 미만인 경우는 회계사무 0.73배, 제조기술자 0.55배, 일반사무 0.35배 등*으로 급여가 높거나 인기가 많은 업종은 여전히 일

---

* 물론 2018년 들어서며 고용이 질적으로 일부 개선되는 모습도 보였다. 일본 후생성에 따르면 2018년 9월 전체 유효구인배율과 정규직 유효구인배율이 각각 1.64배와 1.14배로 모두 조사 개시 이래 최고 수준을 보이며 기업의 일손 부족이 심화되는 모습을 보이고 있기 때문이다. 주일본 대한민국 대사관, "일본의 2017년 연간 및 2017년 12월 고용통계," 2018. 2. 7.

자리가 부족한 상태임을 알 수가 있다. 그 결과 일본의 실질 임금은 2000년을 100으로 할 때 2016년 99에 불과할 정도다. 근로자 1인당 평균 명목 임금도 2008년 32.8만 엔에서 2017년에는 31.7만 엔으로 하락한 상태다. 임금 상승률의 하락은 생산성 하락과 밀접한 관련을 맺고 있다. 일본생산성센터에 따르면 일본 주력 산업인 제조업의 노동생산성(2012년=100)은 2008년 104.2에서 2018년에는 102.3으로 하락했다.

이처럼 임금 상승 부진은 아베노믹스의 선순환 구조의 원활한 작동을 저해하는 핵심 요인이다. 그리고 천문학적 규모의 돈을 공급함에도 불구하고 저물가가 지속되는 배경이기도 하다. 즉 일본은행의 자산이 2013년 160조 엔 정도에서 555조 엔까지 증가했음에도 양적 완화를 중단하지 못하는 이유다. 참고로 일본의 양적 완화 규모는 GDP 대비 101.6%(2018년 11월 기준)로 미국(2018년 12월 12일 기준 19.8%)이나 유로존(2018년 12월 14일 기준 40.4%) 등과 비교할 때 추종을 불허하는 수준이다. 문제는 일본은행이 통화 정책의 정상화를 추구하는 것이 거의 불가능하다는 점이다. 일본의 국가 부채가 2017년 말 기준 1,085조 7,537억 엔을 기록(국민 1인당 857만 엔, 약 8,600만 원)하고 있고, 이 중 국채 발행 규모가 956조 2,520억 엔(88.1%)에 달하고 있다. 고령화에 따른 의료 및 간병 비용, 사회보장 비용 증가를 세수로 충당할 수 없어 국채에 의존한 결과다. 현재 국채 수익률(10년물)이 0%에 가까울 정도이기에 추가 조달하는 국채 발행에 따른 이자 비용은 없지만, 금리를 인상할 경우 이자 비용이 급증할 수밖에 없다. 따라서 금리 정상화는 쉽지 않은 과제다. 아베가 일본을 '전쟁할 수 있는 국가'로 만들려는 미몽에 빠져 있듯이 아베노믹스를 통한 '일본 경제의 정상화'라는 꿈은 환상으로 끝날 가능성이 높다.

그렇다고 국가 부채 축소를 위해 세금을 인상할 경우 (2014년 5%였던 소비세를 8%로 인상한 후 경기 둔화라는 후폭풍을 겪었듯이) 더욱 심한 경기 침체 우려가 존재한다. 현재 재정 건전화 압박을 받고 있는 아베 정권도 2019년 10월 소비세를 8%에서 10%로 인상할 계획을 갖고 있지만, 그럴 경우 실질소비 후퇴 등에 따른 경기 둔화는 불가피할 것이다. 이에 대해 일본 정부는 가계 지원과 경기 부양책 등으로 대응할 가능성이 높으나 재정 부담의 증가나 양적 완화 종료의 압박이 증대하는 상황과 충돌할 수 있다. 결국 국가 파산을 막고 금리를 정상화하려면 일본 경제는 탈공업화에 대한 대안이 될 산업 생태계를 만드는 것이 불가피하다. 일본 경제가 '탈공업화 함정'에서 빠져나오지 못하는 이유는 새로운 시스템을 설계할 정치 리더십이 존재하지 않기 때문이다. 자민당의 재집권은 민주당을 비롯한 야당의 무기력함과 대안 부재에 대한 반사 이득의 결과일 뿐이다. 일본 사회의 절망감이 독버섯처럼 확산되며 일본 네트워크 시장 시스템도 침몰하고 있다. 제2의 메이지 유신의 필요성이 끊임없이 제기되는 배경이다.

일본 경제와 사회의 활력 상실을 보여주는 것이 젊은 세대의 모습

이다. 예를 들어 1980년대 후반부터 1990년대에 태어난 세대를 '사토리(さとり=득도하다)' 세대라 부르는데, 돈벌이·출세·연애·여행 따위에 관심을 두지 않고 주어진 현실에 만족하며 살아가는 젊은이들을 일컫는다. 말이 좋아 '도를 터득한 세대'이지 활력을 잃고 무기력해진 세대나 다를 바가 없다. 이들의 모습을 어떻게 이해해야 할까? 한 세대를 일컫는 30년 가까운 기간 동안 변화가 발생하지 않는 일본 경제와 사회의 현실을 보며 대부분의 젊은이들은 변화에 대한 희망을 포기하고 현실에 적응하는 방식을 터득한 것이다. 일본 정부 통계에 따르면 2015년 기준 35세 미만 남성 중 섹스 경험이 없는 비중은 42%, 여성은 44.2%에 달하고, 이는 2010년보다 약 6% 증가한 규모다.[45] 현실에 적응한 젊은이들이 행복할지 모르지만 야망이 없고 새로운 변화에 대한 꿈이 없는 젊은이의 모습은 일본의 20년 후의 미래라는 점에서 일본의 변화는 기대하기 어렵다.

3

Economics

협력이 결여된 유로존, 예정된 파편화의 길

2008년 리먼 브러더스 파산을 계기로 글로벌 금융 위기가 발발했을 때 유럽의 일부 지도자들이나 지식인들은 글로벌 금융 위기를 유럽과는 관계없는 미국 금융 시스템이 만들어낸 미국의 금융 위기라고 선을 그었다. 그러나 2010년 봄부터 그리스 재정 위기가 부각되면서 유로존 위기는 실체를 드러내기 시작했다. 국내 일부 보수언론과 전문가들이 말하는 것처럼 유로존 위기는 재정 위기(재정 적자)가 원인이 아니었다. 사실 재정 위기는 원인이라기보다 결과물이었다. 예를 들어 2000~2007년간 GDP 대비 재정수지를 보면 그리스나 포르투갈, 이탈리아 등은 연평균 각각 -5.4%, -3.7%, -2.9%였고, 프랑스와 독일 등도 각각 −2.7%, −2.2%였다. 반면 스페인과 아일랜드 등은 각각 0.3%와 1.5%였다. 즉 유로존 위기의 당사국들이었던 그리스, 이탈리아, 아일랜드, 포르투갈, 스페인 등 이른바 집시(GIIPS) 국가들이라고 해서 모두 재정 적자가 심한 상황이 아니었음을 보여준다. 오히려 경상수지 적자의 문제였다. 같은 기간 동안 집시 국가들은 모두 '경상수지' 적자를 기록한 국가들이었다.

유로존은 단순화시켜 말하면 유로화라는 단일 통화의 사용만 합의했을 뿐 재정운용이나 심지어 은행 감독 등 나머지는 모두 회원국의 권한으로 남겨둔 이른바 '통화 동맹'이다. 처음부터 불완전한 통합이었던 것이다. 1991년 12월 마스트리히트 조약을 분기점으로 유럽 단일 통화의 창출을 추진하기로 합의하고 유럽공동체(European Community) EC를 유럽연합(European Union) EU로 변경하면서 유럽 통합은 새로운 단계로 진입했다. 참고로 유럽연합은 유로존보다 상위 개념이다. 유럽연합 회원국 28개 국가 중 19개 국가가 유로화를 사용하고 있고, 나머지 국가들은 기존의 독자 통화를 사용하고 있다.

유럽 통합은 인류사에서 중요한 의미를 갖는다. 지금까지의 인류는 정치와 경제 운영 단위를 '국민국가'와 '국민경제'로 삼아왔고, 경쟁을 핵심 원칙으로 상정하고 있다. 예를 들어 주요 국가들의 국제

유로존 위기의 당사국이었던 주변국들을 '피그스(PIIGS)'로 부르는 것은 중심국의 논리일뿐 아니라 당사국 국민에 대한 예의도 아니다. 따라서 그 대신 주변국 중 아일랜드를 제외한 나머지 국가들이 남유럽 국가들이므로, 남유럽 사람들의 이미지로 알려진 '집시' 발음과 연결시켜 부르는 것이 바람직하다고 생각한다.

전략 및 외교는 자국 이익 극대화를 전제로 다른 나라를 이겨야 한다는 사고가 지배하고, 가능하다면 패권을 차지해야 하는 승자 독식의 투쟁관에 기초하고 있다. 이러한 근대의 이념과 양식 등은 서구 역사 및 문화 등과 깊은 관련이 있다. 절대주의 국가에서 근대 민족국가로의 이행 과정은 '국민 형성'이라는 중간 단계가 필요했다. 그런데 국민이 되려면 국민적 정체성이 필요했다. 이것이 민족주의 탄생의 배경이자 민족이 근대의 산물인 이유다. 이처럼 일정한 영토와 그곳에 사는 국민으로 구성된 독립된 정치 조직으로서의 민족국가(국민국가)는 근대 유럽의 고안된 질서이고, 민족국가가 유럽에서 가장 먼저 태동했다는 점에서 민족주의는 유럽 문화권의 발명품이다. 즉 산업화와 국가 간 교섭의 확대가 특징인 근대사에서 민족과 민족국가는 내적인 '근대화'와 외적인 '국가 간 경쟁'의 주체였고, (민족이 역사의 기본 단위라는) '민족주의'는 민족과 민족국가를 이끌고 가는 기관차 역할을 수행했다. 이것이 유럽에서 19세기 말~20세기 초 민족의 주요 판단 기준이 종족과 언어가 되면서 민족주의와 인종주의가 결합된 배경이고, 자기 민족 우월주의에 기초한 민족주의가 제국주의로 발전하는 경향성을 낳은 배경이다. 유럽에서 민족주의와 유럽을 통합하려는 움직임이 민족국가의 태동과 동시에 진행된 이유도 민족주의 경쟁의 비극적 결과물인 제국주의와 전쟁의 참화를 막아야 했기 때문이다. 유럽 통합은 유럽인에게 평화를 보장하는 해법이었고, 통화 동맹(유로존)은 통합의 출발점이었던 것이다. 이런 점에서 불완전한 통합의 산물인 유로존 위기의 해결은 곧, 통합의 완성과 민족 정체성의 결합을 해결하는 문제인 것이다.[46]

'통화 동맹'이 가져다준 이득과 비용

통화 동맹은 회원국들이 유로화 사용을 위한 조건(경제수렴 기준)*에 충족할 것을 전제로 출발했다. 특히 회원국의 재정 자율성을 제한했다. 회원국들은 재정 적자를 명목 GDP의 3% 이내로 축소하고 정부 부채는 명목 GDP의 60% 이내이거나 개선 중이어야만 한다. 과도한 재정 적자는 인플레이션이나 경상수지 적자 등에 영향을 미쳐 통화 가치를 떨어뜨리기 때문이다. 사실 회원국의 재정 자율성 제한은 경제 통합에 따르는 비용이다. 그럼에도 불구하고 재정 기준 조항을 유연하게 해석해, 상당수 국가들이 재정 적자와 정부 부채의 기준을 충족하지 못했음에도 통화 동맹의 합류가 허용되었고, 유로화는 1999년부터 금융거래 단위로, 2002년부터는 본격 유통되기 시작했다.

통화 동맹의 장점은 자유로운 자본 이동의 주요 장애물이 제거된다는 점이다. 자본 이동은 수익률 차이를 기본 요인으로 발생하나

---

* 그밖에도 유로존에 가입하기 위해서는 최근 1년간 소비자물가 상승률이 가장 낮은 3개 회원국의 ±1.5% 이내여야 하고, 금리는 가장 낮은 3개 회원국의 평균 명목금리의 ±2% 이내여야 하는 등 재정 건전성과 더불어 물가, 금리 등의 조건을 충족해야 한다.

서로 다른 통화를 사용하는 국가들 간의 자본 이동은 환율 변동성이 제약 요인으로 작용한다(이른바 '캐리 트레이드' 조건). 그런데 통화 동맹의 경우 회원국이 모두 같은 통화를 사용하기에 환율 변동성(리스크)은 제거되고 수익률 차이에 의해서만 자본 이동이 결정된다. 따라서 GDP 대비 해외 자산 및 부채의 합이 차지하는 비중으로 나타내는 '국제 금융 통합'의 정도가 1990년대 말 이후 미국 등 다른 지역에 비해 유럽에서 급진전되었다.[47] 예를 들어 회원국 간 국채 (10년물) 수익률 차이는 2001년 이후부터 2008년 리먼 브러더스 파산 때까지는 소멸된다. 유로존 위기의 당사국들이었던 그리스, 이탈리아, 아일랜드, 포르투갈, 스페인 등 이른바 집시 국가들로 독일과 프랑스 등의 자본이 유입되면서 독일과 집시 국가들 간 수익률 차이가 소멸된 것이다. 이렇게 유럽의 중심국에서 주변국으로 유입된 자본은 주변국의 이자율을 하락시키고, 그로 인해 가계의 (해외) 차입이 증가하며 소비 붐과 신용 붐을 초래하며 성장률을 상승시켰다. 1999~2009년간 유로존의 GDP가 평균 14% 증가한 반면 그리스는 37%, 스페인은 31%, 아일랜드는 30%가 증가했다.[48] 그러나 소비 붐은 수입 증가와 경상수지 적자 증가를 불러왔고, 신용 붐은 비교역재인 건설 부문의 수요 증가, 특히 부동산 부문에 자본 유입이 증가해 주택 가격의 급등과 임금 상승을 수반했다. 게다가 자본 유입은 통화량 증가로 인플레 상승 압력을 증대시켜 이자율을 상승시키고, 다시 자본의 추가 유입을 자극했다. 연이은 인플레 상승이 임금 상승과 더불어 실질 환율을 하락시켜 경상수지를 더욱 악화시켰던 것이다.

경상수지가 악화될 경우 일반적으로는 통화 가치 절하로 가격 경쟁력을 회복하고 수입을 억제시켜 경상수지를 개선할 수 있으나, 단일(공동) 통화를 사용하면 통화 가치 절하가 불가능하다. 환율 조정이 불가능하다면 임금 인하를 통한 물가 조정이 필요하지만 유럽연합 내 사회 안전망의 수렴으로 노동시장 유연화(임금 조정)도 어려웠다. 이 과정에서 경상수지 악화는 지속되었고, 여기에 대외 채무가 증가하는 상황에서 더해진 글로벌 금융 위기라는 대외 충격은 유동성 제약을 심화시키고 은행 간 대출 시장의 활동을 위축시켰다. 그리고 자산 가격의 붕괴와 부실 채무의 급증은 금융권을 부실화시켰고, 이에 주변국 정부는 은행 등에 공적 자금을 투입할 수밖에 없었다. 이는 다시 집시 국가들의 국채 금리의 급등으로, 그리고 재정 위기로 발전했던 것이다. 요컨대 은행 위기는 유동성 축소와 실물 경기 침체와 재정 적자를 유발했고, 실물 경기 위기는 은행의 부실화와 재정 적자 심화로 이어졌고, 국가 재정 위기는 경기 부양 수단 축소와 실물 경기 침체 및 은행 자산의 부실화로 이어졌다. 그렇게 은행-실물-국가 재정의 3중 위기 악순환이 형성되며 통합되었던 시장은 파편화되었다. 중심국과 주변국 간 국채 금리의 차이가 확대되는 등 국가 간 가치 평가에서 차이가 발생하면서 유로존의 단일성(integrity)은 무너지고 통합은 약화되기 시작했다.

'유로존' 위기의 본질은 무엇인가?

유럽은 미국과 영국 등이 주도한 자본 이동 자유화로 통화 주권(통화 가치 안정성)의 위협이 증대하자 경제력이 작은 국가들 간 연합(유로 동맹)으로 리스크(충격)를 분산시키려 했다. 그러나 유로존 내 자본 이동 가속화 및 회원국별 해결 방식의 비대칭성으로 위기를 맞이했던 것이다. 이런 점에서 유로존 위기는 제도적 결함과 개별 회원국의 책임 의식 결여가 합쳐진 산물이다. 그런데 유럽의 중심국들은 주변 국들의 책임을 강조하며 '연대'의 중요성을 외면하고 있고, 회원국들의 자기 규율 강화를 요구하고 있다. 예를 들어 건전한 재정 균형과 낮은 공공 부채 수준을 유지하기 위해 회원국을 법으로 묶을 것을 요구하고 있다. 이른바 '재정동맹'으로 발전시키려는 것이다. 게다가 개별 국가의 신용(국채 발행)과 은행의 신용 조건 사이의 악순환을 단절하기 위해 단일 규칙과 단일 감독기구, 은행 파산 시 필요한 단일 정리체제(은행 파산 펀드), 단일 예금보장제도 등을 도입했다. 이른바 '은행동맹'의 결성이다. 그러나 은행 파산 펀드나 단일 예금보장제도의 도입에서 국가 간 이해 차이를 노출하고 있다. 제2의 유로존 위기가 발생하기 전에는 문제가 없겠지만 새로운 유로존 위기가 발발할 경우 파산 펀드나 예금보장제도에 필요한 재원 마련*을 둘러

---

* 예금보험을 위한 단일 공동기금이 부재하고, 은행 파산 해결 시스템을 위해서도 은행 예금의 단지 1%(550억 유로)가 배당될 정도로 부족하다.

싼 이해 차이가 노출될 가능성이 있다.

　무엇보다 개별 회원국에게 요구하는 책임(재정 건전성) 강화는 경기 회복을 어렵게 만들고 있다. 예를 들어 그리스의 경우 최저임금(월급 기준)을 (876.62유로에서 683.76유로로) 22%나 인하했지만 무역수지 적자는 지속되고 있고, 1인당 명목 GDP는 2007년 21,800유로에서 2016년 16,400유로까지 하락했다가 2017년에 들어 16,700유로로 다소 회복되었지만 2007년의 77%에도 미치지 못하고 있다. GDP 대비 109%였던 2008년의 국가 부채 수준은 2014년 약 180%까지 증대한 후 지속되고 있다. 과잉 채무 상태에서 지속적으로 강요되는 부채 축소는 성장 잠재력을 약화시킬 수밖에 없다. 높은 부채는 신규 투자를 억제함으로써 성장을 손상시키고, 경기 부양적 재정 정책 추구를 막기 때문이다. 임금 축소가 무역수지 개선으로 이어지지 않는 가운데 내수 약화로 작용하며 침체가 지속되고, 그에 따른 국가 부채 축소에도 어려움이 지속되는 것이다. IMF는 뒤늦게 그리스 혼자만의 노력으로 부채를 지속 가능한 수준으로 회복시킬 수 없으므로 유럽의 파트너 국가들이 그리스에게 상당한 규모의 부채를 탕감시켜줄 필요가 있다고 주장했다.[49] 그러나 독일 등의 반대로 유로존 재무장관들은 그리스 부채 경감에 합의를 이루어내지 못했다.

　나머지 집시 국가들도 그리스보다 조금 사정이 괜찮을 뿐 경제 회복은 요원해 보인다. 예를 들어 2018년 3월 이탈리아 총선 결과 집권당 민주당이 참패하고 반(反)유럽연합 성향인 오성운동과 강경 난

민정책 및 반(反)유럽연합을 표방한 동맹당(17.37%)이 약진했다. 그해 6월 1일 오성운동과 동맹당이 결성한 이탈리아 연합 정부는 대규모 재정 지출 확대와 감세, 즉 긴축 불가를 최종 국정운영 계획으로 합의했다. 그러나 양 정파의 상호 모순적인 기대, 예를 들어 유럽연합의 처방으로 불이익을 당했던 정규 노동자 및 임시 노동자, 실업자, 빈곤선 밑에서 생활하는 퇴직자 등의 요구(오성운동 지지계층의 요구)와 수공업자, 상인, 소규모 기업가, 기업의 중간 관리자, 자유 직업군 등 중산층의 요구(동맹당 지지계층의 요구)를 현실적으로 결합시키는 것은 처음부터 쉬운 일이 아니었다. 동맹당은 여전히 오성운동이 반대하는 신자유주의를 신봉한다. 그 결과 임시직 사용을 제한하는 개혁은 후퇴했고, '시민권 소득'(기본소득)의 규모도 축소되고, 일자리와 복지를 연계시키면서 노동 조건의 후퇴와 임금 축소 효과가 우려되고 있다. 게다가 유럽연합에서 탈퇴하지 않는 한 동맹당의 목표(지지자들의 요구)를 추진하는 것은 어렵다. 즉 고소득자에게 유리한 세율 인하와 확장적 재정 정책을 추진하고 싶지만, 재정 적자 규모(GDP 대비 2.4%)는 이전 정부의 약속이자 유럽연합의 권고보다 3배나 높고, 그것조차 부채에 대한 이자 지급을 제외할 경우 GDP 대비 1.4% 정도에 불과하기에 확장적인 재정 정책의 효과를 내기도 어렵다. 실제로 2018년 3, 4분기의 성장률 모두 전 분기 대비 각각 -0.2%와 -0.1%로 마이너스 성장이 지속되기도 했다.

문제는 이 정도의 재정 적자만으로도 이탈리아의 국채 가치 하락과 국채 보유 비중이 높은 은행 자산 가치의 하락 등에 대한 우려가 고조되고 있다는 점이다. 이탈리아 정부 부채는 2008년에 GDP 대비 102%에서 2014년 약 132%까지 상승한 후 높은 부채 비율이 지속되고 있다. 최근까지도 131%로 변화가 없다. 유럽연합이 이탈리아의 재정 지출 계획을 거부하고 있는 이유다. 여기에 양적 완화를 종료한 유럽중앙은행(ECB)으로서는 이탈리아 국채를 인수할 여력도 없다. 따라서 이탈리아 국채 10년물 수익률이 독일 등 중심국은 물론이고 스페인 등 주변국의 수익률보다 높은 수준이 지속되고 있다. 그 결과 유로존 위기의 악몽까지 재현되고 있다. 문제는 경제 규모에서 유로존 3위 국가인 이탈리아가 위기에 이를 경우 그리스와는 차원이 다를 수밖에 없다는 점이다. 이처럼 독일을 중심으로 한 리더 국가들이 유로존 위기 이후 강화시킨 EU의 재정 규율에 집시 국가들이 정면으로 도전하며 유럽연합은 내홍을 겪고 있다. 게다가 ECB가 금리를 정상화할수록 그동안 양적 완화로 절하된 유로화 가치 덕분에 증대했던 수출도 타격을 입을 가능성이 높다.

유럽 통합 프로젝트의 시련은 예고된 것이다. 더 큰 유럽(more Europe)은 더 많은 협력(more cooperation)이 필요한 반면 유럽연합의 회원국들은 자국 중심주의에 기반한 '국민국가의 함정'에 빠져 있기 때문이다. 요컨대 초국가 협력이 작동하지 않는 한 국민국가 함정 및 국민경제의 함정에서 벗어나기 어렵고, 그 결과 국제 사회는 '집단행동의 딜레마'에서 벗어날 수 없다. 문제는 유로존이 국민국가나 국민경제의 시대로 회귀할 수 없다는 점이다. 통합은 시대정신이고, 그렇다면 협력의 강화만이 해법임을 의미한다. 예를 들어 그리스나 이탈리아 등에서 경제 부진이 지속되고 있듯이 개별 회원국의 책임 강화 중심으로 진행되는 유로존 위기의 재발 방지책은 해법이 될 수 없다. 개별 회원국의 책임 강화 방식의 결과 극우 정당이 득세하고 채권국들에서 요구하는 긴축은 거부되고 있으며, 심지어 유럽연합 탈퇴의 목소리가 증가하고 있기 때문이다.

사실 유럽 통합의 가장 큰 수혜자는 독일이다. 1990년대부터 2000년대 초까지 독일은 통일 후유증으로 유로존 평균보다 성장률이 낮았다. 실업률 또한 2004년 선진국 중 가장 높은 10.33%에서 2017년에는 선진국 중 일본 다음으로 낮은 4.16%로 하락했다. 이러한 극적인 변화의 핵심 요인은 이른바 '하르츠 개혁'으로 상징되는 임금 인상 억제와 질 낮은 일자리 보장의 결합을 통한 수출 경쟁력 확보, 특히 유럽 주변국들에 대한 수출 증가였다. 또한 유로존 위기 이후에도 양적 완화를 통한 유로화의 절하로 수출 경쟁력을 유지할 수 있었다. 트럼프의 환율 조작 압력에도 유럽 통합이라는 외피(유로화라는 공동 통화) 속에 숨을 수가 있었다. 그런데 집시 국가들에 대해 독일이 요구하는 책임 강화가 유럽연합의 분열과 해체 등 파편화를 증대시키고 있는 것이다. 유럽연합이나 유로존이라는 공동 운명체가 공유해야 할 연대성과 개별 회원국의 책임 간 균형보다는 여전히 국민국가의 패권적 사고가 지배하기 때문이다. 이처럼 유로존은 국민국가 및 국민경제의 틀을 넘어서는 새로운 실험인 반면 여전히 초국가 협력의 결여로 '집단행동의 딜레마' 문제를 벗어나지 못하는 것이다. 따라서 유로존이 현재의 위기를 새로운 도약의 기회로 만들기 위해서는 국민국가 및 국민경제의 틀, 패권적 사고를 넘어 협력, 연대, 호혜 등에 기초한 새로운 글로벌 거버넌스 체제가 필요하다. 개별 회원국 역시 공동체의 안정을 위해 자기 책임(자율성)을 강화해야만 한다.

'노 딜 브렉시트'는 예고된 사건

2016년 6월 23일 영국민은 51.9%의 찬성으로 유럽연합에서 탈퇴하기로 결정했다. 당시 많은 이들은 브렉시트가 현실화될 가능성을 낮게 보았다. 영국이 유럽연합에서 탈퇴하는 것이 영국의 국가 차원의 이익에 부합하지 않기 때문이다. 그러나 브렉시트는 예고된 사건이었다. 브렉시트는 '이득'만 부각되었던 유럽 통합이 금융 위기와 유로존 위기 이후 찾아온 경기 침체의 '비용' 처리 과정에서 취약성을 드러냈다. 비용이 구성원 모두에게 균등하게 배분되지 않을 뿐아니라 비용은 균등하게 배분되더라도 저소득층이나 고령층 등 취약계층이 더 크게 느낄 수밖에 없다. 그런데 국가 재정의 약화나 경기 침체에 따른 고용 환경의 악화 등으로 현실은 취약계층의 상황을

제II부 세계 경제, '근대의 함정'에 빠지다

크게 악화시켰고, 고소득층은 통화 정책의 결과 오히려 소득 및 부를 증대시키는 기회로 삼았다. 피해를 입은 계층들의 분노는 자신의 지지를 확장시키려는 정치 집단에 의해 악용되었고, 대표적인 것이 외부의 이주민에 대한 공격이었다. 실제로 브렉시트 찬성은 저소득층과 저학력층, 고령층 등에서 높았다. 반면 유럽연합의 잔류는 영국의 수도인 런던과 더불어 잉글랜드와 별개로 자치법으로 통치되는 스코틀랜드와 북아일랜드, 영국의 직할 식민지인 지브롤터 등의 지역에서 높았다. 유럽연합에서 탈퇴하는 것을 지지한 계층들의 공통점은 금융 위기 이후 경기 침체 및 금융 위기 여파에 따라 피해를 입은 계층이라는 점이다. 영국의 국가 부채는 2008년 GDP 대비 40%도 되지 않았으나 2019년 초에는 약 87%까지 치솟았다. 그 결과 경제적 취약계층에 대한 정부의 지원은 제약될 수밖에 없게 되었다. 예를 들어 연금 수급자 중 빈곤층은 2011~2012년에 13% 수준이었으나 2016년에는 16%까지 거의 30만 명이 증가했다.[50] 그리고 (소비자물가 상승률로 조정한) 실질 평균 주급이 2008년 1분기 530.80파운드에서 10년 후인 2018년 2분기에는 490.10파운드로 하락할 정도로 고용, 특히 저임금-저학력 노동자의 상황이 악화되었다. 브렉시트 지지자들은 이들의 어려워진 환경을 유럽연합에 대한 영국의 분담금과 유럽연합의 규제, 이민자·난민자 등의 탓으로 돌렸다. 앞서 미국 등의 사례에서 보았듯이 경제적 양극화가 정치적 양극화로 이어지면서 '분열의 정치'를 만들어낸 것이다.

이처럼 금융 위기 이전에는 유럽 통합의 혜택이 부각되었지만 금융 위기 이후에는 경기 침체에 따라 통합의 비용이 부각되면서 사회가 분열되었고, 이를 정치권은 자신들의 이해관계에 따라 확대 재생산했다. 이런 상황에서 브렉시트 이후 영국 수상이 된 보수당의 메이 주도로 유럽연합과의 협상을 통해 마련한 합의안을 영국 의회는 2019년 1월 압도적 차이로 부결시켰다.* 합의안에 찬성한 수가 202표 밖에 없을 정도로 보수당 내부에서도 반대표가 다수 나왔다. 정치적 분열이 더욱 확대되었기 때문이다. 여전히 브렉시트에 반대하는, 즉 EU에 잔류를 희망하는 정치 세력이 있는 데다가 브렉시트에 찬성하는 정치 세력 간에도 분열이 발생한 것이다. 요컨대 절반에 가까운 브렉시트에 대한 반대 진영의 존재와 더불어 브렉시트에 찬성했던 진영 내 차이를 만족시킬 수 있는 브렉시트 협상안은 구조적으로 만들 수 없는 것이다.

EU와 영국 간 합의안은 2020년까지 브렉시트 이행 기간의 설정과 정산해야 할 분담금 규모 및 지급 방식, 상대국 국민의 거주 권리 등 탈퇴 협정에 대한 합의 부분(585페이지 분량)과 자유무역지대(FTA) 구축, 방위 및 안보 등 미래 관계에 대한 합의 부분(26페이지 분량)으로 구성된다. 이른바 영국이 지급해야 할 위자료 격인 분담금은 350억

---

* 영국 하원의 의석 수는 650명인데, 보수당이 317석, 노동당이 256석, 스코틀랜드 국민당이 35석, 자유민주당이 11석, (북아일랜드 신교측이며 보수당 주도의 연립정부에 참여하고 있는) 민주연합당이 10석, 독립당이 8석, (북아일랜드 구교 측이자 아일랜드 민족운동의 정치적 구심점인) 신페인(Shin Fein)이 7석, (웨일스의 독립을 원하는) 웨일스 민족당(Plaid Cymru)이 4석, 녹색당이 1석 등으로 구성되어 있다.

~390억 파운드, 우리 돈(1파운드=1,462원 기준)으로 51.2~57조 원에 달할 것으로 추정된다. 분담금은 EU 기구 직원들의 퇴직연금 중 영국이 내야 하는 분담금과 유럽투자은행(EIB)이 자금을 댄 프로젝트 중 영국이 동의한 것에 대한 분담금 등으로 구성된다. 분담금의 약 75%는 2022년까지 지급하고, 2040년까지는 해마다 예상되는 GDP의 0.004%를 지급하기로 했다. 분담금을 고정할 수 없는 이유는 파운드 환율과 영국 또는 EU의 경제성장률 변화에 따라 변동될 수 있기 때문이다. 그리고 현재 영국에서 살며 일하고 있는 약 320만 명의 EU 시민들과 EU에서 살며 일하고 있는 약 120만 명의 영국 시민들의 이동권, 거주지, 시민권 취득 문제, 교육, 사회 보장, 의료, 연금 지급 등에 대한 권리와 가족 구성원에게 어느 정도의 권리를 적용할 것인가에 대한 이슈들이 포함된다. 극우 정당인 독립당을 비롯해 일부에서는 이러한 합의 내용이 매우 굴욕적이었다며 반발하고 있다.

무엇보다 합의안에는 영국 자치령인 북아일랜드와 EU 회원국인 아일랜드 사이에 엄격한 통관·통행 절차가 부활하는 것을 막기 위해 영국을 EU 관세동맹에 일정 기간 잔류시킨다는 이른바 '안전장치(backstop)' 조항이 들어 있다. 브렉시트를 결행하면 영국은 유럽연합의 관세동맹에서 벗어나게 되고 두 지역 사이에는 사람과 물자의 이동을 제한하는 국경 통제가 시작된다.* 문제는 현재 영국의 일부이

---

* 2019년 3월 29일 영국 하원은 메이 총리가 세 번째 표결을 시도한 EU 탈퇴 협정을 찬성 286표, 반대 344표로 부결시켰다. 이후 4월 3일 '노 딜 브렉시트'를 연기하는 법안을 하원에서 찬성 313표, 반대 312표로 단 1표 차이로 통과시켰다.

지만 영국에 영구 통합될지 장차 아일랜드와 통일할지를 두고 수십 년에 걸친 피의 갈등을 벌여온 북아일랜드와 아일랜드 사이에 다시 국경 통제가 시작된다는 점이다. 영국과 유럽연합은 이 지역에 강력한 국경 통제를 하면, 1998년 4월 '벨파스트 합의(성금요일 협정)' 이후 간신히 봉합된 '북아일랜드 갈등'이 재발할 수 있다고 보고, 브렉시트를 하면서도 북아일랜드와 아일랜드 사이에 강력한 국경 통제를 하지 않는 '안전장치' 조항에 합의했다. 그런데 보수당이 주도하는 연립정부에 참여하고 있으며 북아일랜드가 항구적으로 영국 영토가 되기를 바라는 '민주연합당'이 안전장치 조항의 포함으로 아일랜드의 통일 가능성을 열어놓았다며 반발을 한 것이다.

영국 정부가 EU와 새로운 합의안을 만들 시간은 벌 수 있을지 모르지만 (물론 이것도 독일이 허용할 가능성이 낮지만) 전체를 만족시킬 수 있는 합의안이 가능할지 의문이기에 (아무런 합의를 도출하지 못한 채 EU

영국이 1541년 아일랜드를 침공한 후 북부에 영국 신교도를 집중 이주시켰고, 이주한 영국인들이 북부의 광범위한 토지를 장악해가며 토착민인 가톨릭(구교) 교도들과 갈등을 벌였다. 1921년 영국-아일랜드 조약으로 대영제국 내 자치령인 '아일랜드 자유국'이 만들어질 때 영국계 신교도가 많이 사는 북아일랜드 6개 주는 영국에 남는 길을 택했고, 이들은 1949년 남부 26개주가 아일랜드로 완전 독립한 뒤에도 여전히 영국의 일부로 남았다. 1960년대 후반 들어 북아일랜드 내 신·구교도들 사이에 치열한 대립이 이어지자 영국 정부는 1969년 8월 군을 투입해 수도 벨파스트를 신교와 구교의 거주 지역으로 분리하는 장벽으로 삼았고, 1972년 1월 30일 영국 공수부대가 북아일랜드 제2의 도시 데리에서 시민들에게 발포하는 '피의 일요일' 사태가 발생했다. 이 사건을 계기로 피의 복수와 무장투쟁 노선을 내세운 아일랜드공화군(IRA)의 저항이 시작됐다. 이들은 같은 해 7월 9명을 숨지게 한 '피의 금요일' 사태로 보복했다. 양자 사이의 갈등은 "북아일랜드의 귀속 문제는 북아일랜드인들의 자유의사에 맡기고, 아일랜드·북아일랜드 간 자유로운 통행과 통관을 보장한다."는 1998년 벨파스트 합의로 겨우 봉합됐다. 북아일랜드 내에선 강력한 국경 통제가 시작되면 그동안 잠복됐던 갈등이 표면화돼 북아일랜드가 다시 분열될 것이란 우려의 목소리가 쏟아지고 있다.

를 탈퇴하는) '노 딜 브렉시트(no deal Brexit)'가 현실이 될 수 있는 것이다. 또한 2차 국민투표에 지지 여론이 높지만 1차 국민투표 결과를 번복한다는 민주주의 훼손은 차치하고 어떤 질문을 갖고 투표를 할 것인가를 합의하는 문제도 쉽지 않다. 한마디로 브렉시트 찬반 투표를 다시 묻는 것이 가능할지, 혹은 합의안 기준에 대해 찬반 투표를 할 것인지를 결정하기가 쉽지 않기 때문이다. 이처럼 모두를 만족시킬 수 있는 브렉시트 해법을 찾기가 어려운 이유는 첫 단추를 잘못 끼웠기 때문이다. 금융 위기로 취약계층이 증대하고 그 연장선에서 유럽 통합의 비용 측면이 부상했을 때 취약계층을 사회 전체가 끌어안고 가도록 정치가 리더십을 발휘하기보다는 오히려 분열을 조장한 결과다. 분열은 또 다른 분열을 낳으면서 '노 딜 브렉시트'의 가능성을 높이고 있는 것이다. '노 딜 브렉시트'가 현실화될 경우 가장 크게 피해를 입는 계층은 (수입품 가격 인상으로) 역설적으로 브렉시트에 대한 지지가 높았던 취약계층이다.

'노 딜 브렉시트'는 영국 경제뿐만 아니라 유럽연합 그리고 세계 경제에 연쇄 반응을 일으킬 수밖에 없다. 많은 사람들이 간과하고 있는 부분이지만, 가장 우려해야 할 문제는, 분열의 정치 리더십이 확산되는 것이다. 이른바 '전염 효과'에 대한 우려다. 이탈리아의 경우에서 보았듯이 유럽 내부에는 금융 위기 이후 '분열의 정치'라는 싹이 자라나고 있다. 유로존 위기 이후 경기 침체를 시장 처방에 맡기는 국가들에서 분열과 갈등은 필연적 결과이기 때문이다. 예를 들어 유럽연합 전체 경제 규모에서 (2016년 기준) 독일(21%) 다음으로 두 번째 규모인 16%를 차지하고, EU에 대한 수출과 수입이 전체의 44%와 53%를 차지하는 영국이 유럽연합에서 탈퇴할 경우 당분간 영국 경제가 손실을 입는 것은 당연할 뿐 아니라 유럽연합의 경제 역시 일정한 타격이 불가피하다. 문제는 세계 경제가 빠르게 후퇴하는 상황이고, 특히 유럽 경제의 경기 하방 위험이 커지는 상황이기에 경기 후퇴가 가속화될 가능성이 높다는 점이다. 게다가 유럽중앙은행은 통화 완화 정책의 지속 필요성을 얘기하고 있지만 2019년 1월 지난 4년간 지속해온 대규모 정부·기업 채권 매입 프로그램, 이른바 양적 완화(QE)를 종료했다. 문제는 경기 하강 시 분열의 정치가 자라날 가능성이 높다는 점에서 유럽연합의 해체가 가속화될 수밖에 없고 이는 곧, 세계 경제의 불확실성을 높일 수밖에 없다는 점이다.

사회 통합이나 국가 통합인 유럽 통합 모두 연대와 협력은 필수 불가결한 요소이다. 유럽 국가들이 사회 통합을 위해 진전시킨 사회적 진보 정책들이 유로존 위기 이후 유럽연합 차원에서 개별 국가의 재정에 대한 간섭이 증대하면서 후퇴하고 있다. 그 결과 유럽연합에 대한 '불복'의 목소리가 증대하고 있다. 이들은 농업에 대한 유럽의 연대적 보호주의, 긴축재정을 강요하는 조항의 폐지, 유럽연합 전체 차원에서 조세 및 사회적 통합의 추진, (공공 서비스를 과점 시장으로 변질시켜버리는) 민영화 정책의 중단, 개별 국가의 통화 정책 등에 대한 유럽중앙은행의 간섭과 지배의 철폐, 단기성 외환거래에 대한 과세(토빈세) 등을 주장한다. 유럽의 통합을 위해서 연대와 협력이 약화되면 유럽연합은 원심력에 직면할 수밖에 없음을 보여주는 것이다.

정부나 많은 전문가들은 브렉시트, 특히 '노 딜 브렉시트'가 우리 경제에 미치는 영향은 제한적일 것으로 보고 있다. 그 근거는 2018년 기준 전체 수출액에서 영국이 차지하는 비중이 1.1% 불과하다는 것이다. 그러나 이 작은 수치만 볼 경우 앞서 언급한 '불확실성의 악순환'이 만들어낼 위험을 간과할 수 있다. 게다가 영국과의 교역에서 가장 큰 비중을 차지하는 부문이 현재 어려움을 겪고 있는 선박이나 자동차 등이기에 '제조업 위기'를 심화하는 요인이 될 수 있고, 무엇보다 '불확실성의 악순환'이 가져올 수출 둔화 및 금융 불안정성 심화 등은 어떻게 발전할지 가늠하기 어렵기에 문제가 된다.

4
Economics

부채 중독에 빠진
중국 경제

현대 중국 경제의 모습은 개혁과 개방의 결과물이다. 중국 정부는 1978년 12월에 대외 개방 및 농촌경제 개혁 정책을 내놓으면서 본격적인 개혁·개방 정책을 추진했다. 초기의 대외 개방은 개방이라고 말하기 어려울 정도로 매우 제한적이었고, 중국 경제는 개혁이 변화를 주도했다. 중국 개혁의 쌍두마차는 농가 책임제와 향진 기업이었다. 그리고 양자를 관통하는 정책 방향은 중앙정부에 집중된 권한을 개인 및 지역에 이전하는 것이었다. 첫째로, (농민 생산량 모두를 국가가 소유하고 인민은 배급으로 생활하는 협동농장인) 인민공사를 농가 생산 책임제로 전환시켰다. 즉 인민공사의 생산 목표량을 농가별로 분담해 개별적으로 생산하고 인민공사 목표량의 초과분을 농가가 가질 수 있게 했다. 이른바 토지 사용권의 탈집단화였다. 그 결과 1978~1984년 사이에 농업 산출량은 61% 이상 증가했다. 그리고 농업 생산량의 증가로 비농업 부문에 수억 명의 잉여 노동력이 공급될 수 있었다. 둘째로, 향(鄕)과 진(鎭)* 등 지방의 인민공사** 산하에 있던 사대기업(社隊企業)의 소유권을 지방, 즉 지역 주민에게 이양했다. 이는 농촌 지역에서 자급 부분 이상의 잉여 생산물이 교환을 전제로 생산되고 유통되는 이른바 시장경제의 생성을 의미했다.

특히 1980년대 중반 이륙한 향진 기업은 '농촌 공업화'의 주역이었고, 성장률과 생산성에서 국영 부문을 추월함으로써 중국의 경제발전을 주도했다. 즉 향진 기업의 비중은 산업 생산에서 1978년 22%에서 1991년 47%, GDP에서 차지하는 비중도 같은 기간 동안 14.3%에서 37.5%로 증가했고, 고용 역시 1980년 3천만 명에서 1995년 1억 2,900만 명으로 증가했다. 1980년대 말에는 도시 지역의 산업부문 개혁과 관련된 전략 부문의 소수 대기업을 제외하고는 대다수 중소기업을 지방정부 소유로 이전했다. 그 결과 4가지 측면에서 주요한 성과를 만들어냈다.

첫째, 농업 편중적이었던 농촌경제를 다산업(多産業) 경제 구조로

---

* 지방 행정 단위로 향은 우리나라의 면, 진은 우리나라의 읍 정도로 생각하면 이해하기 편하다.
** 인민공사(人民公社)는 농업 집단화를 위해 만든 대규모 집단농장으로, 사대기업에서 사(社)는 인민공사를 대(隊)는 생산대대(生産大隊)를 지칭하듯이 사대기업은 인민공사 산하의 생산 조직(기업)을 지칭한다.

변화시킴으로써 농촌의 비농업 부문의 소득을 증대시켰고, 농촌 경쟁력을 향상시켰다. 둘째, 향진 기업 주도의 농촌 공업화는 도시화를 수반하지 않는 노동력의 흡수 방식인 이른바 '이토불이향(離土不離鄕, 땅을 떠나되 고향은 떠나지 않는다)' 형태로 산업화 과정에서 도시의 인구 집중을 상당히 완화했다. 셋째, 향진 기업은 지방정부 재정 수입의 주요한 역할을 수행했다. 농촌 교육이나 영화관 건설 등 농촌집체(農村集体) 복리사업과 소도시 건설 같은 농촌의 각종 건설 사업을 향진 기업의 수입으로 건설하는 등, 향진 기업은 정부가 부담해야 할 재정 지출을 분담(이공보농以工補農, 공업으로 농업을 육성)했다. 마지막으로 향진 기업은 개방 초기 대외 무역에서 절대적 역할을 수행했다. 실제로 1984년을 기점으로 농촌의 내부에서 자금이 대규모로 순환하게 되었고, 특히 향진 기업에 대출(투자)된 금액은 향진 기업의 생산량을 증대시켰으며, 판로를 확대하기 위한 노력으로 해외시장을 개척했다.

가장 중요한 의미는 향진 기업이 주도한 경제 성과로 '중국 사회주의 시장경제화'의 특색이 만들어졌다는 점이다. 이는 첫째, 농촌 공업화와 지역정부의 역할 그리고 집체 소유와의 결합을 특성으로 한다. 둘째, 대부분의 향진 기업은 규모 면에서 중소기업이었다. 대개의 향진 기업은 경영 규모가 작고 제품의 가격 지배력을 가지지 않는 가격 수용자였기 때문에 이윤을 증대시키는 방법은 생산비를 절감하고 대량으로 판매할 수밖에 없었다. 따라서 향진 기업의 효율성은 시장경제의 경쟁 원칙에서 비롯했다. 실제로 향진 기업의 경영은 국영기업은 물론이고 사기업보다 효율성을 보였다. 자산수익률(RoA, 당기순이익/총자산)은 1998년 11.2%에서 2003년 16.5%로 같은 기간 7.8%에서 15.0%로 증가한 사기업의 수익성을 능가했다. 마찬가지로 자기자본수익률(RoE, 당기순이익/자기자본)도 같은 기간 10.8%에서 16.5%로 증가했는데 이 역시 6.0%에서 14.4%로 증가했던 사기업의 수익성을 능가했다.[51] 마지막으로, '사유화를 수반하지 않은 분권화와 시장경제화'로 정치 영역에서 사회주의 원칙, 즉 공유제 원칙을 고수하면서 진행된 경제 영역에서의 시장경제화로 배타적 사유 재산권에 기초한 자본주의 시장 시스템이 시장 시스템의 한 유형에 불과하고, 시장 시스템은 다양한 소유와 결합될 수 있음을 보여주는 중요한 의미를 가진다. 서구의 시장 시스템에 익숙한 사람들은 중국 향진 기업의 문제점으로 흔히 재산권이 불명확하고 지역정부와 분리되지 않았음을 지적한다. 즉 주류 사회과학의 재산권 개념에 따라 재산권이 명확하게 규정되지 않으면 효율성이 담보되지 않는다고 주장한다. 그러나 중국의 기층 정부가 사실상 소유하는 향진 기업들의 모호한 소유권은 효율성에 심각한 문제를 갖지 않는다. 정교한 사적 소유권을 불필요하게 하는 협조적 문화의 존재 그리고 사기업과 같은 인센티브제가 작동하기 때문이다.

개방의 득과 실: 고도성장과 불평등

1992년 이전까지 중국의 개방은 연안을 중심으로 제한적으로 이루어졌다. 특히 중국 경제가 외국 자본에 종속될 것이라고 우려한 일부 보수파들이 개방의 확대를 반대했기 때문이다. 그러나 개혁으로 자신감을 획득한 중국의 개방 세력은 경제개발을 촉진하기 위해 서구 선진국의 자본과 기술 도입이 불가피하다고 생각했다. 특히 1990년대 중반을 넘어서면서 성장이 둔화되자 성장의 가속화를 위해 외자 유치와 수출주도형 경제성장을 지지하는 목소리가 증대했다. 예를 들어 1992~1994년간 연평균 12.4%의 성장률을 경험했던 중국 경제는 (1995년 9.7%, 1996년 8.9%, 1997년 8.2%, 1998년 6.8%, 1999년 6.7%까지 지속적으로 하락했듯이) 1990년대 후반부터 성장률의 둔화를 경험했다. 성장의 둔화는 중국인민대표대회가 사회 안정의 유지를 위해 2011년까지 성장률 목표치를 8%로 제시한, 이른바 '바오바(保八) 정책'을 위협하는 것이었다. 이에 중국은 1999년부터 WTO 가입을 본격 추진하고 그해 11월 15일에는 미국의 합의를 얻어냈다.

개방은 중국 내부의 결여된 부분을 보완하는 성격을 갖는다. 자신이 보유한 노동력과 결합할 자본의 유입을 촉진하는 개방 전략(직접 투자 중심의 자본 유치 전략)이 필요했고, 낮은 소득 수준에서 비롯한 제한된 내수 시장에서 자본 축적으로 빠른 성장을 이루기 위해서는 '외자에 기초한 고투자와 수출'에 의존할 수밖에 없었던 것이다.

실제로 GDP 대비 수출 비중은 1990년 16%에서 2006년에는 40%로 증가했는데, 외국인에 의한 생산·수출 규모는 1985년 전체 수출 중 2%에서 2005년에는 58%까지 증가했다. 특히 하이테크 제품의 수출은 88%를 차지할 정도로 기술 집약적인 산업의 성장에 외국인 투자를 적극 활용했다. 그 결과 성장에 대한 순수출의 기여율은 1980년대와 1990년대에는 1%에 불과했으나 2000년대에는 15%로 15배나 증가했고, 중국의 세계 시장 점유율도 1990년대 2%대에서 2013년에는 10% 이상으로 증가했다.

개혁과 개방 이전의 계획경제 기간 동안 중국은 가장 평등한 사회 중 하나로, 1981년의 지니계수는 농촌과 도시가 각각 0.25와 0.18(전체 0.28)이었다. 농가 책임제 개혁 중 농촌과 도시 격차의 축소로 1988년 지니계수는 0.21로 하락했다. 그러나 그 이후 불리한 농업 가격과 해안선 개발 전략으로 도시-농촌 간 격차가 확대되었다. 전국 지니계수는 2001년 0.45, 2007년 0.47, 2008년 0.49, 2012년에는 0.5를 넘어섰다.[52] 상위 10%가 전체 소득에서 차지하는 비중은 개혁 직전인 1978년에는 26% 정도였고 본격적인 개방 이전인 1990년에도 30%가 되지 않았지만 2014년에는 40%까지 상승했다.[53] 특히 하위 50%가 차지하는 소득의 비중은 1978년 27% 정도에서 1990년에 23%로 하락했지만 개방 이후 빠르게 하락해 2014년에는 15%에 불과했다. 이러한 소득 불평등 심화의 주요 원인 중 하나는 지역 간 소득 불평등에서 비롯한다. 1990년만 해도 비슷했던 도시와 농촌의

1인당 가처분소득은 2014년에는 3배로 벌어졌다.[54] 이렇게 소득 불평등이 악화됐음에도 어떻게 사회 안정이 심각하게 도전받지 않고 있을까? 그것은 소득 불평등에도 불구하고 하위 계층의 소득이 꾸준히 개선되고 있기 때문이다. 예를 들어 1978~2015년간 성인 기준 하위 50%의 소득은 연평균 5.2%씩 증가했다. 물론 이러한 소득 증가율은 전체의 6.9%, 상위 10%의 8.1%, 상위 1%의 9.2%, 상위 0.001%의 10.6%보다 낮은 것이다. 그러므로 무엇보다 중산층 소득이 유지된 결과였다. 1978년 46%였던 중간 40% 계층의 소득 비중은 2014년에도 45%를 유지하고 있다. 다른 나라들처럼 소득 불평등보다 더 심각한 것은 자산 불평등이다. 상위 10%의 자산 비중은 1995년 40%에서 2015년 67%까지 상승한 반면, 중간 40% 계층은 같은 기간 동안 44%에서 26%로 하락했다.[55]

부채에 중독된 중국 경제

문제는 불평등 심화와 사회 불안 등에 대한 해결 방식으로 선택한 고도성장 전략이 금융 위기 이후 한계에 직면하게 되었다는 점이다. 무엇보다 금융 위기 이후 세계 교역의 구조적 둔화로 수출의 역할이 약화되자, 중국 정부는 수출의 공백을 투자로 메웠다. 중국 경제성장에 대한 투자의 기여분은 1980년대 26%에서 1990년대는 40% 그리고

2000년대에는 51%로 증가했다. 하지만 금융 위기 이전 약 37%에 달했던 GDP에서 수출이 차지하는 비중은 2009년 25%까지 하락했고, 그 후에도 계속 하락해 2016년에는 20% 수준까지 떨어졌다. 그 결과 세계 교역액에서 중국 수출의 비중도 2015년 13.9%에서 2016년 13.5%, 2017년 13% 미만으로 하락했다. 요컨대 금융 위기 직전까지 연 20% 이상 증가하던 수출 증가율은 2011~2013년간 연 10% 밑으로 떨어지고 2014년부터는 수출 증가가 사실상 멈추면서 성장률도 (2011년 9.5%에서 2012년 7.9%로) 8% 밑으로 떨어진 것이다.

경제성장률을 유지하기 위해 중국 정부가 다음으로 선택한 방식은 투자주도 성장 방식의 강화였다. GDP 대비 고정자산 투자의 비중은 금융 위기 이전 43% 전후에서 금융 위기 이후에는 약 49%까지 증가했다. 최근 다소 줄었지만 여전히 44% 이상을 차지하고 있다. 그 결과 비금융 기업의 부채는 GDP 대비 2008년 135%에서 2016년 약 235%까지 급증했다.[56] 중국 기업의 부채 증가는 국제 간 비교에서도 확인된다. 2007~2017년간 중국 기업의 부채 증가 속도는 연평균 40%로 글로벌 전체의 부채 증가율 10.5%보다 약 4배나 높다. 즉 이 기간에 글로벌 기업 부채는 2.7배 증가한 반면 중국 기업 부채는 4배나 증가했다.[57] 특히 국영기업 중심으로 기업에 대한 신용(대출)이 증가했다. 국영기업의 성장은 그 결과였다. 예를 들어 매출액 기준 글로벌 1,000대 기업 중 중국 기업은 2006년에는 41개였으나 2014년까지 136개로 증가했는데 그중 70%가 국영기업이었다.[58] 사실 글로벌 금융 위기 이후 2009년 세계 교역이 크게 감소하고 경기가 침체에 빠졌을 때도 중국이 높은 성장률(9.2%)을 유지할 수 있었던 배경에는 국영기업의 높은 투자가 있었다. 문제는 대기업이 은행 대출의 90%를 독점하고 있는 반면, GDP와 고용에서 대기업의 역할은 각각 40%와 20% 정도에 불과하다는 점이다.[59] 즉 국영기업은 자본 집약적 산업에 집중되어 있다 보니 내수 강화에 별로 도움이 되지 않았다.

사실 중국은 2006년 시작된 11차 5개년 계획부터 내수주도 성장 방식으로의 전환을 선언했다. 그럼에도 명목 GDP에서 민간소비가 차지하는 비중은 2000년 이전 45% 수준에서 2010년 35.6%까지 떨어졌고, 그 후 증가세로 전환되어 2016년 39.4%까지 증가했지만 2017년에는 39.1%로 다소 떨어져서, 여전히 40%에 못 미치는 수준이다.[60] 국민소득 중 노동소득의 비중이 하락한 결과였고, 자본 집약적인 국영기업 중심의 투자가 고용 창출에 미치는 효과가 작기 때문이었다. 이것이 2007년 약 70%에 달했던 고용률이 2017년에 약 66%로 하락한 배경이다. 게다가 불평등 심화, 사회보장 시스템 미비에 따른 높은 가계 저축률 등으로 내수주도 성장은 한계를 가질 수밖에 없었다. 결국 구조적으로 저축률의 하락이나 노동소득 비중의 증가를 기대할 수 없기 때문에 민간소비의 역할은 향후에도 제한적일 수밖에 없다.

이처럼 금융 위기 이후 나타난 중국에의 높은 투자율은 '신용(대출) 지원에 의한 성장'이었다. 문제는 신용 증가율이 소득(명목 GDP) 증가율보다 빨라지면서[61] '신용 갭'(=GDP 대비 신용 비중의 실제값과 역사적 평균값의 차이)은 GDP 대비 약 25% 수준까지 확대되었다. 이는 국제결제은행이 경기가 나쁠 때의 최대치로 제시하는 10%보다 높은 수준이다.[62] 단위 부채당 소득 창출 효과가 급락했기 때문이다. 예를 들어 2003~2008년간 6년 동안 명목 GDP 증가에 필요한 신용은 22조 위안이었던 반면 2009~2013년간 6년 동안에는 83조 위안이 필요했다.[63] 즉 금융 위기 이전에는 명목 GDP 한 단위 증가하는 데 신규 신용이 3단위 정도면 됐는데 금융 위기 이후 급증해 2015년에는 약 12단위가 필요하게 되었다.[64] 이는 기업 수익성의 악화[65]를 의미하고, 특히 국영기업의 수익성 악화 그리고 그에 따른 은행 부실의 증가를 의미한다.[66] 예를 들어 상장 비금융 기업의 자산수익률은 2010년 4.5% 정도에서 2015년에는 2% 밑으로 추락했다.[67] 특히 신용이 팽창되는 과정에서 규제의 사각지대인 그림자 금융이 크게 증가했다. 2000년대 초까지 은행들이 거의 모든 대출을 수행했으나 2011~2015년간 신규 신용 중 은행 대출은 3/5으로 축소되었다. 그림자 금융 성장의 결과였다. 중국 그림자 금융은 GDP의 약 2/3에 해당하는 40조 위안 규모로 〈중국금융안정보고〉(2017)에 따르면 은행 부문의 (규제를 받지 않는) 장부 외 거래 규모는 (규제 대상인) 장부 내 거래의 109.16%인 253.52조 위안에 달한다. 그림자 금융은 신탁회사들이 주도하는데, 실적 배당형 상품과 유사한 자산관리 상품(WMPs)

은 대형 은행의 예금 중 15%를 차지하지만 중간 규모 은행에서는 40% 이상을 차지한다.

기업 부채 및 부실 증가에 대한 중국 정부의 대응은 다차원적이었다. 첫째, 기업에 대한 은행 채권을 출자로 전환시킴으로써 기업 부채의 부담을 낮추었다.[68] 둘째, 수출의 정체 속에 과잉 시설의 문제를 갖고 있는 부문(예를 들어 철강, 석탄)들에 대한 구조조정을 진행했다. 중화학공업이 주요 산업 기반인 동북 지역의 경제적 어려움이 증대하는 배경이다. 특히 이들 지역에 그림자 금융 대출이 집중되었는데[69] 주요 산업의 구조조정 결과 전체 신용 중 그림자 금융에 대한 신용 규모는 2013년 약 48%에서 2018년에는 20% 미만으로 하락했다.[70] 셋째, 은행의 신용을 점진적으로 축소시켰다. 그 결과 신용 갭이 2016년 말부터 상당히 축소되었다.

그러나 미중 무역 갈등이 고조되면서 어려움을 겪는 기업의 상황을 고려해 2017년부터는 은행 신용 축소를 중단하고 대출 증가율을 약 13%로 유지하고 있다. 문제는 2016년 초부터 예금 증가율에 비해 대출이 높은 수준으로 유지되면서 지급 준비율을 초과한 대출이 확대되었다는 점이다. 따라서 시중 은행들은 재무 건전성 확보를 위해 자본 확충과 더불어 지급 준비율 인하를 하던지 대출을 축소해야 하는 상황에 직면했다. 2018년 지급 준비율을 3차례나 인하했고, 2019년 1월에도 다시 추가 인하한 배경이다. 그 결과 2015년 20%에 있던 지급 준비율은 13.5%까지 하락했다. 물론 그림자 금융의 신용을 감소시키고 은행 신용을 유지하는 것은 신용의 질을 개선시킨다는 점에서 바람직하다. 문제는 은행 신용의 확대가 기업 부채 및 부실에 대한 구조조정에 부정적으로 작용할 수밖에 없다는 점이다. 앞서 지적했듯이 한 단위 신용이 만들어내는 GDP 창출 역량, 즉 자본 효율성이 약화되는 상황을 불러오기 때문이다. 통화 완화로의 선회가 자본 효율성을 약화시키고 좀비 기업을 증가시킬 수 있다. 이는 그동안 중국 정부가 추진하던 좀비 기업 정리를 후퇴시킬 수도 있다. 또한 궁극적으로는 중국의 기업 부채 리스크를 가중시킬 수 있다. 여기에 중소기업의 어려움을 지원하기 위해 세금을 감면하고, 가계의 소비를 부양하기 위해 소득 공제를 확대하고, 경기 후퇴를 막기 위해 정부 지출을 확대할 경우 정부 부채의 증가까지 가속화될 수밖에 없다. 이처럼 중국 경제는 '외줄타기 곡예'를 하고 있다. 글로벌 경기가 수축되는 상황에서 '중국 리스크'까지 고조된다는 점에서 세계 경제의 불확실성은 갈수록 심화될 수밖에 없다.

요컨대 '부채 중독'에 빠진 중국 경제는 일본 경제보다 더 심각한 '좀비'가 될 가능성이 높다. 먼저 2008년 GDP 대비 140%에서 2018년 중반 253%로 급증한 중국의 부채 증가 속도는 기존의 어느 신흥경제에서도 경험하지 못한 것이다. 둘째, 중국 은행의 건전성의 약화는 매우 위험스러운 수준으로 치닫고 있다. 예를 들어 은행의 무수익여신에 대한 공식 통계는 낮은 수준이지만 시장에서 이를 믿는 사람은 거의 없다. 셋째, 그동안 인프라를 중심으로 한 경기 부양에서 중요한 역할을 수행했던 지방정부의 공식 부채는 빙산의 일각에 불과하고, '숨겨진 부채'는 공개된 부채의 수배가 될 것으로 추정한다. 그리고 '부채 빙산'은 지방정부가 경기 부양 역할에서 한계에 도달했음을 의미한다. 셋째, 성장과 고용을 유지함으로써 시스템을 개혁할 시간을 만들고 있지만 성장과 고용을 유지하기가 점점 어려워지고 있고 시스템 개혁의 성공에도 비관적이다. 즉 신용의 추가 투입 없이 성장률 목표를 달성하기는 불가능한데, 불필요한 공장이나 지급 불능 상태의 좀비 기업 등이 쌓이는 등 '부채 중독'은 지속되고 있다. 비효율적인 자원의 배분으로 생산성은 떨어지고, 여기에 (추가 자본 투입에 대한 수익이 감소하는) 수확 체감이 작동함에 따라 신용의 추가 투입(부채)에 의한 성장이 어려워지고 있다. 이처럼 중국 경제는 부채 통제를 성장보다 우선할 수 없는 반면 부채로 성장을 만들어내지 못하는 한계에 직면하고 있다는 점에서 매우 위험한 상태에 있다. 넷째, 부채 중독에서 벗어나는 유일한 길은 경제가 성장하는 방식을 바꾸는 것밖에 없다. 그러나 '새로운 경제'로의 전환도 쉽지 않아 보인다. 문제는 새로운 경제로 전환하기 전에 '부채 중독'에 빠진 중국 경제의 경우가 과거 신흥 경제국이나 선진국 등이 경험했던 금융 위기와는 다를 수 있지만, 위기에 빠질 가능성과 위기의 장기화(좀비 경제) 가능성은 분명 높아지고 있다는 점이다. 게다가 중국의 급격한 성장 둔화가 미국 경기 침체와 결합될 경우, 대응 수단이 매우 취약해진 세계 경제는 지금까지 가보지 않은 여행을 할 수밖에 없을 것이다.

시진핑의 '중국몽'이 환상인 이유

이러한 배경 아래 2013년 집권한 시진핑은 2014년 '신창타이(新常態, 새로운 상태)'를 천명했다. 신창타이의 4대 특징으로 중속 성장, 구조 변화, 성장 동력 전환, 불확실성 증대 등을 말하듯이 양적 성장에서 질적 성장으로의 전환 및 (중국을 미국의 대등한 파트너로 인정할 것을 요구하는) '신형 대국 국제관계'* 만들기를 선언한 것이다. 구체적으로 부실을 축소하고 자본 효율성을 높이기 위한 국유기업 개혁 가속화, 위안화의 국제화를 주 목표로 한 금융 개혁, 제조업 굴기('중국제조2025') 및 첨단 기술과 실물경제 융합('인터넷 플러스')의 가속화 등을 추진하고 있다. 지금까지 중국의 '제조업 굴기'는 많은 성과를 만들어내고 있다. WTO에 가입한 직후만 하더라도 전체 수출 중 55%만이 중국 내 부가가치였는데 2017년에는 67% 이상까지 증가했다. 즉 수출 비중은 하락하고 있지만 가치 사슬에서 중국의 비중은 증가하고 있는 것이다. 무엇보다 단순한 추격이 아니라 신산업 분야에서 미국을 위협할 정도로 급성장하고 있다. 정부의 지원을 받아 전자상거래(알리바바), 소셜미디어(텐센트), 검색엔진(바이두) 등 플랫폼 사업 모델(AI, 자율주행 기술)부터 5G와 스마트폰(화웨이), 전기차 등 신에너지 자동차[71], 클린 에너지 부문 등에서 선두를 달리거나 경합 중

---

* 2010년 중국 정부가 미국을 겨냥해 설정한 중국의 대국 관계 프레임으로 "대국 간 상호 존중과 협력을 통해 윈-윈하자."는 것이 핵심 내용이다.

이다. 특히 4차 산업혁명 시대의 핵심 분야인 AI와 5G, 플랫폼 경제 등에서 미국과 경합을 벌이고 있다. 최근 화웨이 부회장 체포 사태는 핵심 분야를 둘러싼 미중 갈등의 상징적 사건이다. 이처럼 중국은 자원 집약형 제조 대국에서 기술주도형 스마트 제조 강국으로 거듭나고 있고, 제조업과 정보통신기술(ICT)의 융합을 통한 '스마트 제조'로 제조업의 경쟁력을 강화시키고 있으며, 동시에 제조업과 서비스업 융합을 통한 '서비스형 제조(제조업의 서비스화)'가 진행되고 있다. 이것이 고도성장을 주도한 것은 제조업이었음에도 제조업과 서비스업의 임금 격차가 안정적으로 유지되는 배경이다. 서비스업의 생산성이 같이 증가했기 때문이다.[72]

문제는 중국 경제의 구조 전환이 여전히 정부 주도로 진행되고 있다는 점이다. 이는 장점도 있지만 단점도 존재한다. 먼저 자본 투자의 효율성이 하락해서 투자주도 성장을 재정주도 성장으로 보완하고 있다. 2013년부터 2015년까지 재정 적자는 GDP 대비 2%대를 유지했는데, 2016년과 2017년은 금융 위기 당시(2009년 2.8%)보다 높은 3.8%와 3.5%로 치솟았다. 6%대 중반 전후 성장률을 고려할 때 민간 부문의 성장 기여도는 3% 안팎에 불과하다는 것을 의미한다. 최근의 한 연구는 2008~2016년간 중국의 성장률이 연 1.7% 포인트 과대평가되었다고 주장한다. 중국 경제의 성장률은 지방정부가 제공하는 생산 측면의 자료에 기초하는데, 부가가치에 기초해 추정한 결과 지방정부의 생산 측면 수치가 과장되었다는 것을 발견한 것이다.[73] 새 추정에 따르면 2016년 성장률은 5% 밑으로 떨어졌고 정부 재정 투입의 역할을 제외하면 2% 밑으로까지 떨어졌을 가능성을 보여주는 것이다. 그리고 재정주도 성장의 결과 국가 부채가 빠르게 증가하고 있다. 2008년 27%에 있던 GDP 대비 국가 부채는 금융 위기 이후 경기 부양을 위해 확장적 재정 정책을 추진하며 2009년부터 34%대까지 상승한 후 2012년까지 34% 안팎을 유지했다. 그런데 2013년부터 국가 부채는 급증하기 시작해 2017년에는 GDP 대비 약 48%까지 치솟았다. 2018년 성장률이 6.6%(잠정치)로 2016년에 제시한 2016~2020년 5년간 목표 성장률 연 6.5~7.0%의 구간을 벗어나지 않았음에도 대규모 경기 부양을 검토하는 이유가 여기에 있다. 2016년 이후 성장률이 6.7% 밑으로 떨어진 적이 없었는데, 2018년 1분기부터 3분기까지 6.8%, 6.7%, 6.5%를 기록한 후 4분기에는 목표 성장률 구간 아래인 6.4%로 추락했기 때문이다.[74] 문제는 성장률 둔화를 방치할 경우 2019년에는 6%대도 무너질 가능성을 배제할 수 없는 반면, 기업 부채와 정부 부채에 의한 성장은 한계에 이르고 있고, 특히 경기 부양에서 주요한 역할을 해야 하는 지방정부의 부채가 지속 불가능한 수준이라는 점이다. 문제는 정부 재정역할이 약화되고 성장 둔화가 지속될 경우 저소득층이 소득의 후퇴를 경험할 수 있고, 향후 이는 사회 불안의 요인이 될 수 있다는 점이다. 성장률은 평균 국민소득 증가율이고 한국이 성장률이 3% 밑으로 떨어지면서 저소득층이 소득 후퇴를 경험한 반면, 중국 경제의 성장률은 국영기업 주도로 진행된다는 점에서 국민소득의 몫은 상대적으로 더 적고, 특히 성장에 따른 저소득층의 혜택은 더 불리하기 때문이다.

게다가 개체 단위의 자율성 신장과 비효율적인 국가 통제의 축소라는 개혁이 후퇴하고 있다. 미중 갈등 이후, 유동성 공급 및 세제 혜택 등 기업 지원이 국영기업에 집중되면서 국영기업이 사상 최고의 호황을 누리고 있다. 예를 들어 국영기업이 전체 기업 이윤에서 차지하는 비중은 2012년의 약 30%에서 2016년에는 약 17%까지 하락했지만 2017년부터 상승해 2018년 상반기는 약 31%를 차지했다.[75] 이처럼 국영기업의 역할이 강화되며 국영기업 개혁이 지지부진해질 우려가 증가하고 있다. 이는 중앙정부의 역할이 강화되고 있는 현상과 맞물려 있다. 중국 공산당이 지도 역할을 강화함에 따라 사기업 간섭이 심해지고 자율성이 축소되고 있다. 예를 들어 중국 공산당이 주요 민간기업의 주식을 매집함으로써 사기업에 대한 지배력을 강화시켰고, 지방정부의 새로운 정책 실험은 크게 축소되었다.[76] 이러한 권위주의 강화 흐름은 기술 기업에 필요한 혁신이나 플랫폼 경제가 요구하는 '자율성'과 양립할 수 없다. 그 이유에 대해서는 3부에서 소개할 것이다. 이처럼 중국 경제는 국가 주도로 공급 개혁과 생산성 강화를 추진하지만 중앙정부 역할의 강화는 혁신 역량을 약화시키는 딜레마에 놓이고 있다. 실제로 AI 기술과 5G, 플랫폼 경제 등에서 미국과 더불어 선두를 달리고 있으나, 목표점인 '데이터 경제'로 이행하기 위해서는 '자율성'의 허용이 절대적으로 필요하다. 권위주의는 데이터 경제와 양립할 수 없다는 점에서 중국 경제의 문제는 '부채'의 급증이 아니라 '자율성'의 후퇴에 있다. '중국 리스크' 증가 및 경기 하강 압력 증대 등에 따라 저소득 계층을 중심으로 한 인민들의 고통이 증가하면서 사회 불안으로 발전할 가능성이 높아지자, 여론 통제를 강화하고 있는 것도 중국 사회의 자율성을 후퇴시키고 있다. 시진핑의 '중국몽'이 환상일 수밖에 없는 이유다.

제III부

4차 산업혁명은
혁명적 변화를 요구한다
AI, 공유 플랫폼, 그리고 일자리

현재 화두가 되고 있는 4차 산업혁명에 대한 우리 사회의 이해는 매우 빈곤하다. 역사적으로 볼 때 산업혁명은 단순히 몇몇 산업이 갑자기 등장하는 형태가 아니라 사업 모델, 교육 방식, 사회의 생활방식과 규범(가치관), 제도와 법 등 사회 혁신들의 커다란 변화가 발생할 때를 의미한다. 따라서 4차 산업혁명을 이해하려면 기술과 인간 그리고 사회의 관계를 이해할 필요가 있다.

　기본적으로 기술 진보는 산업 체계의 변화를 가져오고, 나아가 새로운 산업이 요구하는 인간형 및 사회 체계의 변화 등을 수반한다. 작은 기술의 변화로 사회구조의 변화가 수반되지는 않지만 산업혁명과 같은 대규모의 비약적 기술 변화는 그에 상응하는 인간과 사회 구조의 변화를 수반한다. 이른바 기술과 인간 그리고 사회구조의 공진화다.

1차 산업혁명은 농업 사회의 종언을 촉진했고 산업 사회를 등장시켰다. 기계 장치와 동력이 집단적인 인간 노동을 대체함으로써 자연과 인간은 이러한 기계적 과정에 들어가는 투입물로 전락했다. 그 결과 기계적 합리성과 수익 창출(막스 베버의 자본 회계 합리성)이 가치 창출의 새로운 기준으로 등장했다.[01] 또한 본래 상품이 될 수 없는 자연(토지)과 인간(노동력)의 상품화에 따라 농민운동 및 노동운동이라는 사회 저항을 유발했고, 노동조합이라는 새로운 사회 조직을 등장시켰다. 자연과 인간의 상품화에 따라 전통적 사회관계가 해체되고 그 자리는 자유계약과 자유방임 등 새로운 사회계약으로 메워졌다. 자유계약은 신분에 기초한 봉건제 사회 조직을 해체시켰다는 의미가 있지만, 다른 한편 인간을 사회적 관계(공동체)에서 분리시킴으로써 파편화된 개인으로 그리고 기업에 소유될 수 있는 '노동 능력'으로 전락시켰다.

반면 2차 산업혁명은 산업 사회를 심화시키고 다양성 문제를 대두시켰다. 자연적 대상은 물리적·화학적 과정으로 분해해 원하는 방향으로 재구성함으로써 생산 방법의 효율화가 이루어졌고 그 과정에서 대량 생산이 가능해졌다. 대량 생산 체제는 산업의 리스크 관리에서 최종 소비재 시장의 안정적 확보를 중요한 문제로 등장시

컸고, 대규모 시설 투자의 필요에 따라 주식회사와 자본시장의 발달을 요구했다. 노동운동도 생산 조직의 대규모화 및 작업장의 대형화에 따라 산업별 단체협상으로 진화할 필요가 있었다. 그 결과 자본주의 성격도 산업 자본주의에서 독점 자본주의로 진화했다. 즉 경제 운영에서 자유방임은 약화되고 계획의 필요성이 대두되었다. 그러나 생산성 향상에 따라 대다수 노동자를 구성했던 저숙련 노동자의 임금이 상승함으로써 중산층이 형성되기 시작했고, 그에 따라 대량 생산에 부응하는 대량 소비도 가능케 되었다. 그리고 산업화와 대량 생산 체제가 심화되면서 필수 소비가 해결된 중산층이 확산되었고, 그 결과 소비의 다양화를 비롯해 각 분야에서 다양성의 문제가 대두했다.

이처럼 1, 2차 산업혁명은 산업 사회의 도래와 심화에 영향을 미쳤다. 반면 3, 4차 산업혁명은 산업 사회의 해체와 산업 사회 이후의 새로운 사회의 도래를 전망하고 있다. 먼저 탈공업화와 더불어 시작되어 1970년대부터 디지털 혁명이 주도한 3차 산업혁명은 네트워크화 및 다원화를 일상화했다. 그 결과 산업 사회의 유산들이 근본적인 도전을 받게 되었다. 산업 사회가 해체되며 실물과 금융 부문 간 균형이 무너졌고, 산업화 시대의 산물인 (고용, 국제통화, 금융, 사회보장, 주거, 혁신, 교육 등) 주요 시스템들의 연속적 탈구가 진행되었으며, 그 결과가 '금융 위기'이자 '지구적 경제 위기'였다. 즉 3차 산업혁명은 산업 사회를 해체시키고 새로운 사회로의 이행을 알리는 서막의 의미를 갖는다. 앞서 살펴보았듯이 금융 위기 이후 대부분의 국가들이 금융 위기의 원인인 국가 전체의 부채 증가와 소득 불평등 심화를 보이고 있고, 그 결과 위기에 대한 출구를 다른 국가들의 희생에서 찾는 등 국민국가의 함정 및 국민경제의 함정에 깊이 빠져들고 있는 배경이다. 또한 자유시장과 자유무역 그리고 사람들의 자유로운 이동 등 미국과 영국이 주도한 '세계화 전략'을 미국과 영국이 앞장서 폐기하는 배경이기도 하다.

3차 산업혁명의 연장선에서 전개되는 4차 산업혁명은 탈공업화는 물론이고 산업 사회의 해체를 가속화시키고 있을 뿐 아니라 사회 혁신들을 요구하고 있다. 실시간 초연결 사회의 도래에 따라 폭발적으로 증가하는 데이터를 활용해 새로운 가치와 일자리를 만들지 않으면, 사회 공동체의 지속이 불가능할 정도의 일자리 대충격과 최악의 소득 불평등이 찾아올 것이기 때문이다. 즉 3, 4차 산업혁명은 부분과 부분, 부분과 전체 사이에 밀접한 관련을 증가시키며 인간과 사물 모든 것이 분할 상태로 존립할 수 없는 유기체임을 보여주는 반면, 산업 사회의 유제(遺制)와 자본주의는 사회 공동체를 파편화시키고 있는 것이다. 이른바 새로운 기술들과 기존 사회 체계 간의 비대칭성 문제이다. 따라서 새로운 기술 변화에 부합하는 사회 체계를 만드는 것이 시급한 일이다.

1
Economics

4차 산업혁명,
자본주의와의 어색한 동거

4차 산업혁명은 자본주의와 잘 결합될 수 있을까? 결론부터 말하면 서로 궁합이 맞지 않는다. 1, 2차 산업혁명 위에서 발전한 자본주의의 상징적 기업인 제너럴 일렉트릭(GE), 제너럴 모터스(GM) 등이 21세기 들어 미국 증권시장의 상징인 다우지수에서 퇴출되었다. 이것이 우연일까? 미국을 상징하는 기업은 더 이상 제조업체가 아니라 이른바 팡(FAANG; 페이스북, 애플, 아마존, 넷플릭스, 구글)으로 상징되는 '플랫폼 기업'이다. 그리고 플랫폼 기업 혹은 플랫폼 사업 모델이 만들어내는 경제를 기존 경제와 구분하며 '공유 경제'로 부르고 있다. 플랫폼 경제와 공유 경제가 같은 의미로 사용되는 배경을 이해하려면 공유 경제의 개념부터 정리할 필요가 있다.

이익 공유 없는 협력은 불가능하다

많은 사람들은 공유 경제를 물품을 소유의 개념이 아닌 서로 대여해주고 차용해 쓰는, 즉 여럿이 공유해 쓰는 '협력 소비'를 기본으로한 경제 방식으로 이해한다. 이러한 의미의 공유 경제 개념의 등장은 세대의 변화와 글로벌 금융 위기 이후 경기 침체라는 시대 배경과 관련이 있다. 부모 세대보다 경제적으로 어려움을 겪는 신세대들은 과거 세대에 비해 환경 오염이나 기후 변화 문제 등에 더 많은 관심을 가지고 있을 뿐 아니라, 물품을 소유하지 않더라도 필요시 사용에 문제가 없을 경우 부담이 큰 소유보다 대여를 선호한다.

그러나 공유 경제는 협력 소비 차원에서 머물지 않고 가치 창출 방식에서도 확산되어 왔다. 이른바 협력적 혁신(collaborative innovation)이나 가치의 공동 창조(co-creation) 등이 그것이다. 즉 '협력 생산'이다. 나와 다른 사람, 기업 내 자원과 기업 밖 자원의 연결을 통해 가치를 창출하는 '협력 생산'의 원리는 IT 혁명 이후 확산되기 시작했다. '협력 생산'의 원천은 필연적으로 '이익 공유'가 될 수밖에 없다. 이익의 공유 없는 협력은 불가능하기 때문이다. 예를 들어 사람들의 필요와 욕구를 해결해줌으로써 플랫폼을 구축해 이익을 만드는 사업 모델(대표적으로 구글, 페이스북), 새로운 가치(시장)를 만들기 위해 자신이 갖지 못한 자원을 가진 사람들과의 협력을 작동시키기 위해 파트너들과 이익을 공유하면서 새로운 일자리까지 만들어내는 사업 모델(대표적으로 유튜브, 애플의 앱스토어), 또한 앞의 모델과 유사해 보이지만 기존의 시장과 일자리를 대체한다는 점에서 제로섬 성격을 갖는 사업 모델(대표적으로 우버, 에어비앤비) 등이 이익 공유 사업 모델의 예에 해당한다. '공유 경제' 개념이 이익을 공유하는 방식으로 가치 창출을 하는 '플랫폼 경제' 개념과 동의어로 진화한 배경이다.

그렇다면 IT 혁명이 이익 공유 사업 모델을 부상시킨 배경은 무엇인가? 데이터와 아이디어를 상품화시킨 '디지털 무형재'는 대가를 지불하지 않은 사람을 사용에서 제외할 수 있는 속성인 '배제성'은 있으나 누군가 소비하면 소비한 만큼 다른 사람의 소비가 줄어드는 속성인 '경합성'이 없다. 심지어 많은 사람들이 사용할수록 해당 자원 혹은 해당 자원으로 만든 상품의 가치와 효용이 증가한다는 점에서 기존의 유형재와 달리 배제성의 정반대인 '포괄성'과 경합성의 정반대인 '역경합성'의 속성을 갖는다. 예를 들어 앱(Apps)을 보면 앱 개발자들이 iOS나 안드로이드를 많이 이용해줄수록 그리고 개발된 앱을 많은 소비자들이 많이 사용해줄수록 이익과 가치가 창출되고 해당 앱의 사용에서 발생하는 효용이 증가한다. 이처럼 디지털 무형재는 공유와 협력이 가치 창출의 기본 원리가 된다. 디지털 무형재를 '협력재'라 부르는 이유다.[02]

가치 창출 측면에서 공유와 협력이 효율적 원리가 되면서 상대에게도 이익을 제공하거나 이익을 만들 기회를 제공하는 사업 모델들, 즉 상대에게 이익을 만들어줌으로써 자신의 이익을 만들어내는 '이타자리형 사업 모델'이 확산된 배경이다. 이처럼 연결(네트워크)을 통한 가치의 공동 창조(협력 생산) 방식이 독립적 생산 방식을 대체한다는 사실은 경쟁과 사유에 기반한 경제 운영 패러다임에서 협력과 공유에 기반한 패러다임으로의 전환을 의미한다. 그리고 자발적 참여의 '장'인 플랫폼(디지털 생태계)은 '디지털 무형재'의 이익 공유 방식과 개방형 혁신이 적합하기에 부상한 것이다. 다시 말해 공유 경제의 기반인 플랫폼이 자발적 참여의 장이 되고 있는 것은 참여자의 이익이 보장되기 때문이다.

　　이 지점에서 한 가지 짚고 넘어갈 일이 있다. 인터넷 혁명과 더불어 1990년대 후반부터 본격적으로 등장한 닷컴 기업(인터넷 기업) 중 상당수 기업은 쇠퇴한 반면 계속 진화하는 기업도 있는데, 무엇이 이들의 운명을 갈랐을까? 디지털 무형재의 속성을 정확히 이해한 기업은 진화에 성공을 했다. 디지털 무형재는 개발까지 비용이 발생하는 반면 개발 이후에는 추가 비용이 거의 발생하지 않는다는 점에서 기존의 유형재와 차이를 갖는다. 즉 디지털 혁신은 완전히 무형적이고 총체적 비경합성(non-rivalry)을 허용하기에 모든 곳으로 퍼지고 존재할 수 있는 유동성(fluidity)과 편재성(ubiquity)을 선호한다. 예를 들어 코딩된 아이디어나 콘텐츠 등에서 볼수 있듯이 무형재의 초기

생산 비용은 매몰된다. 반면 추가 생산 비용과 추가 배송 비용 없이 전 세계에 배달될 수 있고, 판매량이 증가할수록 (공급되는 생산물 한 단위당 비용인) 단위 비용이 하락하고 그 결과 추가 수입이 모두 수익으로 잡히기 때문에 가능한 많은 사람들이 디지털 재화나 서비스를 이용하게 하거나, 최대로 소비자를 끌어들이는 게 유리하다. 최대로 소비자를 끌어들이는 최선의 해법은 소비자들과 이익을 공유하고 소비자들의 신뢰를 확보해 마케팅 등을 포함한 소비자의 협력을 끌어내는 것이다. 생산에서뿐만 아니라 소비에서도 협력을 강화하는 것이다. 다만 디지털 무형재는 무한 복제를 하더라도 흔적이 남지 않기에 다른 소비자와 공유하는 것이 가능하고, 그 결과 가격을 지불하지 않을 경우 기술적으로 소비를 배제하기 어렵다.

포털 강자 야후의 몰락은 '디지털 무형재' 및 '디지털 생태계'의 속성을 잘 보여준다. 야후는 인터넷이 일반인에게 보급된 1994년 스탠퍼드 대학원생 제리 양과 데이비드 파일로가 인터넷 웹사이트를 분류한 디렉토리 서비스를 제공하면서 시작해 검색, 이메일 등 무료 서비스를 제공한 기업이다. 그리고 수익 모델로 페이지 광고를 채택했고, 인터넷의 시작 페이지로 자리를 잡으며 탄탄대로를 걷는 듯했다. 1996년 상장할 당시 기업 가치는 8억 4,800만 달러에 달했고, 닷컴 버블이 꺼지기 전에는 1,250억 달러까지 치솟았다. 2000년대 초반에 야후는 세계 검색 시장 점유율의 절반을 차지하기도 했다. 그러나 무료로 운영하던 인터넷 전화 서비스를 유료화하고, 야후 검색

엔진의 목록에 올라오는 것을 보장해주는 대신 상업적 웹사이트에게 돈을 받는 등 디지털 서비스와 콘텐츠의 유료화를 추진하면서 대중으로부터 외면을 받기 시작했다. 이와 달리 구글, 페이스북, 스냅챗 등은 무료 서비스를 제공하며 플랫폼을 구축해갔다. 플랫폼은 서비스 제공을 통해 확보한 데이터로 추가 서비스를 제공함으로써 플랫폼을 성장시키는 이른바 '플라이휠 효과(fly-wheel effect)'*라는 속성을 갖는다. 그런데 야후는 역(-)의 플라이휠 효과를 만들어낸 것이다. 즉 디지털 생태계의 특성을 이해하지 못한 결과가 야후의 몰락인 것이다. 일부에서는 야후가 PC에서 모바일로 바뀌는 시대의 흐름을 제대로 잡아내지 못한 점을 몰락의 원인으로 지적하지만, 근본 원인은 모바일 시대의 도래 이전에 플랫폼으로 진화하지 못한 것이 핵심 원인이다. 반면 구글은 검색엔진으로 플랫폼을 구축한 후 새로운 서비스를 공급함으로써 플랫폼의 플랫폼인 '하이퍼 플랫폼'으로 진화했고, 여기서 확보한 데이터를 바탕으로 AI 기술을 발전시키고, AI 기술을 이용해 기존 사업의 경쟁력을 강화시킬 뿐 아니라 자율주행차 등 새로운 사업 분야로 진출을 하고 있다.

---

* 일관된 방향으로 누적되어 합쳐진 힘과 관성에 의해 동력 없이도 계속 회전운동을 하는 효과를 일컫는다.

새로운 산업혁명은 데이터 혁명이다

디지털 무형재는 시장 사용자가 많을수록 훨씬 매력적인 시장으로 발전하기에 기업은 하나의 '디지털 생태계(플랫폼)'로 진화하고 있다. 디지털 생태계는 일정 규모에 도달하면 사용자에게 완벽한 경험을 제공하고, 하나의 플랫폼에서 사용자는 다양한 필요를 충족시킬 수 있기에 점점 더 커질 뿐 아니라, 사용자가 플랫폼을 떠날 인센티브를 축소시킴으로써 사용자의 주목, 시간, 가치의 대부분을 장악하는 것이 가능하다. 이것이 디지털 생태계를 구축하면 충성스러운 고객을 확보할 수 있는 이유이고, 아마존, 페이스북, 인스타그램, 트위터, 옐프(yelp) 등의 기능을 결합시켜 도시의 모든 인프라와 서비스들을 담아내고 있는 위챗(WeChat) 생태계*가 대표적 경우에 해당한다.

이처럼 3차 산업혁명의 상징인 IT 혁명은 모든 것을 연결시킴으로써 디지털 생태계인 플랫폼 구축의 가능성을 열어주었고, 플랫폼의 성장은 이익 공유를 통한 협력에 의해 가능함을 보여주었다. 이러한 흐름을 주도하는 것은 자본과 비즈니스 논리이고, 여전히 경제학을 포함한 기존 사회과학 학문은 산업화 시대에 머물러 있다 보니

---

* 예를 들어 송금, 재테크, 수도, 가스, 전기, 지방세, 전화, TV 요금 등에 대한 간편 결제, 연금 현황 파악이나 각종 증명 업무 등 정부 서비스의 처리 그리고 택시(디디추싱Didi Chuxing), 기차, 항공권, 호텔, 영화관(웨이잉Weying), 음식점 예약(디엔핑Dianping, 대부분의 O2O 포괄), 소셜커머스(메이퇀Meituan, 디엔핑과 합병) 분야와 관련된 스타트업의 주요 주주이기도 하다. 즉 위챗 생태계는 플랫폼의 플랫폼인 '하이퍼 플랫폼' 이다.

경쟁과 사적 소유권에서 한 걸음도 나아가지 못하고 있다. 정보통신 기술(ICT)의 발달과 더불어 플랫폼 사업 모델의 확산은 빅데이터 시대의 도래에서 보듯이 '데이터 혁명'을 가져다줌으로써 2010년경부터 AI의 비약적 발전을 이끌었다. 글로벌 금융 위기 이후 주가 상승을 견인한 팡 기업들의 실적 또한 빅데이터와 AI의 지원 때문에 가능했다. 역으로 오늘날 주요 기업들이 플랫폼 사업 모델을 지향하는 이유도 빅데이터를 확보하기 위해서다. AI의 발달이 기존 사업의 경쟁력을 강화시킬 뿐 아니라 새로운 성장을 가능케 하기 때문이다. AI의 발달은 최근의 5G 기술과 더불어 모든 움직이는 것들의 스마트화를 가능케 하고 있고, IoT를 넘어 모든 사물을 인공지능화(AIoT)시키고 있다.

글로벌 기업들이 무선전화, 자동차 등 이동수단을 스마트화하는 '스마트 모빌리티 솔루션 서비스'에 주목하는 배경이다. 스마트 모빌리티 솔루션 서비스에 대한 이해는 스마트폰을 생각하면 가능하다. 대표적 경우가 스마트 자동차에 해당하는 커넥티드 카 사업이다. 무엇보다 자동차가 스마트카가 되려면 자율주행차가 되어야만 한다. 그래야만 자동차에서 인터넷도 하고 어플도 사용할 수 있기 때문이다. 그런데 자율주행차가 되려면 AI는 물론이고 5G 기술의 뒷받침이 필수다. 자동차는 순간 제어가 필요하기 때문에 실시간 연결을 가능케 해주는 5G 기술이 절대적이다. 이때 AI가 발달하려면 새로운 데이터의 지원이 절대적이기에 자동차를 혼자서 소유·사용하는 것보다 수많은 사람이 차량을 공유하는 것이 데이터 확보에 유리하다. 게다가 필요할 때마다 쉽게 차량을 이용할 수 있는 조건이라면 차를 소유하는 것은 비효율적이다. 선진국의 대도시를 중심으로 젊은이들의 완성차 소유 경향이 급격히 줄어드는 이유다. 이처럼 데이터 혁명은 기존의 제품들을 매력적으로 만들 뿐만 아니라 데이터를 활용해 새로운 가치를 창출할 기회를 열어준다.

2

Economics

공유 없는
공유 경제의 역설

고용없는 '슈퍼스타 기업'의 시장 독점

공유 경제의 부상에서 보듯이 3, 4차 산업혁명은 가치 창출 방식에서 협력과 공유라는 새로운 원리를 부상시키고 있다. 그런데 디지털 생태계는 한계비용 제로와 더불어 물리적 장벽의 소멸로 산업 사회의 주력 산업인 제조업과는 비교할 수 없을 정도의 (생산 규모를 늘릴수록 경제성이 개선되는) '규모의 경제성'을 만들어냄으로써 시장 집중을 초래하고 있다. 여기에 글로벌화와 통신 비용의 하락은 대기업의 생산 규모를 늘리고 시장의 규모를 증가시킨다. 또한 시장 집중을 통해 늘린 수익으로 신생 기업들을 인수함으로써 시장 집중을 심화시켰다.* 즉 생산자는 전체 시장에 공급할 것을 목표로 하고, 이것이 '승자 독식(winner-take-all)' 시장 구조 혹은 (산업 기술상 한 기업이 시장 전체의 수요를 담당하는 것이 바람직한) '자연독점'을 초래하는 배경이다. 그 결과 소득은 승리 기업들의 주주, 투자자, 최고 경영층, 핵심 고용원 등 소수에게 대부분 배분되고, 평균 노동자들은 지대 획득에서 소외되며 소득 불평등을 심화시키고 있다.[03]

게다가 시장 집중을 주도하는 이른바 '슈퍼스타 기업'들의 고용 창출력은 앱 기반 경제 활동의 증가 등 고용과 자산 축소형 사업 모델의 부상에서도 볼수 있듯이 기존의 제조업보다 낮기에, 노동소득 비중의 하락을 초래한다. 즉 기업이 일반적으로 앱을 통해 노동자를 고객에게 연결시키는 하나의 플랫폼으로 진화한 이른바 플랫폼 혹은 앱 기반의 긱 경제(gig economy 혹은 Uberization)가 부상하면서 긱 경제 노동자 혹은 조건부 임시고용 노동자(contingent workers)가 빠르게 증가하고 있다. 앱 기반 사업장에 연결된 노동자들은 (정해진 노동시간 없이 임시직 계약을 한 뒤 일한 만큼 시급을 받는 노동 계약인) '제로아워

---

* 물론 시장 진입 비용의 하락으로 창조적 파괴가 강화되는 측면도 존재한다. 예를 들어 클라우드의 출현은 대규모 초기 투자를 제거해 낮은 가격으로 컴퓨터 파워에 접근이 가능케 하고, 디지털 수단을 활용한 광고비와 마케팅 비용 등을 포함한 생산 후처리 과정(downstream)의 비용을 낮추고, 더 적은 노동과 자본 투입물을 요구하는 재화 및 서비스의 생산이 가능하게 한다. 그러나 다른 한편으로는 네트워크 효과나 데이터 접근에서의 이점 등으로 후발 진입자의 기회를 축소시키고 디지털 혁신을 보호하기 위한 규제 및 정책 조건, 지적재산권, 표준 설정 등으로 경쟁의 장벽은 더욱 강화되고 있다. 산업 사회에서 경쟁을 촉진했던 소비자 선호의 다양성도 제품 차별화 비용을 의미 없게 만드는 디지털 혁신으로 시장 집중을 막는 데 역부족인 상황이다.

계약(Zero-Hour Contract)' 노동자보다 독립성과 유연성을 확보했을 뿐 근로조건이 유사하다. 참고로 제로아워 계약 혹은 0시간 계약 노동자는 최소한의 근무시간과 최소임금을 보장하는 파트타임보다 못한 근로조건 때문에 노예 계약으로 통한다. '24시간 대기조'로 불리기도 하는데 계약서에 노동자가 다른 부업을 하지 못하도록 규정되어 있는 경우가 많기 때문이다. 그러니까 고용주의 요청이 있을 때까지 무작정 기다려야 하는 게 0시간 계약 노동자가 처한 현실인 셈이다. 2016년 기준 미국 및 EU 15개국의 독립 노동자(independent worker)의 수는 1억 6,200만 명으로 전체 생산가능인구의 20~30% 수준으로 추정되고 있다.[04] 특히 미국의 긱 이코노미 종사자 중 35세 미만의 비중은 35.2%, 유럽 주요국은 이보다 높은 39~51% 수준일 정도로 청년층 비중이 크다.[05] 디지털 노동 플랫폼 산업 규모(총매출액)가 2017년에는 전년 대비 65%가 성장해 약 820억 달러에 달할 정도로 빠르게 성장하는 부문이기 때문이다.[06] 즉 앱이 노동자를 고객에게 연결하는 하나의 플랫폼, 즉 플랫폼 기반의 경제 조직으로 변화하면서 상품이나 서비스 수요의 단기 변동에 대응해 노동력을 조건부로 임시 고용함으로써 유연성의 이점을 확보하고 노동비용을 절약하고 있는 것이다. 더 근본적으로는 기술이 진보하면서 장기 고용으로 숙련된 노동력을 확보할 필요 없이 하도급 관계를 통한 외부 계약으로 전문적이고 숙련된 노동력 확보가 가능하게 된 것이다. 문제는 그 결과 노동 조건이 크게 악화되고 있고, 산업화 과정에서 많은 희생을 겪으며 확보한 노동권이 무력화되고 있다는 점이다. 조건부 임시 고용 노동자 혹은 플랫폼 연결 노동자는 스스로 찾은 고객에게 상품이나 서비스를 제공하는 독립 계약직이나 프리랜서 노동자이면서 자영업자와 유사하다.

하지만 사업장을 갖고 있지 않은(self-employed but unincorporated) 노동자라는 점에서 자영업자로 분류될 수도 없다. 또한 취업 알선소에서 전화만 오면 달려가는 관계를 통해 임시로 고용되는 노동 형태로, 현대 고용 규제의 틀을 제공한 1935년 와그너법(Wagner Act)과 1938년의 공정노동법(Fair Labor Standards Act)에서 분류한 고용인(employee)과 고용주(employer) 중 어디에도 소속되지 않는다. 현재의 법적 범주에서 노동자는 고용인 혹은 독립적 계약자로 분류되고, 미국 법은 고용인을 고용하는 고용주에게 최저임금, 초과 시간의 규칙, 노조 결성권 등의 규제를 부과하고 있기에 조건부 임시 고용 노동자는 고용인에 대한 법적 권리의 사각지대에 놓이게 된다.

이처럼 조건부 임시 고용 노동자들은 전통적인 임금 노동자에 비해 독립성과 자율성이 증대했음에도 고용이 불안정하고 제도적 도움을 받기가 어렵다. 그렇다고 새로운 형태의 노동을 (고용 계약에 기초한) 임금 노동으로 전환시키는 것은 비현실적일 뿐 아니라 의미도 없다. 여기에 덧붙여 플랫폼 기반의 사업 모델은 노동시장과 국가 등 대규모 조직의 형태를 기본적으로 변화시키고 있다. 다른 지역, 심지어 다른 국가에 있는 개인도 효과적으로 함께 일할 수 있다면 기존 작업보다 시간을 절약할 수 있는 보다 집중적이고 효율적인 협력이 가능해지고 있다.

가장 우려스러운 점은 4차 산업혁명으로 가장 타격을 입을 일자리가 플랫폼 기업 혹은 앱 기반 사업과 관련된 저임금 서비스 노동자를 비롯한 서비스 부문 일자리*라는 점이다. 그 결과 '일자리 대충격'과 '초양극화'가 진행될 가능성이 높다. 디지털화로 인한 일자리 분화의 다음 단계에서는, 자동화될 수 있는 일자리에서 얻을 수 있는 보상이 대부분 줄어들 것이고, 플랫폼을 유지하는 소수의 사람들만이 계속해서 혜택을 누릴 것이다. 많은 경제학자들이 기술 진보가 없어질 일자리보다 새로운 일자리를 더 많이 창출할 것이기에 일자리 충격은 없을 것으로 낙관하고 있다. 그러나 이러한 관점은 사회 질서의 근본적 변화가 없는 가운데 진행되는 기술 진보와 사회 질서의 근본적 변화를 초래하는 기술 진보의 충격을 구분하지 못하고 있다.[07]

이는 인류 사회가 과거 경험한 산업혁명들이 일자리에 미친 효과를 통해 이해할 수 있다. 1차 산업혁명은 방적기-방직기의 발명과 수공업 노동자의 몰락에서 알 수 있듯이 기계가 장인들을 공장 노동

---

* 운전기사 서비스 플랫폼 우버(Uber), 잔심부름 연결 플랫폼 아마존 메커니컬 터크(Amazon Mechanical Turk) 혹은 크라우드 플라워(Crowd Flower), 물류 플랫폼 아마존 플렉스(Amazon Flex), 온라인 디자인 경매 플랫폼 99디자인스(99designs) 혹은 디자인크라우드(Designcrowd), 단기 일자리 중개 서비스 및 심부름 서비스업체 플랫폼 태스크래빗(TaskRabbit), 계약 노동자의 정규직원 전환 소송으로 폐업한 집 청소 연결 플랫폼 홈조이(HomeJoy) 등의 일자리가 그것들이다.

자로 대체하는 식으로, 제조업의 숙련 노동을 대체하는 기술 진보였다. 당시 일자리 충격을 상징적으로 보여주었던 것이 기계파괴 운동(Luddite Movement)이었다. 1차 산업혁명 시기에 소득 불평등이 심화된 배경이다. 반면 19세기 말~20세기 초의 기술 변화(2차 산업혁명)는 저숙련 노동자의 생산성을 향상시킨 이른바 '저숙련 편향의 기술 변화'로 저숙련 노동력의 수요를 증가시켰다. 그 결과 임금 불평등이 개선되는 데 기여했다.

그러나 20세기 말 일어난 기술 진보(3차 산업혁명)는 고숙련 노동자의 생산성을 향상시킨 '숙련 편향의 기술 변화'로 숙련 노동력에 대한 수요를 가속화시켰다. 계산기의 출현이 저숙련 노동자의 생산성과 임금을 증가시켰다면 계산기에 명령을 입력하는 기술의 발전으로 프로그래머의 상대적 임금이 높아졌다. 특히 3차 산업혁명으로 기술 진보와 보완적인 관계를 가지는 것은 노동력 자체가 아니라 노동력에 체화되어 있는 업무 수행 능력이 되면서 고숙련 직종 수요는 증가하고, 기술 진보와 대체 관계인 중숙련 직종에 대한 수요는 감소했다. 다른 한편 기술 진보와 독립적 관계인 저숙련 직종의 수요는 안정적으로 유지됨으로써 3차 산업혁명은 이른바 '일자리 양극화'를 수반했고 소득 불평등을 심화시켰다. 그런데 현재 진행되는 4차 산업혁명은 일자리 양극화 심화와 더불어 서비스 일자리의 소멸로까지 작용하고 있다. 예를 들면 AI는 암 치료 프로그램이나 영상 인식 소프트웨어를 이용해 엑스레이와 자기공명영상(MRI) 등을 분석함으로써 아주 잘 훈련된 인간 의사도 보지 못하는 종양을 찾아내는 등, 인간이 수행하는 일부 업무를 더 값싼 비용으로 더 빠르고 탁월하게 결과를 내놓고 있다. 따라서 4차 산업혁명으로 인해 일자리가 줄어들 뿐 아니라 살아남는 직업의 경우에도 더 똑똑해진 기계와 경쟁이 불가피하다.

4차 산업혁명 시장에만 맡겨서는 안 된다

4차 산업혁명이 새롭게 만들어낸 공유 경제는 공동체의 복원이라기보다 불평등을 악화시킬 가능성이 높다. 현재의 플랫폼 사업 모델은 '돈' 냄새를 본능적으로 맡는 능력을 가진 기업인들, 이른바 '동물적 감각'이나 '기업가 정신'에 의해 만들어지고 있기 때문이다. 일찍이 리프킨이 《3차 산업혁명》에서 현재의 상황을 '사유 재산형 수직적 자본주의'에서 '공유형 협업적 자본주의'로의 이행으로 설명한 배경이다. 먼저 시장 집중의 문제에서 알 수 있듯이 공동 창조(협력 생산)에 의해 가치 창출에 성공하더라도 이렇게 만들어진 디지털 무형재의 거래를 시장에 맡길 경우 독점의 폐해, 즉 '시장 실패'는 피할 수 없다. 그렇다고 정부 개입으로 해결할 수도 없는 이른바 '무형재의 딜레마' 문제다.[08] 디지털 무형재의 시장 실패는 수요 창출(매출)의 극대화를 통해 해결이 가능하다. 역경합성과 비소모성이라는 특성으로 수요가 증대할수록 해당 제품의 소비가치(효용)가 증대하기에 매출이 확대되는 경향이 있고, 동시에 일정 규모 이상의 매출액은 모두 수익으로 이어지기 때문이다.

앞서 지적했듯이 '무형재의 딜레마'는 시장 거래에 참여자를 적극 유도, 확대함으로써 해결이 가능한데 가장 좋은 방안은 소비자의 협력을 끌어내는 것, 즉 같은 목표를 공유하는 소비자 간에는 상대적으로 신뢰가 구축되어 있기 때문에 소비자에게 판매 역할을 맡기는 것이 수요 창출의 효과적 방법이다. 반면에 광고나 기업의 사회적 책임을 강조하는 등 공급자 주도 방식으로 매출을 극대화시키는 방안은 한계가 존재한다. 기업에 대한 고객의 불신을 해소하고 소비자의 자발적 참여를 유도하기 위해서는 소비자에게 가격 결정권을 이양하는 것이 최선이다. 즉 일정 규모 이상의 수익 보장과 가격 인하 등을 통해 소비자 이익의 확보를 결합시킬 수 있다.[09]

또한 지금까지와는 전혀 다른 기술에 기반한 4차 산업혁명은 새로운 산업을 등장시킬 뿐만 아니라 새로운 기술에 조응하는 새로운 사회를 전개시킨다는 점에서 생산물 분배 방식의 변화까지 불러온다.[10] 사실 3, 4차 산업혁명과 관련된 연결 경제나 데이터 경제 등에서 가장 중요한 자원 중 하나는 '데이터'다. 여기서 오늘날 가치 창출의 주역인 빅데이터는 많은 사람들의 참여로 만들어진 것이다. AI 분야를 지배하고 있는 머신러닝 알고리즘 자체도 인간 지능의 집적이라는 점에서 빅데이터는 인간 노동의 또 다른 모습이다. 그러나 빅데이터나 AI가 창출하는 가치는 소수의 사람들이 차지하고 있다. 즉 디지털 플랫폼의 성장과 발전에 많은 사용자가 기여하고 있지만 재정적 보상은 플랫폼을 소유한 일부의 집단에만 지급되고 있다. 이른바 '승자 독식 구조'의 문제다. 데이터에 대한 사회적 통제가 필요한 이유이고, 나아가서 데이터의 접근 권리를 시민권 차원에서 다룰 필요가 있다.

데이터에 가치를 불어넣는 것은 양질의 아이디어이다. 그런데 아이디어는 기존의 노동력과 달리 시간에 비례해 생산되지 않는다. 극단적으로 어떤 경우는 삶을 사는 동안 한 차례의 아이디어만으로도 세상에 큰 기여를 할 수 있다. 문제는 4차 산업혁명에 필요한 새로운 사회 질서가 안착될 때까지 기존의 교육, 특히 획일적인 주입식 교육을 받은 대다수 사람들은 아이디어가 빈곤하며 일자리 상실의 위협에 직면해 있다는 점이다. 요컨대 기본소득 도입의 필요성이 증대되는 가운데 특히 청년배당(기본배당)의 필요성이 제기되는 이유는 청년들이 현재의 지식 전수-습득에 기반한 교육 방식의 최대 피해자이기 때문이다. 그리고 자동화와 관련된 모든 자본(주식 발행분으로 치환)에서 발생하는 수익으로 조달되는 '보편적 기본배당'을 도입한다면 자동화에 따른 생산성과 기업 수익의 개선을 전체 사회가 공유하는 것이 가능하다.

보편적 기본소득(기본배당)의 도입 이외에도 소득 불평등 문제를 근본적으로 해소하려면 '플랫폼 독점'을 해결해야만 한다. '플랫폼 독점'의 문제를 해결하지 못하는 한 노동자가 경제적 지대의 배분에서 배제되는 문제가 여전히 남기 때문이다. 앞서 소개한 협력적 소비도 공급자의 지대를 축소시키지는 않는다. 이와 관련해 탈중앙화를 통한 정보의 민주화를 가져다준 블록체인 기술은 주요한 의미를 갖는다. 플랫폼 독점은 인터넷이 미완성의 탈중심 기술이었음을 의미한다. 이런 점에서 중심중개인 없이 거래를 가능하게 하는 대표적인 기술인 블록체인과 이에 기반한 암호화폐(가상화폐)들은 플랫폼 독점을 해결할 수 있는 기술적 실마리를 제공한다. 예를 들어 블록체인판 우버인 '라주즈(La'Zooz)'가 우버보다 발전 가능성이 높은 이유다. 라주즈는 (이더리움 플랫폼 기반의) 블록체인 기술을 적용한 차량 공유 서비스 업체로 차량의 실시간 운전기록을 블록체인에 저장하며 승객으로 하여금 라주즈에서 만든 암호화폐 '주즈(Zooz)'로 대가를 지불하게 하고 있고, 기사에게는 주즈 토큰으로 보상하고 있다. 우버는 기사에게 거래 수수료 20%가량을 받고 승객에게 미리 우버 앱에 등록한 신용카드를 통해 결제하도록 한다. 반면 라주즈는 거래 수수료가 없고 자체 암호화폐로 결제가 이뤄지기 때문에 라주즈 플랫폼의 가치가 증가하면 주즈 토큰을 보유한 기사도 이익을 거둘 수 있다는 점에서, 플랫폼 독점 사업 모델인 우버와 달리 플랫폼 공유 사업 모델이라 할 수 있다. 거래 수수료가 없다 보니 승객 역시 더 저렴한 가격에 이용이 가능하기에 라주즈 플랫폼에 참여할 동기를 가진다.

또 다른 예가 블록체인판 페이스북 '스팀잇(steemit)'이다. 스팀잇은 양질의 콘텐츠를 제작한 창작자에게 암호화폐(스팀·스팀달러·스팀파워)를 직접 보상으로 제공한다. 또한 페이스북의 '좋아요'처럼 스팀잇에는 '업보트(upvote)'가 있는데 업보트를 받으면 암호화폐가 보상으로 주어진다. 즉 큐레이션 활동도 콘텐츠 생태계에 기여하고 있다는 점을 고려한 보상 구조다. 이처럼 스팀잇은 아무리 많은 글을 올리거나 공유해도 보상이 없고 소수만 배불리는 페이스북, 트위터 등 기존 플랫폼 독점 사업 모델과는 달리 디지털 생태계에 참여하는 모든 이들과 이익을 공유한다는 점에서 더 건강한 생태계라 할 수 있다. 비트토렌트(BitTorrent)의 트론 플랫폼(Tron platform)화도 유사한 예에 해당한다. 블록체인 기반(TRX 암호화폐)의 트론 플랫폼은 소수에 의해 이익이 독점되는 기존 플랫폼 독점 사업 모델(대표적으로 페이스북)을 지양할 뿐 아니라 실질 가치와 연계되지 않은 암호화폐(대표적으로 비트코인)의 문제를 극복하려는 시도다. 물론 불법 파일의 공유를 허용하자는 것은 아니다.

이처럼 분산과 공유가 강화된 블록체인판 디지털 생태계(플랫폼)는 구글 시대의 협동조합, 즉 '21세기형 협동조합'이다. 블록체인 플랫폼은 중심(중개자)이 없기에 개인이 더 많은 자유와 선택의 기회를 갖는다. 무엇보다 상호 간에 알지 못하고 신뢰하지도 않는 참여자들로 구성된 네트워크의 취약점인 '무임승차 문제'를 거래의 투명성 확보로 해결함으로써 네트워크의 지속성을 보장한다. 게다가 네트워크에 참여하거나 기여한 만큼 보상을 획득하는 것이 가능하다는 점도 특장점이다. 즉 네트워크의 가치 창출 기여에 비례해 네트워크 참여자가 성과의 과실을 공유하는 것이 가능하다는 점에서 네트워크와 참여자 가치의 공진화가 가능한, 즉 업그레이드된 공동 창조 모델이다. 여기서 암호화폐는 네트워크 역동성의 인센티브이자, 네트워크 참여자 간의 협력을 만들어내는 신뢰의 기반이 된다. 블록체인과 암호화폐(가상화폐)가 분리될 수 없는 이유다.

블록체인 생태계와 그 산물인 암호화폐에 기초한 비즈니스 모델은 이른바 '분산 앱(DApp, decentralized app)' 사업 모델이다. 기존의 플랫폼 사업 모델인 '사업자 중심의 앱(CApp, centralized app)' 사업 모델에서는 플랫폼 사업자(중개자)가 상당한 수수료를 가져가기에 네트워크 참여자에게 배분되는 몫이 작아져 불평등을 심화시킨다. 반면 앞서 소개한 라주즈의 경우에서 볼 수 있듯이 '분산 앱' 사업 모델은 중개인이 없는 네트워크이기에, 플랫폼 사업자의 몫은 최소화되고 네트워크 참여자에게 돌아가는 몫을 증가시킨다. 즉 기업 수익이 주주 중심으로 배분되는 주주자본주의보다 네트워크의 가치가 증가할수록 참여자에게 배분된 코인의 가치가 증가한다는 점에서 블록체인 생태계에 기반한 사업 모델은 호혜적이다. 게다가 주주자본주의에 기초한 기업에 고용된 노동자들보다 네트워크 참여자는 '분산 앱'의 혁신에 참여할 인센티브가 훨씬 강하다는 점에서 효율적이다. 즉 중앙집중형 조직들이 탈중앙화된 조직들로 전환되면서 자본주의가 호혜주의로 대체될 가능성을 보여주는 것이다.

　물론 참여성, 공정성, 투명성에서 업그레이드된 블록체인 생태계가 중앙집중형 생태계(플랫폼 독점 모델)에 비해 호혜적이고 효율적이라 하더라도, 탈중앙화가 분배를 통해 실현될 수 있도록 생산과 소비에서 협력이 강화되지 않는 한 불평등이 해결되기는 쉽지 않다. 예를 들어 우버에서 플랫폼 사업자의 몫을 최소화시키더라도 우버 운전사의 처우가 크게 개선되기 어려울 뿐 아니라 자율주행 자동차의 등장으로 우버 운전사가 설 곳은 좁아진다. 전례 없는 데이터 축적 및 분석 등으로 새로운 가치 창출의 기회와 시장이 열리고 있지만, 플랫폼 독점은 불평등을 더욱 심화시키고 있는 것이다. 이와 관련해 페이스북의 마크 저커버그가 '기본소득' 지지를 표한 것에 대해 〈파이낸셜 타임스〉의 존 손힐(John Thornhill)은 "페이스북의 광고 수입의 원천인 데이터를 제공하는 사용자들에게 페이스북이 기본소득을 제공해야만 한다고 주장한 것은 플랫폼 독점의 문제를 잘 드러내고 있다."고 강조했다. 페이스북이 블록체인에 기반해 사용자들에게, 참여 데이터에 대해 가상화폐로 금전적 보상을 해주는 플랫폼 사업 모델(예를 들어 스팀잇)이라면 플랫폼 독점에서 비롯하는 불평등은 약화될 것이다. 그러나 사용자 및 참여자들에게 플랫폼의 수익을 배분해 불평등을 해소시키는 데는 한계가 있다.

　블록체인 생태계는 기술 진보와 일자리 창출의 공진화를 위한 필요조건이지 충분조건이 아니다. 즉 데이터는 블록체인 플랫폼의 세계에서 새로운 수입 흐름을 가져다줄 수 있지만, 단순한 데이터 제공자의 수준에서 벗어나 공유할 수 있는 데이터를 활용해 가치 창출의 주역이 될 때 일자리 창출이나 소득 불평등의 개선 등으로 이어질 수 있다. 요컨대 '공유형 협업적 자본주의'를 '공유형 협업적 호혜경제' 및 '대동사회'로 진화시키지 못하면 디스토피아가 전개될 가능성이 높다.

제IV부

우리 경제가 가야 할 길
'한국식' 미래 산업 생태계를 위한 청사진

1

Economics

'공정성' 강화가
'경쟁력' 강화다

재벌 문제, '공정성'의 기준으로 접근하자

한국의 '압축적 공업화' 모델은 '일본형 모델'을 수입한 것이었다. 따라서 먼저 일본형 모델을 간단히 소개할 필요가 있다. 일본은 2차 세계대전 전이나 이후 모두 부국강병을 목표로 신속하게 선진국을 따라잡는 것을 목표로 했다. 특히 전후 일본의 '따라잡기(catch-up) 민족주의'는 정부 리더십과 경제 주체 간 협력적 관계의 결합물이었다. 그 중심에는 통상산업성(MITI, Ministry of International Trade and Industry)과 대장성(MoF, Ministry of Finance)을 중심으로 한 '정부의 리더십'이 있었다. 법적 규제, 행정 지도, 인·허가, 보조금 배분, 세제 지원 정책 등과 더불어 저리 융자를 통해 통상산업성이 선정한 전략 산업들에 은행 자금을 집중적으로 공급했다. 그리고 은행별로 대규모 제조업 기업의 금융을 담당하는 '주거래 은행제'*와 기업의 여신 규모와 유가증권의 발행 규모를 설정하는, 즉 한도 내 부채를 관리하는 '총부채관리제'를 시행했다.

그밖에도 도시은행과 지방은행의 영업 범위를 통제했는데 장기 신용은행은 자금을 조달하기 위해 은행채 발행이 허용되었고, 이들이 발행한 채권을 지방은행이 보유했다. 실질 금리가 종종 마이너스 상태일 정도로 이자율을 낮게 설정함으로써 장기 신용은행은 낮은 금리로 자금을 조달[01]할 수 있었기에, 제조업 기업의 수익 일부는 도시은행과 지방은행 그리고 가계 부문에 안정적으로 분배될 수 있었다. 가계 부문에 대한 과세를 통해 제조업 투자에 보조금 지원과 은행에 대한 수익 보장이 가능했던 것이다.

그리고 특수한 숙련을 확보해야 하는 제조업의 특성으로 평생고용을 도입한 기업은 성장의 성과에 비례해 노동자에게 배분하는 보너스 시스템(유연 임금 체계)을 도입함으로써 노동조합을 기업 경영의 주요 협력자로 만들었다. 이것이 산업별 노조에 기반한 서구와 달리

---

* 한국의 경우 1998년 2월 은행법이 개정되기 전까지 은행법에 제30조의 2항에 '동일계열 기업군 단위 여신규제 등'을 포함하고 있었다. 이에 기초한 주거래 은행이란 금융기관으로부터 거액 여신을 수혜받고 있는 업체로서, 여신 관리 대상으로 정한 계열 기업군의 거래 은행 중 주된 거래 은행이며 종합적인 여신 관리 업무를 담당하고 있는 은행을 말한다.

기업형 노조가 형성된 배경이다. 또한 일본의 기업 문화를 와(和)로 상징되는 경영가족주의-종신고용제-연공서열제로 묘사하는 이유다. 여기에 중앙의 해안 지역(도시)을 중심으로 고성장을 이루다 보니 중앙과 지방 간 불균형이 발생할 수밖에 없었고, 그 결과가 중앙정부 중심의 조세 체계하에 중앙정부 조세 수입의 상당 부분을 지방정부에 배분하는 재정의 재분배정책의 시행이었다.

요약하면 일본의 공업화와 고도성장은 '정부-은행-기업-노동-도시-지방' 간 '관계의 안정성' 확립을 통한 결과물이었다. 이러한 일본 내부의 관계의 안정성을 위해 외부와의 철저한 분리가 필요했다. 예를 들어 외국인의 주식 소유를 통제하고, 기업 주식을 기업 간에 교차 보유하도록 함으로써 국내에 유입되는 해외 직접 투자는 제약되었다. 그리고 경상 계정을 위한 외환 거래만이, 외환 거래가 허용된 외환은행에서만 가능했고, 외환은행은 매일매일 외환 포지션(환율 변동 위험에 노출된 외화의 위험 노출) 지도에 의해 통제되었다. 즉 외환 거래 및 해외 자본의 통제를 통해 국제 금융시장으로부터 국내 금융을 분리했다.

이처럼 '일본형 모델'은 한국의 '압축적 공업화' 기간의 모습과 매우 닮아 있다. 예를 들어 일본의 대장성과 통상산업성의 역할을 수행했던 한국의 정부 조직이 재무부와 상공부였다. 한국형 모델과 일본형 모델의 차이가 있다면 불공정성에 있다. 우리나라의 전략 산업 육성 등 산업 정책을 위한 정책금융(관치금융)이 종종 정경유착*으로 이어진 이유다. 특히 압축적 공업화는 산업구조의 고도화(예를 들어 중화학 공업화) 과정이 정부의 적극적 역할 없이는 불가능했음을 의미한다. 실제로 정부는 외자 배정 및 장기 저리의 정책금융, 세금·관세의 감면[**], 산업 용지 제공 등의 전폭적 지원을 수행했다. 예를 들어 정부는 중화학공업화를 위해 "국유화되어 있던 상업은행들과 한국산업은행[***] 및 여타 금융기관을 통해 그리고 국민투자기금을 신설해 특혜성 높은 정책금융을 공급[02]했고, 조세 감면 규제법을 개정해 전략 산업에 대한 세율은 삭감[03]하는 한편 여타 산업에 대한 세율은 높였다. 또한 무역 정책이 수출 촉진에서 다시 수입 대체로 기울자 수출용 원자재에 대한 관세 면제를 축소하고 전략 산업과 경쟁 관계에 있는 제품에 대한 수입 규제를 강화했다."[04] 예를 들어 한국 철강 산업을 상징하는 포스코의 성장은 전략 산업의 육성과 수입 규제에 따른 결과였다.

이처럼 한국의 재벌과 대기업은 국가에 의해 육성된 것으로, 이는

---

[*] 정경유착은 군사정권이 종식되고 문민정부가 들어선 이후에도 계속되었다. 대표적 경우가 1994년 말 산업은행의 주도로 이루어진 한보철강에 대한 11억 2,900만 달러의 외화 대출이다. 그 후에도 수조 원의 대출이 지속되었고, 1997년 1월 재계 서열 14위였던 한보그룹은 부도를 막지 못했다. 한보그룹의 부도는 부실 대출의 규모가 5조 7,000여억 원에 달할 정도의 권력형 금융 부정과 특혜 대출 비리의 상징적 사건이었고, 그해 말 터진 IMF 사태의 서막이었다.

[**] 중화학공업이 중심이 되는 이른바 14개의 주요 산업에 대해 처음 3년간은 100%, 다음 2년간은 50%를 감면해주는 내국세의 감면 혜택과 함께 중화학공업 관련 각종 시설재의 수입 시 70~100%의 관세 감면 혜택이 제공되었다. 이와는 별도로 중화학 제품의 해외 수출을 장려하기 위해 수출에서 발생하는 소득에 대한 소득세 또는 법인세의 50%를 감면해주는 혜택도 부여되었다.

[***] 즉 중화학 부문에 대한 대기업의 참여를 촉진하기 위해 산업 지원 자금 형식의 금융 지원이 함께 이루어졌는데, 이는 주로 당시 정부의 철저한 통제하에 있던 산업은행의 대출을 통해 이루어졌으며 당시 산업은행 자금의 대부분이 중화학공업에 집중적으로 대출되었다.

재벌이 사실상 '사회적 자산'임을 의미한다. 정부의 전폭적 지원은 기업 간 과당경쟁과 중복·과잉 투자를 초래했고, 그 결과 부실기업의 정리 및 사양 산업의 합리화 작업이 수반되었다. 그런데 앞서 지적했듯이 이 과정의 비용은 기본적으로 사회가 부담하고, 재벌은 최대 수혜자였다. 그리고 부실기업 처리 과정에서 은행의 부실 채권과 대손(대출금을 돌려받지 못해 입은 손실) 처리로 인해 은행이 부실에 빠질 가능성이 부각되자 정부는 한국은행 특별 융자를 통해 지원했다. 이처럼 손실은 고스란히 국민의 부담이었다.[05] 한국은행이 돈을 찍어 시중은행에 투입함으로써 인플레이션을 유발하고* 가계의 실질 소득을 감소시켰기 때문이다. 이처럼 압축 성장(압축적 공업화)은 (산업 전략적) 자원 동원과 산업구조 전환(고도화)에 따른 리스크 공유(손실의 사회적 분담)로 가능했다.

'압축적 공업화'가 정경유착을 구조화시킨 것은 민주주의 결손에서 비롯한 것이고, 민주주의 결손은 분단의 산물이자 '손실의 사회화와 이익의 사유화'라는 불공정 시스템을 잉태했다. 우리 사회에서 민주화와 재벌 개혁이 동전의 앞뒷면을 구성한 배경이다.

권력의 정통성 결여(유신 체제)를 물리력(신체적 폭력)과 금권으로 유지할 수밖에 없었다는 점에서 분단이 '한국식 경제력 집중'을 특징화한 것이다. 중화학공업 정책의 최대 수혜자가 재벌 대기업인 반면 중

---

* 1966~1981년간 소비자물가 연평균 증가율은 15.5%에 달했다.

화학공업에 대한 정책 특혜의 비용은 경공업이 주로 부담했다는 점에서 중소기업을 희생시킨 결과였다. 예를 들어 "정책금융을 몰아주는 비용은 그만큼 다른 산업들에게 신용이 귀해지는 것이고, 조세 감면의 비용은 그만큼 다른 산업의 조세 부담이 늘어나는 것이며, 무역 정책을 통한 전략 산업 보호 강화의 비용은 보호받는 중화학공업 제품의 가격이 국내 시장에서 상승하는 것인데, 그 높아진 가격은 다른 산업의 부담이 되어 생산비가 높아지는 것"[06]이기 때문이다.

재벌 기업, 사회적 자산화가 필요하다

'압축적 공업화'의 산물인 재벌(Chaebol)은 "교차 소유로 결성된 가족 지배의 대기업 집단"으로 정의되곤 하는데 이러한 정의는 재벌의 고유 특성을 드러내는 데 한계가 있다. 흔히 재벌은 여러 기업이 하나로 연합된 거대 기업체인 복합 기업(conglomerate)으로 부르기도 한다. '복합 기업'은 생산 구조상 다각화를 통해 여러 산업 분야, 여러 시장에 걸친 많은 계열사를 산하에 두고 있는데, 여기서 계열사들은 외형상으로는 독립되어 있지만 실질적으로는 계열사 간에 자본 소유 관계나 임원 겸임 따위를 통해 일관된 체제 아래 활동하는 기업군을 말한다. 대표적인 복합 기업으로는 미국의 GE 등이 있다. 이런 점에서 단일 업종에 전문화되어 세계적인 경쟁력을 갖춘 기업

만이 대기업의 선진적 형태라 할 수는 없다. 즉 사업 다각화는 재벌 대기업의 고유 특성이라고 볼 수 없다. 그래서 일부에서는 재벌의 고유 특성으로 극소수의 지분을 가진 총수 혹은 지배 가문이 계열사를 동원한 순환 출자(교차 소유)를 통해 폐쇄적으로 소유하고 지배하는 구조를 지적한다. 그 결과 수익성이 낮은 계열사나 심지어 경쟁력이 없는 계열사를 도태시키지 않는 비합리적 경영을 한다고 비판한다.

그렇지만 재벌 총수라고 해서 비합리적 경영을 해야 할 이유는 없다. 요컨대 사업을 확장하기 위해 수익성이 높은 계열사를 통해 신규 사업을 보조하는 경우, 수익성이 높은 계열사에 투자한 외부인은 반대할 수밖에 없지만, 총수(내부인)는 기업 집단 전체 관점에서 수익을 계산할 것이다. 계열사 간 교차 소유가 계열사당 평균 수익률을 하락시키더라도 다각화는 총수익을 증가시킬 수 있기 때문이다.[07] 게다가 정도의 차이가 있지만 가족이 '복합 기업'을 경영하며 자녀에게 승계하는 사례는 해외에도 적지 않다.[*] 특히 서구 사회보다 전문 경영인이나 상호 신뢰가 부족한 상황에서 가족 중심의 경영은 더욱 성공 가능성이 높아진다. 각국 기업들이 공통점도 많지만 차이점을 갖는 이유는 재벌의 사업 다각화 배경에서 볼 수 있는 것처럼 상이한 기업 환경에서 경제 조건에 맞게 진화해왔기 때문이다. 따라서 선진국, 특히 영미 기업의 특성을 중심으로 한 '교과서적' 기업을 기준으로 한국 재벌의 일탈적 행태를 수정하는 방식의 재벌 개혁으로는 기업의 외연을 바꾸기는 하겠지만 재벌 문제를 해결하고자 하는 목적을 달성하기 어려울 뿐 아니라 심지어 기업의 적응력을 떨어뜨리고 왜소하게 만들 가능성이 높다.

이처럼 재벌 개혁의 개념과 이슈들이 너무 다양하다 보니 사람들 사이에 재벌 개혁에 대한 이해의 편차가 크다. 흔히 재벌의 특징들로 총수 1인의 '황제식 경영'으로 불리는 불투명하고 폐쇄적인 의사 결정 구조(이사회의 불구화와 허수아비 사외이사), 계열사 일감 몰아주기로 불리는 부당 내부거래(unjust internal transaction), 편법 상속과 축재(편법·불법 등에 의한 부의 대물림과 경영 승계), (중소하청업체들에 대한 납품 대금 지불 지연이나 납품가격의 부당한 인하 요구 등) 등이 거론된다. 또한 부당 하도급 거래(unjust subcontract transaction) 등 재벌의 갑질 횡포를 통한 불공정 거래, 핵심기술 빼앗기 그리고 재벌의 횡령·배임에 대한 솜방망이 처벌이나 사면권 특혜 등도 재벌의 특징이다. 그러나 많은 재벌의 특징들은 재벌 개혁의 본질과는 거리가 먼 이슈들이다. 예를 들어 부당 하도급 거래와 납품단가 후려치기 등 불공정 거래, 일감 몰아주기 등 부당 내부거래를 통한 편법 상속과 축재, 편법 자산 증여, 불법행위를 통한 영리적 이익 취득* 등에 대한 처벌 강화를 포함해 재벌 총수의 사면권 제한 및 횡령·배임에 대한 처벌 강화 등은 재벌 개혁의 본질은 아니다. 법과 원칙 앞에 누구도 예외가 없듯

---

* 대표적으로 미국의 포드, 이탈리아의 피아트, 독일의 베르텔스만, 일본의 산토리, 프랑스 루이비통, 스웨덴 악셀 존슨, 캐나다의 파워코퍼레이션오브캐나다 등이 있다.

이 모든 기업에게 적용되어야만 하는 지극히 당연한 이슈들이기 때문이다.

영미식 기업을 기준으로 한 재벌 개혁(투자자에 의한 재벌 감시) 이슈도 마찬가지다. 주주 가치에 초점을 맞춘, 이른바 '주주 행동주의'에 기초한 기업 경영의 투명성 제고와 기업 지배구조의 개선 등이 그것들이다. 사외이사제, 집중투표제, 감사위원 분리선출제, 주주대표소송과 단독주주권 등 감시와 견제 강화를 통해 재벌 문제를 해결하려고 한다. 이밖에도 경제력 집중(문어발 확장) 완화나 경영 승계 악용 방지, 지배주주와 외부주주 간 형평성 문제(소유·지배도 괴리 문제) 해소, 계열사 간 일감 몰아주기 같은 지배주주의 사적 이익 추구 유인 약화, 순환출자의 해체나 출자총액제한제의 부활, 금산분리 강화 등을 주장한다. 이들은 이러한 조치들이 법제화된다면 대주주와 일반 주주 권한의 형평성이 제고되고 재벌 총수의 전횡 등은 약화될 것이고, 대기업-중소기업 간 상생도 가능할 것이라고 주장한다. 더 나아가 이들은 최근 상위 4대 재벌(삼성, 현대차, SK, LG)로의 경제력 집중이 높아지고, 나머지 재벌은 부실 징후가 커지고 있는 상황이기 때문에 재벌의 경제력 집중 현상을 억제하고 부실 징후 재벌 그룹을 효율적으로 구조조정을 할 필요가 있다고 지적한다. 이를 통해 재벌

---

* 징벌적 손해 배상제나 (징벌적 손해배상 제도가 제대로 시행되기 위해 본격적인 재판이 시작되기 전 당사자들이 서로 가진 증거와 서류를 확보하는 일종의 증거 제시 제도인) 디스커버리 제도가 이에 대한 대표적 방지책으로 거론된다.

중심 구조를 바꾸고 독점시장에 관한 제도를 개선하면 성장과 공평함을 동시에 달성할 수 있다는 것이다. 한마디로 말하면 교과서적인 시장의 원리로 한국 경제의 체질 개선이 가능하다고 믿는다.

그러나 이러한 주장에는 논리적 허점이 있다. 형평성 제고, 재벌 총수의 황제 경영 폐해 축소, 경제력 집중의 억제, 대기업-중소기업 간 불공정 거래 완화 등의 진전으로 시장질서의 공정성과 지배구조의 투명성 개선을 어느 정도 기대할 수 있겠지만, 이것이 재벌 중심 구조의 근본적 변화와 성장 역량의 강화로 이어질지는 불확실하다. 즉 더 공정해진 시장질서가 중소기업에 어느 정도 도움이 되겠지만 재벌 기업의 역량을 강화시킬지는 미지수다. 예를 들어 그동안 원재료 가격의 인상에 대해서만 납품단가 인상을 요구할 수 있었으나 2018년 하도급법 개정으로 최저임금 인상이나 공공요금 인상 등의 요인도 납품단가에 반영시킬 수 있는 제도적 장치가 마련되었다. 그럼에도 불구하고 대기업과 하청 관계를 맺고 있는 많은 중소기업들은 현실적으로 비용 인상분을 납품단가 인상에 적극적으로 반영시키지 못하고 있다. 하청 관계가 중단될 것을 우려하기 때문이다. 심지어 수익 축소를 우려하는 대기업 입장에서 부품 및 중간재 공급처를 해외로 전환할 경우 하청 관계에 있는 중소기업에 물량 축소로 이어질 가능성도 배제하기 어렵다. 즉 갑을 관계의 공정성을 제도적으로 강화해도 중소기업의 독립성(대기업에 대한 의존성 축소)이 증대되지 않거나 대기업의 경영 환경이 개선되지 않는 한 대기업-중소기업 간 불공정 거래를 완화시키는 것은 한계가 있다.

게다가 어떠한 상태가 공정한 것인가에 대한 문제부터 그동안의 규제 강화에도 거래 관행이 공정해졌는가의 문제 등이 논란이 지속되고 있다. 예를 들어 불공정거래 관행은 단순히 대기업의 탐욕에서 비롯되기보다는 부가가치가 상대적으로 낮고 경쟁은 치열한 산업에서 생존을 위한 것이기도 하다는 점에서 산업구조와 경쟁력을 고려해야만 대기업-중소기업 간 불공정 거래 문제를 해결할 수 있기 때문이다. 실제로 탈공업화가 진행된 1990년대 이후부터 그 이전에 비해 대·중소기업 간 힘의 불균형과 그로 인한 거래상 우월적 지위가 강화된 사실을 주목할 필요가 있다.

무엇보다 부실 징후를 보이는 재벌 그룹의 구조조정이 기대처럼 진행되리라는 보장이 없다. 성장성이 부족한 사업 분야의 축소 또는 폐쇄, 중복성을 띤 사업의 통폐합, 기구 및 인원의 감축, 비핵심 자산의 매각처분 등이 새로운 수익 사업의 자동적 개발로 이어지지는 않기 때문이다. 성장성이나 수익성이 없는 사업 분야에서 퇴출된 노동력을 흡수할 출구가 없는 상황에서 기업 도산 및 대량 실업을 가져올 사업 및 산업의 구조조정은 추진되기 어렵다. 이명박 정부와 박근혜 정부에서 추진하지 못한 조선업 구조조정을 문재인 정부에서도 조선업 경기 회복을 기다리며 방치하는 것도 모두 같은 연유에서 비롯한다. 이는 1990년대 초 자산시장 거품이 붕괴된 후 일본이 부실기업의 구조조정을 추진하지 못한 채 제조업 경쟁력 약화[08]와 '잃어버린 10년'을 맞이하게 된 배경이기도 했다. 그 결과 대기업의 구조조정 지연은 대기업의 부실을 협력 관계에 있는 중소기업에 이전함으로써 중소기업의 어려움을 가중시킬 수 있다. 실제로 대기업의 부실이 방치되다가 금융 위기 이후 대외 환경의 변화에 따라 구조조정이 진행되면서 협력 업체의 일감 부족과 폐업 등으로 이어졌다. 이는 1990년대 초 버블 붕괴 이후 (중국 등의 저가품 유입 등과 더불어) 대기업과의 하청 관계의 약화로 벌어진 일본 중소기업 경영 여건의 악화에서도 확인된다.* 2018년 일부 언론들에서 지적한 '고용 쇼크'의 내용 중 제조업 종사자의 하락과 그 연장선에서 이해가 될 수 있는 임시직 및 일용직 일자리의 감소의 배경이다.

앞서 보았듯이 금융 위기 이후 세계 경제의 성장 둔화 및 글로벌 교역의 정체, 특히 미국 가계의 부채 구조조정이나 중국의 자급화 진전 등에 따라 제조업은 공급 과잉과 경쟁 격화(각국의 자국 제조업 보호) 등에 직면했으나 이명박 정부는 만기 연장 및 이자 보조 등 금융 지원으로 부실기업을 연명시켰다.[09] 기업 부실의 심각성을 파악한 박근혜 정부는 출범 해인 2013년에 (은행업감독 규정에 따라 주채권 은행이 주요 대기업 그룹의 재무구조를 매년 평가하고 재무상태가 악화한 그룹은 별도

---

* 참고로 일본 중소기업은 경영 환경의 악화에서 벗어나기 위해 부족한 경영 자원을 가진 타 기업이나 연구기관과의 제휴를 통해 기술, 정보 등 부족한 경영 자원을 보완해 경영 부진에서 벗어나는 전략을 선택했고, 일본 정부도 중소기업의 자본금 규모를 늘리는 등 중소기업의 제휴를 적극 지원했다. 그 결과 기술개발, 마케팅, 고령화 등 경제 환경 변화에 대응한 신사업 분야로의 진출 및 틈새시장 발굴 등의 성과를 만들어냄으로써 수익성을 개선하고, 무엇보다 대기업에 대한 의존도를 낮추는 효과를 거두었다. 한국은행, "일본 중소기업의 회복 지연 배경과 대응 전략," 〈해외경제포커스〉, 제2006-39 · 40호, 2006. 9. 24~10. 7.

약정을 맺어 재무구조 개선을 유도하는 제도인) 주채무계열 제도를 강화해 관리 대상 계열 제도를 도입했다. 재무구조 개선에 나서지 않을 경우 경영진 교체 권고 등의 제재를 추가했음에도 대기업 구조조정은 제대로 추진되지 않았고, 심지어 금융 지원으로 부실기업을 연명시켰다.* 빚으로 연명시켰던 부실이 한계 상황에 달하면서 조선업부터 자동차 산업 등에서의 제조업 구조조정 여파로 협력 업체에 고용됐던 임시직 및 일용직 일자리가 축소되었고, 그 연장선에서 공단 주변의 자영업 위축과 주변 부동산 시장의 위축 등이 진행되었다.

사실 자영업자 문제도 산업 생태계의 활력을 복구하지 못하는 한, 경제 민주화(공정경제)만으로는 해결하기 어렵다. 강조했던 것처럼 자영업자의 근본적 어려움은 제조업 중심의 산업 생태계 약화에 따른 좋은 일자리의 위축에서 비롯된다. 2003년 이후 자영업자, 특히 고용원이 없는 자영업자의 감소가 진행되는 것은 표면상으로는 과당경쟁과 그에 따른 매출 감소 등에서 비롯한다. 최저임금의 빠른 인상으로 자영업자와 갈등을 빚는 정부는 자영업자의 어려움을 완화시켜주기 위해 카드 수수료 인하, 임대료 인상 제한 등을 추진하고 있다. 그러나 일자리 상황을 개선하지 않는 한, 즉 산업 생태계의 활력을 복원시키지 못하는 한 정부의 대응 방안은 일시적 효과를 거둘 수밖에 없다. 고용의 단기화에 따른 조기 퇴직 및 민간 부문에서

* 이팔성 비망록에서 드러난 (청산 판정이 난) 성동조선에 대한 이명박 정부에서의 금융 지원이나 서별관 회의를 통해 결정된 박근혜 정부에서의 대우조선해양에 대한 천문학적 규모의 자금 지원 등이 그것이다.

의 일자리의 부족 등으로 수많은 잠재적 자영업자가 대기하고 있기 때문이다. 이처럼 경제 민주화는 한국 경제의 체질 개선에 필요조건은 될 수 있지만 산업 생태계의 활력(혁신성장)이 뒷받침되어야만 경제 민주화(공정경제)의 강화도 가능하고 경제 체질의 근본 개선도 가능하다.

게다가 주주 가치 극대화 방식의 경제 민주화(재벌 개혁)는 경제의 공정성을 강화하기보다는 재벌의 경쟁력 약화로 이어져 성장과 고용을 약화시킨다는 비판에서 자유롭지 못하다. 실제로 외환 위기 이후 주주 가치 제고 방식의 재벌 개혁과 자본시장 개방 등은 해외 자본(초국적 금융자본)의 영향력을 증대시키고 경영권을 위협함으로써 재벌 대기업이 적극적이고 장기적인 투자(공격적 모험 투자)를 회피하게 하고 단기 실적주의 경영(short-termism)을 하도록 유도했다. 결과적으로 섣부른 경제 민주화 시도는 전체적인 산업 전반의 성장 둔화를 초래했을 뿐 아니라, 심지어 노동자와 중소기업을 더욱 쥐어짜는 원인이 되기도 했다.[10] 주주 가치 극대화 이데올로기가 영국과 미국 주식시장의 문제라는 지적은 새겨들어야 한다. 예를 들어 〈케이 보고서(Kay' Review)〉는 영국 주식시장의 문제가 단기 실적주의이고, 핵심 원인들은 주식투자 사슬의 도처에 널려 있는 신뢰 하락과 잘못된 유인 체계(incentives)의 배열이라고 본다. 사업에서 단기 실적주의는 투자를 억제하는 요인으로 작용하며 경영진의 경영 역량을 키우는 대신에 구조조정, 재무적 재설계, 인수합병 등에 초점을 맞추게

한다.[11]

주주 가치 극대화 방식에 기초한 공정과 정의의 확립이 혁신과 미래 창출에 충분조건이 되지 못한다는 것은 다른 방식의 공정과 정의의 확립(재벌 개혁)이 필요하다는 것을 의미한다. 이와 관련해 앞서 주주 가치 극대화 방식의 재벌 개혁을 비판한 이들은 초국적 금융자본으로부터 재벌의 경영권을 보호하고, 이를 대가로 생산적 투자 확대와 생산기지 해외 이전 제한, 설비 및 연구·개발 투자 증진을 이끌어낼 수 있다고 본다. 또한 복지국가 건설 및 부자 증세 협조 등 사회적 타협을 제시하면서 재벌을 압박하자고 주장한다. 한국의 재벌 기업들이 3세, 4세로 승계되면서 상속세를 제대로 납부할 경우 경영권 방어의 어려움에 직면하게 되었고, 재벌 대기업의 제조업이 2014년부터 매출액 증가율이 후퇴를 보이는 등 성장 한계에 직면해 있다는 점에서 이러한 주장은 일견 매력적으로 보인다. 그러나 생산적 투자 확대나 설비 및 연구·개발 투자 증진 등에 대해서는 재벌 대기업이 소극적일 이유가 없다는 점에서 타협거리가 되지 않는다. 더 중요한 문제는 재벌의 경영권 보장을 생산기지 해외 이전 제한이나 부자 증세 등과 교환한다고 해서 성장 역량의 강화와 고용 악화 등의 해결책이 되기는 어렵다는 점이다. 한국 경제의 성장 및 고용 역량의 약화는 기본적으로 '탈공업화 함정'에서 비롯하고 있기 때문이다. 요컨대 사회적 대타협이 산업 생태계의 재구성이라는 과제에 대한 해결책이 된다는 보장이 없다.

무엇보다 이러한 재벌 개혁 방안들의 근본적 문제점은 총수의 소유권을 인정한 채 경제력 집중 그리고 그와 연관된 불공정성 및 불투명성의 문제로 모든 것을 치환하는 것이다. 재벌 문제의 핵심은 재벌을 사회적 자산으로 복원시키는 것이다. 왜냐하면 앞서 소개한 재벌의 모든 특징들이 재벌의 절대적인 경제력에 기초한 것이기 때문이다. 즉 경제력 집중을 통해 사실상 사회 전반을 지배하고 있는 것이다. 법과 원칙이 재벌에게 예외가 되는 이유는 재벌이 지배하는 사회구조가 재생산되고 있기 때문이다. 무엇보다 재벌 기업의 성장과 동의어인 압축 성장(압축적 공업화) 과정에서 필연적으로 수반됐던 자원의 지원과 투자의 위험을 사회 전체가 떠맡았다는 점에서 재벌 기업들은 결코 배타적·독점적 소유물이 아니다. 즉 높은 투자 수익을 기대할 수 있는 산업구조 고도화 과정에서 수반된 높은 투자 리스크를 사회 전체에 분산시켰다. 그렇다면 투자 수익도 공유하는 것이 이치에 맞는 것이다. 그러나 수익은 공정하게 배분되지 않았다. 특히 재벌과 재벌에 대한 지원을 구실로 불법 정치자금을 당연한 것으로 요구하고, 그 자금을 수수한 정치권력이 수익을 독점했다.

이것이 한국 경제의 압축 성장 과정에서 관치금융 및 정경유착 등이 산업 정책의 쌍생아였던 배경이고, 선진국에서와 달리 일반 국민들이 재벌의 부의 축적을 부정적으로 평가하는 배경이다. 한국식 산업화 모델에 '손실의 사회화와 이익의 사유화'라는 딱지가 붙은 이유이기도 하다. 한국식 산업화 모델의 불공정성은 한국 사회의 민주화 과제에 중요한 부분이 되었지만, 이에 대한 민주화 운동 세력의 해법은 정부 주도에서 시장 주도로 경제 운용을 전환하는 것이었다. '군부 독재'를 '자본 독재', '시장 독재'로 치환한 결과 재벌은 사회적 책임에 대해 면죄부를 얻었고, '사회적 자산'은 재벌 총수의 배타적·독점적 재산으로 전환되었다.[12] 오늘날 재벌이 통제하기 어려울 정도로 비대해진 이유다.

이처럼 권력을 시장에 이양해놓고 기업 결합을 해체할 정치력을 기대하는 것은 논리적 모순이다. 이론적으로 경제력 집중을 해결하려면 기업 결합을 해체시켜야 하는데, 역사적으로 기업 결합의 해체는 공황(미국)이나 전쟁(독일과 일본), 경제 위기와 불평등 심화(이스라엘) 등 큰 사회 경제적 위기가 있을 때 이루어졌다. 금산분리의 강화와 출자 사슬의 제한 등은 가능하고 필요하지만 이 정도로 재벌 개혁의 목적이 근본적으로 달성될 수는 없다. 이런 점에서 자본시장의 힘과 주주 가치로 재벌을 규율하자는 주장이나 '사회-재벌 대타협론' 모두 한계를 가질 수밖에 없다. 요컨대 '1987년 체제'는 낡은 질서를 해체하고 새로운 시작을 필요로 했지만, 민주화 운동 세력의 오류(실력 부재)는 '대안 질서' 대신 '무질서'를 만들었고, 그 결과가 외환 위기와 그 이후의 한국 사회였던 것이다.

현 상황에서 재벌을 제대로 되돌리는 차선책은 국민연금이 재벌 주력 계열회사의 지분 보유를 확대하는 것이다. 이와 관련해 일부[13]에서는 현재 10%인 국민연금의 주식투자 한도를 일부 거대 재벌의 주력 계열사에 대해 상향(20%)시킬 것을 제안한다. 이 방법의 장점은 법 개정이 필요 없고, 돈도 충분하다는 점이다. 재벌의 주력 계열사는 거의 대부분 국민경제에서 큰 부분을 차지하고 있으므로 국민연금의 투자 확대의 근거는 충분하다. 재벌 총수는 '유능한 경영자'임을 입증하는 한도 내에서 경영권 행사할 수 있도록 기회를 부여하면 되고, 기업 지배구조 개혁은 국민연금이 경영권을 획득했기 때문에 수월하게 추진할 수 있다. 최근 국민연금의 '의결권 행사'에 의한 대한항공 전 사내이사였던 고 조양호 씨의 연임 실패와 관련해 일부에서 '연금사회주의'라 비난하지만 이 비난은 재벌의 의사결정에 반하면 사회주의라는 일종의 색깔론에 불과하다. 노동자가 조성한 연기금이 기업의 지배권을 장악할 것이란 맥락에서 피터 드러커가 언급한 '연금 사회주의'는 기업의 이익을 노동자의 이익에 부합시킨다는 점에서 긍정적 측면이 존재한다. 즉 국민의 입장에서 국민연금기금의 안정성과 수익성 등을 포함한 노동자의 이해가 최우선 가치다. 노동자도 기업의 윤리적 행동보다는 노후에 연금을 돌려받길 원하고, 자신의 고용 안정 등을 원한다. 따라서 민주적이고 투명한 의사결정이 뒷받침된다면 국민연금의 의결권 행사는 자본주의 원리에 충실한 주주권 행사에 가깝다.

또 하나는 대기업 집단의 공익 법인 및 금융 계열사의 의결권 한도를 제한하는 방식이다. 이와 관련해 민간 전문가 그룹인 '공정거래법 전면개편 특별위원회'가 2018년 7월 31일 공정거래위원회에

권고한 '공정거래법 전면개편 방안 최종보고서'를 참고할 필요가 있다. 특위는 대기업 집단의 공익 법인 및 금융 계열사 등이 계열사 합병과 임원 선임 등에서 행사해온 의결권을 5%로 제한하라고 권고했다. 이는 공익 법인과 국민(소비자)의 돈인 금융회사의 자산이 재벌 총수 일가의 지배력 확대나 경영권 승계의 수단으로 변질, 활용되고 있기 때문이다.

그동안 우리 사회가 재벌에게 공익 법인을 통한 경영권 승계와 경영권 방어의 출구를 열어주었다는 것은 재벌 기업이 사익과 공익의 결합체가 될 것을 요구한 것이다. 국민들은 재벌이 공익 집단을 통해 증여·상속세를 회피하면서 경영권을 세습하는 특혜를 입고 있는 반면 재벌 기업들의 공익집단이 사회를 위해 기여한 '공익'이 무엇이 있었는지 체감하지 못하고 있다. 오히려 '갑질'과 '편법·불법' 등으로 눈살을 찌푸리게 하고 있는 상황이다.

문제는 재벌 기업의 편법 승계 방식이 한계에 직면하고 있다는 것이다. 기본적으로 기업이 성장하면서 소유는 분산될 수밖에 없고, 대주주의 지분율은 줄어들 수밖에 없다. 게다가 상속 과정에서 천문학적인 상속세를 정상적으로 내게 되면 경영권 승계는 매우 어려워질 수밖에 없다.* 즉 재벌은 갈림길에 서 있는 것이다. 앞서 살펴봤듯

---

* 예를 들어 이재용 부회장이 부모가 보유한 삼성전자의 지분(4.72%)을 모두 물려받을 경우 상속 시점에 따라 달라질 수 있지만 지분 시장 가치의 절반을 세금으로 납부해야 하고, 세금 마련을 위해 주식을 처분하면 경영권 방어가 어려워질 수도 있다.

이 재벌 기업은 우리 사회 전체의 지원과 희생을 바탕으로 만들어진 '사회적 자산'이다. 재벌 총수 집안이라고 경영을 막을 필요도 없지만, 경영에 관심이 없거나 능력이 없음에도 재벌 가문이라고 반드시 경영을 할 필요는 없을 것이다. 국민기업으로 성장시키는 것이 대주주도 혜택을 보고 사회 전체적으로도 바람직할 것이다.

부동산 시장의 정상화와 토지 공개념

선진국 중에서 부동산에 우리 사회만큼 관심이 많은 나라는 없다. 마찬가지로 10대들의 장래 희망이 공무원과 더불어 건물주인 나라가 선진국, 아니 지구상에 있는지 모르겠다. 10대들의 모습은 우리 사회의 미래 모습이다. 근본적인 변혁이 없는 한 우리 사회의 미래는 밝지 않다. 실제로 우리 역사에서 토지 집중은 사회적 진보를 정체시키고 사회 질서의 교체를 수반했다. 고려 말 사전개혁 실패와 왕조 교체, 조선 말 토지개혁 실패와 (토지의 평균 분작을 요구한) 농민전쟁, 해방 후 남북한에서의 토지개혁 등이 그것이다. 토지 등 부동산의 소유 집중은 부동산 가격을 상승시킴으로써 부동산을 소유한 사람들에게는 불로소득을 제공한 반면 부동산 소유에서 배제되거나 이용에서 제한을 받는 사람들에게는 많은 피해를 입힌다. 임대료 상승은 생산 비용과 물가의 인상 요인으로 작용하고, 주거비용의 상승은 소비를 감소시키고,[*] 부동산 자산을 소유하지 못한 사람들(특히 그들의 자녀들)이 능력 개발에 대한 투자를 어렵게 함으로써 경제성장에 부정적으로 작용할 뿐만 아니라 신분의 대물림을 강화시킨다. 또한 부동산 가격의 상승은 부를 빈자가 부자에게, 그리고 미래세대가 기성세대에게 역진적으로 재분배한다.

무엇보다 부동산 가격의 과도한 상승은 한국 경제의 최대 과제인 산업 구조조정 및 산업 생태계 재구성 등을 위한 혁신성장에 큰 장애 요인이 된다. 부동산의 높은 기대 수익은 자원을 부동산으로 배분시키고 그만큼 생산적 활동에 대한 자원 배분을 제약하기 때문이다. 실제로 2014년 기준 개인 토지 소유자 중 상위 10%가 전체 개인 소유지의 약 65%를, 법인 토지 소유자 중 상위 1%가 전체 법인 소유지의 약 75%를 소유(가액 기준)하고 있는 것으로 확인됐다. 특히 부동산 집중은 기업이 주도하고 있음에 주목할 필요가 있다. 2007년부터 2017년까지 면적과 가액 모든 면에서 법인의 토지 소유 비중은 증가하고 가계(개인)의 비중은 감소하고 있는 것으로 나타났다.[14] 그리고 재산세 토지분 용도별 면적 변화(2005~2016년)를 살펴보면 법인 보유 토지에서 종합부동산세의 배제 대상인 분리과세 대상 토지가 차지하는 비중이 약 73%에 달하고 있듯이, 기업의 사내 유보금

---

[*] 실제로 한국의 지가는 2017년 GDP 대비 4.30으로, 주요 선진국인 미국(1.60), 캐나다(1.86), 프랑스(2.54), 독일(1.25), 일본(2.15)의 1.7~3.4배나 높다. 남기업, 〈문재인 정부의 부동산 정책 평가와 개선 방향-보유세 강화의 관점에서〉, 한국민주주의연구소 주최 경제시국토론회 발제문, 2018. 12. 5.

이 보유세 부담에서 상대적으로 자유로운 분리과세 대상인 토지 매입 자금으로 흘러간 것으로 추정할 수 있다.[15] 즉 기업이 혁신을 위한 투자보다 불로소득에 더 치중하는 현실을 보여주는 것이다. 10대들이 공무원과 더불어 건물주를 장래 희망으로 삼는 것이 전혀 이상하지 않은 것이다.

따라서 부동산 집중을 심화하는 투기적 수요가 결코 용납돼서는 안 된다. 투기적 수요로 상승한 부동산 가격이나 가계부채의 증가 등은 지속 가능하지 않다. 선진국의 경험에서 보았듯이 거품의 붕괴는 자산 가치의 하락과 부채 조정(deleveraging) 등에 따른 장기 경기 침체를 수반할 수밖에 없다. 게다가 주택 시장에 처음 진입하는 30대 인구가 (경제 활동인구나 취업자 포함 모두) 약 15년 전부터 감소하고 있고, 주택 소유에 적극적인 40대 인구도 2014년부터 감소하고 있다. 인구 구조 측면에서 주택 가격의 조정이 불가피한 국면으로 진입하고 있음을 의미한다. 그럼에도 부동산 투기 수요나 이를 허용하는 듯한 부동산 정책의 지속이 부동산 가격을 비정상적으로 끌어올렸던 것이다. 부동산 가격 하락은 인기 없는 정책일 뿐 아니라 경기에 부정적으로 작용할 가능성이 높기 때문이다. 문재인 정부가 목표로 설정한 '부동산 시장 안정화'도 같은 맥락이다.

부동산 정책은 기본적으로 주택이 없는 사람들에게 초점을 맞추어야 한다. 무주택자들은 크게 주택을 구입할 능력이 없거나 부족한 사람들, 특히 20~30대 젊은층과 대출을 끼고 주택을 구입할 능력이 있는 사람들로 구분할 수 있다. 전자에게 필요한 주택 정책은 젊은 층들의 수요를 충족시킬 수 있는 장기공공임대를 공급하는 것이다. 반면 후자에게는 주택을 공급해주되 일차적으로는 다주택 소유자의 주택을 시장에 나오게 하는 것이 우선되어야만 한다. 단순히 새로운 주택을 공급하는 정책만으로는 효과적이지 않기 때문이다. 예를 들어 2013~2016년간 서울에서 신규로 공급된 주택 중 약 78%를 유주택자가 매입한 사실이 부동산 시장의 모순적 상황을 잘 보여준다.[16] 신규로 공급되는 주택이 무주택자에게 돌아가지 않는 한 주택 가격 상승이라는 부작용은 불가피하다. 반면 다주택자의 주택이 시장에 매물로 나올 경우에는 무주택자에게 필요한 주택 공급뿐만 아니라 주택 가격 인하 효과까지 거둘 수 있다.

바보 같은 질문이지만 왜 사람들은 많은 주택과 토지 등을 소유하려고 할까? 높은 기대 수익 때문이다. 기대 수익은 토지나 주택 등을 보유하는 동안 해당 부동산으로부터 발생하는 자본이득(임대소득, 지대소득 등)과 해당 부동산을 처분 시 발생하는 양도소득으로 구분된다. 두 소득 모두 기본적으로 불로소득이다. 한 추정[17]에 따르면 2007~2016년 10년 동안 해마다 450~510조 원의 부동산 소득이 발생하고, GDP 대비 비율로는 10년 평균이 무려 37.1%에 달했다. 이 중 다른 자산에 투자했을 때 얻을 수 있는 평균 수익을 공제한 나머지를 불로소득이라고 했을 때 그 규모는 같은 기간 동안 해마다 GDP의 22% 이상(264.6~374.6조 원)이었다. 이러한 높은 불로소득의 발생으로 부동산 집중이 심화되는 것이다. 문제는 이 불로소득이 부동산을 소유하지 못한 하위 계층에서 이전된 소득이라는 점에서 경제적 비효율성을 야기할 뿐 아니라 부도덕하다.

다주택자와 투기적 수요를 근본적으로 해결하려면 토지공개념 도입이 불가피하다. 토지공개념은 토지의 소유와 처분을 공공의 이익을 위해 적절히 제한할 수 있다는 개념으로 토지소유권이 절대적이라는 사상에 반대하는 개념이다. 토지공개념은 사회 전체의 경제적 이익 극대화를 추구하는 시장경제 원리에 부합한다. 사실 현재의 토지공개념은 토지의 사유 재산권은 그대로 보장하지만 토지 자체에 공적 개입을 허용하고 있다. 예를 들어 헌법 제122조는 "국가는 국민 모두의 생산 및 생활의 기반이 되는 국토의 효율적이고 균형 있는 이용·개발과 보전을 위해 법률이 정하는 바에 의해 그에 관한 필요한 제한과 의무를 과할 수 있다."고 규정하고 있다. 이에 기초해 노태우 정부 때 택지소유상한에 관한 법률(택지소유상한제)과 토지초과이득세법(토초세법), 개발이익환수에 관한 법률 등 이른바 토지공개념 3법이 제정됐으나 이 중 택지소유상한제와 토초세법은 헌법재판소에서 위헌 결정을 받았다. 즉 택지소유상한제는 택지의 개발촉진과 소유 집중을 막기 위해 서울, 부산, 대구, 광주, 대전, 인천 등 6대도시에 한 해 1가구가 200평 이상의 택지를 신규 취득할 수 없도록 하는 제도로, 초과 소유 시 부담금을 물게 된다. 그러나 사유 재산권 침해를 이유로 지난 1998년 폐지됐다. 그리고 토초세법은 개인이나 법인이 소유한 비업무용인 토지의 가격으로 발생한 초과이득에 대해 일부를 조세로 거둬들이는 제도다. 이 역시 미실현된 이익에 대해 과세한다는 것에 논란이 일어 지난 1998년 헌법불합치로 폐지됐다.

그런데 문재인 정부에서 위헌 소지를 없애기 위해 "국가는 토지의 공공성과 합리적 사용을 위해 필요한 경우에 한해 특별한 제한을 하거나 의무를 부과할 수 있다."라는 조항을 추가한 개헌을 통해 토지공개념의 부활을 시도했다. 그러나 이를 사회주의 운운하는 일부 야당과 보수 진영 등의 반대에 직면해 있다. 토지공개념을 사회주의로 등식화하는 주장이야말로 대표적인 혹세무민에 해당한다. 먼저 토지공개념이 시장경제를 부정한다는 주장은 재산권에 대한 오해에 기초한다. 특정 사회가 경제를 시장에 의해 운영한다는 것은 그 사회가 가진 자원으로 최대의 경제적 이익을 만들어낼 수 있다는 믿음에 그 근거를 두고 있다. 이른바 시장에 의해 자원의 효율적 배분이 가능하다는 것이다. 그리고 많은 사람들이 자원을 효율적으로 이용하기 위해서는 개인의 자유로운 경쟁에 맡겨야 하는 것으로 이해하고 있다. 여기서 자유 경쟁 원리가 채택된 것은 근대 경제학과 자본주의의 발원지인 영국 사회가 개인주의 문화가 번성한 곳이었기 때문이다. 협조주의 문화가 발달한 곳이었다면 경쟁의 원리가 채택되지 않았을 것이다. 그런데 상호 배타적인 목표 달성을 위해 겨루고 다투는 행위인 경쟁이 제대로 작동하기 위해서는 경쟁의 결과 이긴

쪽이 더 많이 혹은 모두 가질 수 있어야 할 것이다. 경쟁에서 이겼음에도 패배한 쪽과 같이 나누어 갖는다면 굳이 경쟁에서 이기려 하지 않을 것이기 때문이다. 즉 경쟁이 제대로 작동하기 위해 사적 소유권의 뒷받침이 필요했던 것이다. 그런데 사적 소유권은 범위가 넓은 소유권 개념이다. 일반적으로 많은 사람들이 사적 소유권으로 이해하는 사유 재산권은 사적 소유권의 극단적 유형에 해당한다. 사유 재산권은 하나의 물건에 대한 배타적, 절대적, 독점적 소유권이다. 예를 들어 시장경제를 위해 사유 재산권이 필요하다고 주장하는 사람들은 경쟁의 승자가 그 결과를 독점적으로 소유할 권리를 가져야 한다고 주장하는 것이다. 그러나 특정 물건에 대한 소유권은 크게 보더라도 물건에 대한 사용권, 물건을 이용해 이익을 추구할 수 있는 용익권(用益權) 그리고 해당 물건을 타인에게 양도할 수 있는 처분권 등 여러 권리의 묶음이다. 그런데 토지나 건물 등 부동산의 경우 사용권이나 용익권만 있어도, 즉 처분권이 없어도 시장경제 활동에 큰 지장이 없다. 예를 들어 많은 사람들이 영업을 수행하고 있는 상가의 경우, 상가 소유주가 임대를 줌으로써 수익 활동을 하고 있지만 상가에 대한 처분권이 없어도 경제 행위에 지장은 없다. 사실 동서양을 막론하고 일반적으로 토지에 대한 절대적 소유권은 인정되지 않았다. 영국이나 조선 등에서는 명목상의 토지 소유권은 왕으로 대표되는 국가에, 그리고 실질적 사용권은 개인이나 경작 농민 등에게 부여되었다. 그리고 대부분의 국가에서 토지 개발권은 사회에 있기에 자유주의 사상가들은 자연스럽게 개발 이익이 환수되어야 한다고 주장한 것이다.

부동산 집중에 따른 사회적 및 경제적 피해를 제거하기 위해서는 불로소득을 철저히 환수하는 길밖에 없다. 불로소득이 환수된다면 부동산에 대한 투기도 사라질 것이기 때문이다. 이를 위해 먼저 (토지 지가산정의 기준이 되는 가격이나 주택의 과세 기준이 되는 가격인) 공시가격을 현실화시키고 (지역, 부동산 형태, 가액 등에서) 형평성을 제고시켜야 한다. 그리고 부동산의 보유, 개발 단계뿐만 아니라 처분의 모든 단계에서 투기 이익이 없도록 해야 한다. 이를 위해 보유 단계에서 보유세를 강화하고, 개발 단계에서는 재건축 초과 이익 등 개발로 인해 발생하는 이익을 환수해야 하고, 처분 단계에서는 양도소득세를 철저히 부과해야 한다. 양도소득세의 감면도 '보유 기간'이 아닌 '실거주기간'을 기준으로 강화해야 한다.

이렇게 토지공개념을 강화하면 부동산 소유에 따른 기대이익이 하락하기에 토지와 주택 등이 시장에 매물로 나올 수밖에 없다. 그에 따른 부동산 가치의 하락은 부동산 시장 정상화 과정에서 치러야 하는 홍역으로 생각해야 한다. 단지 과도한 부동산 가치 하락의 악순환과 그에 따른 경제 붕괴 등을 막기 위한 장치가 필요하다. 필자가 최초로 주장한 '한국판 양적 완화'를 준비해야 한다. 주지하듯이 글로벌 금융 위기 당시 주택 시장이 붕괴되며 주택담보증권(MBS)이나 부채담보증권(CDO) 등 자산시장이 붕괴됐고, 그 결과 이들 자산에 투자한 금융회사나 개인 등의 대규모 손실이 발생하며 실물 경기 침체로 이어졌다. 이에 주요 선진국의 중앙은행들이 대규모로 돈을 찍어내 은행 등 금융회사들의 (국채, 주택담보증권 등) 자산을 대규모로 매입함으로써 유동성 및 지급 불능 위기에 놓였던 금융회사들을 지원하고, 더 나아가 주택 및 주식시장 등의 부양을 지원한 초금융완화 대책이 이른바 양적 완화였다.

그러나 선진국의 양적 완화는 기본적으로 금융회사를 구제하고 자산 보유자들을 지원하는 것에 초점이 맞추어졌다. 그리고 서민 가계는 기본적으로 배제함으로써 민간소비 지출과 경기 침체가 장기화되는 요인으로 작용했다. 예를 들어 미국의 경우 금융 위기 전후 10년간(2006~2015) 약 781만 채의 주택이 압류됨으로써 미국 경제의 취약성을 구조화시켰고, 그 결과 금융 위기 이후 지난 10여 년간(2007~2017)의 성장률은 1.5%(회복 이후인 2009년 3분기 이후 2017년까지는 2.2%)로 금융 위기 이전(1985~2006)의 장기 성장률 3.3%의 절반에도 미치지 못하는 상황을 초래했다. 따라서 우리의 경우 부동산 시장 정상화 과정에서 부동산 시장의 경착륙을 막기 위해 거주 조건으로 서민형 1주택을 보유하는 가구가 처분을 희망할 경우 주택금융공사가 인수해 장기공공임대로 전환해줄 필요가 있다. 이에 필요한 재원은 한국은행이 새 돈을 찍어 (한국은행과 정부가 주주인) 주택금융공사에 출자를 늘리는 방식으로 해결할 수 있다. 주택금융공사는 한국은행에서 투입된 자금으로 시중 은행이 갖고 있는 주택담보 대출

채권을 인수하고 주택 소유주인 가구의 몫을 돌려주고, 해당 주택은 장기 공공임대로 전환시킨다. 그렇게 되면 주택 시장에 나오는 매물을 최소화할 수 있기에 부동산 시장 연착륙에 도움이 되고, 주택 가격 중 대출금을 제외한 자기 몫을 회수한 가구는 소비 여력이 증대되어 소비도 부양될 수 있다. 금융회사 구제가 아닌 가계 구제에 초점을 맞춘 '한국판 양적 완화'에 대해 일부에서는 빚을 내 주택 투기를 한 가계를 왜 구제해주어야 하는가 물을 수 있다. 주택 가격 상승을 기대한 투기이거나 가격이 상승할 경우 이득이 개인에게 귀속되는데 가격이 하락한다고 왜 구제해주어야 하느냐는 반박이다. 그런데 이러한 주장이 일면 타당성을 갖고 있음에도 불구하고 서민형 1주택자의 경우 무주택자와 더불어 주택 정책의 피해자일 수 있고, 부동산 시장이 경착륙할 경우 무주택자에게 피해가 집중될 가능성이 높다는 점을 고려할 필요가 있다. 무리하게 빚을 내서 주택을 구입했지만 이는 정부가 정책적으로 유도한 측면이 강하고 상대적으로 1주택 보유자는 투기적 수요의 성격이 약하기 때문이다. 또한 시장이 경착륙할 경우 도래할 (장기) 경기 침체로 일자리를 잃을 가능성이 가장 높은 대상이 저소득층이나 무주택자 등이기 때문이다. 즉 부동산 시장 경착륙에 따라 치러야 할 비용은 구성원들마다 다르겠지만 사회적 비용이 매우 큰 데도 불구하고 정부가 뒷짐을 지고 방치하는 것이 과연 올바른 자세인지 묻지 않을 수 없다. 문제는 정부나 한국은행 등이 개입하지 않을 경우 악순환이 만들어지고 대혼란을 초래할 가능성도 있다는 점이다. 이처럼 한국의 부동산 시장 정상화 과정에서 야기될 수 있는 부동산 시장 경착륙에 대한 대응 방안으로 부동산 투기에 상대적으로 책임이 적은 서민형 1주택자를 구제하는 양적 완화는 불가피하다.

마지막으로 부동산 문제와 관련해 독자들이 궁금해하는 점 중 하나가 부동산 시장의 향후 전망일 것이다. 먼저 경험적으로 우리 사회에서 부동산 가격의 하락을 경험한 사례들을 보면, 금융시장의 충격으로 부동산 시장의 침체가 촉발되었다는 공통점이 있음에 주목해야 한다. 지난 30년간 부동산 가격이 하락한 경우는 1990년대 초, 외환 위기 이후, 금융 위기 이후 등이다. 일부 전문가들은 외환 위기 때와 금융 위기 당시는 수긍하지만 1990년대 초 부동산 가격 하락은 1기 신도시 200만 호 건설에 따른 결과라고 주장한다. 그러나 이들이 간과하는 것은 1980년대 말 미국 저축대부조합 사태와 뒤를 이은 1990년대 초의 경기 침체 그리고 1990년대 초 일본 자산시장 붕괴 등과 관련이 있다. 한국 경제도 1991년까지 10% 안팎으로 성장하다가 1992년에 6%대 초로 급락했다.

다음으로 부동산 시장은 장기적으로 경제성장이나 인구 변화 등에 의해 영향을 받지만, 단기적으로는 경기나 유동성 등에 영향을 받곤 한다. 공식적인 경기 지표는 현장의 경기를 사후적으로 반영하기에 현장의 경기는 상업용 부동산 시장에 투영된다. 특히 부동산 자산은 주식 같은 증권과 달리 유동성이 낮은 자산, 즉 현금화하기가 어려운 자산이기에 단기성 재무적 투자 차원에서 기업이 소유한 상업용 부동산의 처분이 빨라진다. 그리고 부동산 시장의 둔화 가능성이 높아지면서 거래 절벽 현상이 나타난다. 이는 가격 하락이 전망될 경우 시장에는 매도자만 존재하고 매수자는 실종 현상을 보이는 자산시장의 특성에서 비롯한다. 여기에 유동성의 흐름에 변화가 생겨 유동성이 감소할 경우, 자산 포트폴리오(구성) 유지에 압박을 받는 투자자들이 보유한 부동산이 시장에 매물로 나올 수밖에 없고 거래 절벽과 가격 하락 압력은 증대된다.

이처럼 과거의 경험과 부동산 시장의 특성을 결합시킬 때 현재의 부동산 시장 상황도 흡사한 측면이 많다. 세계 경기의 후퇴 및 침체 가능성으로 세계 부동산 시장에서 상업용 부동산이 부동산 가격 하락을 선도했고, 2018년 연준의 계속적인 금리 인상, 유럽중앙은행의 양적 완화 중단 등으로 유동성 잔치가 끝났다는 분위기가 확산되며 주거용부동산 시장에서 가격 하락 및 거래량 축소 등으로 확산되고 있다. 부동산 시장에서 자금의 회수는 중국 자금이 주도하고 있다. 이에 놀란 각국의 중앙은행, 특히 주요국 중앙은행들이 긴축 속도 조절이나 심지어 중단 가능성을 보이고 있고, 부동산 경기에 대한 부양 의지까지 내비치고 있다. 문제는 이러한 조치로 부동산 시장이 회복될 가능성이 있는가 하는 것이다. 그럴 가능성은 낮다. 왜냐하면 앞서 지적했듯이 경기 침체 진입 가능성이 고조되고 있고, 게다가 과거처럼 양적 완화의 재개나 금리 인하 등으로 복귀하기도 어렵기 때문이다. 설사 초금융완화로 복귀하더라도 경기 침체를 막지 못하는 한 효과를 보기 어렵다. 경기 전망에 대한 경제 주체들의 자신감이 더욱 하락할 수 있기 때문이다. 우리나라의 경우 2018년 정부의 정책 실패가 부동산 시장의 비정상적 과열을 초래했고, 그로 인해 뒤늦은 부동산 수요 억제책과 보유세 인상 및 공시지가 현실화 조치 등이 뒤따랐지만, 무엇보다 우리나라 부동산 시장의 흐름 역시 세계 부동산 시장의 흐름을 따를 수밖에 없다. 국내 상업용 부동산 시장에 외국인의 자금이 대량 유입되어 있기 때문이다. 즉 외국인 자금의 이탈이 부동산 시장의 방아쇠를 당길 수밖에 없다는 것이다.

그동안 금융 당국은 (LTV 70% 이내, 특히 수도권 및 투기과열지구 40% 이내와 DTI 60% 등) 한국 주택 시장에 대한 거시 건전성 규제가 충분히 작동하고 있고, 한국만의 독특한 전세제도 등으로 인해 미국 같은 주택 시장 붕괴 가능성은 낮다고 주장해왔다. 그런데 이러한 인식은 자산시장의 전염 효과나 가격 하락 시 유동화의 구조적 어려움 등 부동산 시장의 특성을 과소평가한 것이다. 금융 당국의 예상과 달리 한국 부동산 시장은 어려운 국면으로 진입하고 있기 때문이다. 그 결과 부동산 시장이 둔화되기 시작한 2018년 말부터 금융당국은 뒤늦게 '역전세난'에 노출된 수십만 가구에 대한 우려의 목소리를 높이고 있다. 역전세난의 경우 전셋값이 하락하면 집주인은 금융권에서 돈을 빌려 전세 보증금을 돌려줘야 할 수밖에 없기 때문이다. 문제는 역전세난 중 집을 팔아도 전세금과 대출금을 갚지 못하는 주택인 이른바 '깡통주택'이 부동산 시장과 가계부채의 경착륙 방아쇠를 당길 수 있다는 점이다. 전세 가격 하락에 따른 일부 전세금(부채) 상환이 주택 시장에 매물 증가와 주택 가격 하락 및 전세 가격 하락 등 악순환으로 이어질 가능성이 고조되고 있는 것이다. 거시 건전성 규제와 더불어 전세라는 이중 안전장치로 걱정할 필요가 없다는 인식이 역으로 주택담보 대출금과 전세 보증금의 결합이 만들어낼 수 있는 위험을 외면한 결과다.

또 한 가지 주목할 점은 일본의 사례에서 찾을 수 있다. 2018년 우리나라 국민소득이 3만 달러가 넘어서면서 '30-50 클럽'에 가입했는데, 이 클럽의 첫 번째 국가가 일본이고, 가입연도가 1992년이다. 1992년은 일본 부동산 시장이 붕괴되기 시작하는, 이른바 자산시장 거품 붕괴가 본격화되고 장기 불황이 시작된 해였다. 그리고 그다음 해인 1993년부터 (15~64세) 생산가능인구가 감소하기 시작했다. 일본은 장기 불황에 대해 부채 구조조정보다 토목건설 중심의 SOC 사업으로 대응했으나 경기 부양 효과는 없었고 국가 부채만 급증시켰다. 이 정도 얘기하면 많은 사람들이 현재의 우리나라와 너무 유사하다는 사실에 놀랄 것이다. 현재 우리나라는 국민소득이 3만 달러에 진입하는 시점에 저성장 고착화 가능성을 우려하고 있고, (15~64세) 생산가능인구도 2017년 중반부터 이미 줄어들기 시작했으며, 24조 원에 달하는 대규모 SOC 사업에 대한 예비 타당성조사의 면제를 발표했다. 정부는 지방 균형 발전을 명분으로 내세웠지만 도로와 철도를 건설한다고 붕괴되고 있는 지방 경제가 살아날 가능성은 극단적으로 표현하면 전무하다. 현재 진행되는 지방 경제의 붕괴는 주력 제조업의 붕괴에서 비롯한 것인데 도로와 철도 등을 만들어준다고 제조업 붕괴를 막을 수 있고, 새로운 산업이 만들어질 수 있을까?

한국은행의 민주화, 서민을 위한 금융

부동산 시장의 기형화와 더불어 한국 경제의 시스템 실패 중 하나가 가계부채 문제다. 문재인 정부는 가계부채의 심각성을 인식하고 가계부채를 소득에 연동해서 관리해 가처분소득 대비 150% 이내에서 총량을 관리하겠다는 목표를 제시했다. 그리고 다주택자 대출을 꽁꽁 묶어 가계부채 증가율을 과거 연평균 수준인 8.2% 이내로 줄이겠다고 했다. 그런데 한국은행에 따르면 처분가능소득 대비 가계부채 비율이 2016년 말 154.6%에서 2018년 1분기 말에는 162.7%로 상승했다. 또한 국제결제은행에 따르면 한국의 GDP 대비 가계부채 규모는 2012년 80.8%에서 2016년 92.6%, 2017년 3분기 94.2%, 2018년 3분기 96.9%로 계속 상승해오고 있다. 박근혜 정부에서 GDP 대비 가계부채의 분기당 0.7% 포인트씩 증가에서 0.6% 포인트로 증가 속도가 다소 감소했을 뿐이다. 총량 관리의 실패는 예고된 것이었다. 가계부채 증가율 목표치로 제시한 8% 이내에서 관리되고 있음에도 불구하고 여전히 경상소득 증가율(=실질 소득 증가율+물가상승률)을 크게 상회하기 때문이다.

가계부채의 급증이 문제가 되는 이유는 가계부채가 주택담보 대출 및 생계형 가계부채, 즉 잘못된 부동산 시장 정책과 제대로 작동하지 않는 금융 시스템 그리고 자본-기업 친화적 통화 정책 등과 관련되어 있기 때문이다. 주택담보 대출은 건설투자와 인위적 건설경기 부양, 기형적일 정도로 과잉 성장한 건설 부문* 등에 의존하는 한국 경제의 구조적 문제에서 비롯한다. 건설투자에 의존할수록 가계부채 중 주택담보 대출은 증가할 수밖에 없고 주택 가격이 하락할 경우 리스크가 될 수밖에 없다. 즉 주택담보 대출의 급증은 앞서 소개한 부동산 시장의 기형화와 관련된 것이라는 점에서 부동산 시장이 정상화될 경우 문제가 될 수밖에 없다. 이에 대한 대책은 앞서 소개한 것으로 대신한다. 반면 가계부채 급증의 또 다른 요인인 자영업자 가계부채, 즉 개인사업자 대출 역시 한국 경제의 구조적 문제에서 비롯한다. 탈공업화 및 '제조업 위기'에서 비롯한 일자리 위기가 자영업 과당경쟁을 만들어냈기 때문이다. 자영업 과당경쟁은 영세한 자영업자를 중심으로 자영업자의 채무 증가를 수반할 수밖에 없다. 마찬가지로 생계형 가계부채도 '제조업 리스크'에 가장 노출된 임시직-일용직 일자리와 관련된 저소득층 가계의 채무와 관련이

---

* 2018년 건설투자액은 GDP의 15%를 차지한다. 2016년과 2017년에는 16%를 차지했다.

있다. 이처럼 한국의 가계부채는 '한국식 산업화 모델'의 수명 소진에 따른 구조적 문제점에서 비롯한다는 점에서 한국 경제의 생태계를 재구성하지 않는 한 해결하기 어렵다. 게다가 자영업자 가계부채 및 생계형 가계부채는 한국 금융 시스템과 중앙은행 운영의 문제를 적나라하게 보여준다. 금융이 금전 융통의 준말이듯이 금융의 핵심적 기능은 금융(자원)의 효율적 배분이다. 그런데 정작 금융을 절실하게 필요로 하는 많은 서민들에게 금융은 오히려 고통의 원천이 되고 있다.

한 연구[18]에 따르면 2016년 말 기준 소득 1분위(하위 20%) 계층과 신용 7등급 이하 기준의 취약차주는 863.9만 명에 달하고 이들의 금융부채는 278.1조 원에 이른다. 특히 소득·신용 기준에 과다채무 기준과 (1년 이내) 연체 경험 기준을 모두 적용한 취약차주는 약 41.7~47.1만 명에 달하고 이들의 금융부채는 15.9조 원(DSR* 60% 이상)~17.7조 원(DSR 40% 이상)에 이르는 것으로 추정된다. 그런데 취약차주의 경우 사실상 시중은행(1금융권)을 이용할 수 없다. 문제는 1금융권 이용에서 배제될 경우 '채무 노예'의 함정에 빠질 가능성이 높다는 점이다. 예를 들어 2017년 9월 일반 신용 대출금리 기준을 보면 1금융권의 평균 대출금리는 4.78%였던 반면 2금융권 평균 대출금리의 경우 저축은행 21.43%, 카드사 15.82%, 캐피탈 16.51%로 1금융

---

* DSR(Debt Service Ratio)은 총부채원리금상환 비율로 차주가 보유한 모든 대출의 연간 원리금 상환액을 연간 소득으로 나눈 수치, 즉 차주의 상환 능력 대비 원리금 상환 부담을 나타내는 지표다.

제IV부 우리 경제가 가야 할 길

권 대출금리의 3.3~4.5배에 달했다. 취약차주들이 2금융권에서 사업 자금을 조달해 채무를 상환하기란 쉽지 않다. 많은 서민들이 채무의 악순환에 빠지는 이유다. 2016년 말 기준 (3개 이상 금융회사에서 돈을 빌린) 다중 채무자가 (신협, 농협, 수협, 새마을금고 등) 상호금융에서만 대출 받은 자금이 약 122조 원에 달하는 배경이다. 즉 저소득층이 채무를 상환할 수 없는 구조가 문제다. 그런데 지금까지 채무 상환 불능자에 대한 우리 사회의 대응 방식은 무엇이었나? 정권이 바뀔 때마다 일부에 대한 시혜성 탕감 혹은 중금리로 전환시켜주는 방식이었다. 여기서 10% 전후의 중금리가 어떻게 해결책이 될 수 있는가? 10% 정도의 수익을 만들 수 있는 사업이 있다면 대한민국의 모든 돈들은 그 사업에 투자될 것이다. 요컨대 10% 전후의 금리를 상환하면서 자활하라는 방식은 말도 안 되는 금융제도일 수밖에 없다.

이러한 금융 시스템은 지속 불가능하다. 약탈적 금리는 대출자의 파산과 금융회사의 부실 등으로 이어질 수밖에 없다. 약탈적 금리의 대상자가 많을수록 파산과 부실 규모는 커질 수밖에 없고, 금융 시스템의 붕괴 후 경제에 미치는 충격 또한 그 규모에 비례할 수밖에 없다. 금융 당국이나 상당수의 전문가들은 가계부채의 증가를 중산층 이상이 주도했기 때문에 부실화될 우려가 낮다고 주장한다. 그러나 이러한 주장은 금융과 자산시장의 '전염 효과'를 고려하지 못하는 것이다. 흔히 미국의 금융 위기를 (신용등급이 가장 낮은 개인의 주택담보 대출금인) 서브프라임모기지 사태로 부르지만 금융 위기 이전 10년간

(1998~2007) 가계부채 증가를 주도한 계층이 중산층 이상이었다. 전체 가계 중 소득이 80~90%에 속하는 가계의 소득 대비 부채 비중은 57% 포인트, 60~80%에 속하는 가계의 경우 51% 포인트, 중간층인 40~60%에 속하는 가계의 경우 49% 포인트 증가한 반면 하위 20%에 속하는 가계의 경우는 44% 포인트가 증가했다.[19] 주택 가격 하락으로 저소득층이 부채를 상환하지 못하면서 주택이 차압을 당하며 주택 시장 침체로 확산하자 중산층을 포함한 대부분의 주택 가격이 하락했고 그 결과 중산층 등의 부채 상환 부담도 증가하는 등 가계부채 구조조정이 확산되었던 것이다.

그렇다면 약탈적 금리의 대상자 규모는 무엇에 의해 결정될까? 약탈적 금리가 적용되는 취약차주는 기본적으로 소득 기반이 취약한 계층일 수밖에 없다. 즉 소득 불평등은 취약차주의 규모를 증대시킨다. 이는 금융 위기의 가장 중요한 요인이 소득 불평등이라는 주장과 같은 맥락이다. 미국 사회에서 1980년대 중반 이후 금융 위기 직전까지 소득 불평등과 가계의 부채 비율(레버리지) 사이에 공진화가 진행된 배경이다. 금융의 과잉 성장과 가계의 채무화를 매개하는 주요인이 소득 불평등인 것이다. 고소득층일수록 소득 중 저축이 차지하는 비중인 저축 성향이 높기에 고소득층의 저축액을 증가시키는 반면, 저소득층은 소비를 뒷받침할 소득의 부족을 차입으로 해결해야 하기 때문이다. 고소득층의 저축을 저소득층의 부채로 연결시키는 매개체가 '금융'이다. 즉 상위 소득층의 저축(운용자산) 증대와 중 저소득층의 차입 증가가 금융서비스(금융중개) 수요를 증대시킴으로써 금융의 과잉 성장을 초래했던 것이다.

금융의 과잉 성장은 금융의 수익 추구 성향에서 비롯하지만 수익 추구는 위험(리스크)을 비례적으로 수반할 수밖에 없다. 금융의 과잉 성장은 금융의 과도한 위험(리스크) 추구를 의미하는데 금융 스스로 자기 무덤을 파는 것을 어떻게 설명할 수 있을까? 사실 금융에 대한 규제 완화론, 즉 금융의 '자율규제(self-regulation)론'은 금융이 자신을 파괴시킬 과도한 위험(리스크) 추구는 하지 않을 것이라는 논리에 기초한 것이었다. 그러나 이러한 주장은 금융의 특성에 대한 이해 부족에서 비롯한다. 은행 등 금융회사는 일반 기업과 달리 자산의 대부분이 부채로 구성된다. 가계부채 증가 등 사회의 신용 성장이 금융 성장과 동전의 앞뒷면을 구성하는 배경이다. 그리고 금융기관의 '과잉 대출 경향성'이 금융의 과잉 성장을 부채질한다. 은행 등 금융회사들은 광범위한 주식의 분산 보유에 기초한 유한책임 회사이기에 대출 등 자산운용에 따른 리스크(손실)에 대한 책임은 자기자본 범위에 국한되는 반면 자산운용 규모는 그들의 자금 조달 규모에 의존한다. 따라서 금융회사의 인센티브는 이득과 손실이 모두 자신의 몫인 개인의 경제행위 동기와 비교할 때 왜곡될 수밖에 없다. 금융회사의 '과잉 대출 경향성'은 이러한 책임과 혜택 간 구조의 비대칭성에서 비롯하는 것이고, 그 결과 위기를 주기적으로 만들어내는 것이다. 이것이 금융 위기 이후 금융기관들에 대한 레버리지 규제가 강화된 배경이다.

따라서 신용(대출) 팽창을 억제시키는 규제도 필요하지만 근본적으로 신용 팽창의 주요 원인인 소득 불평등 완화가 통화 정책 목표에 추가되어야 한다. 소득 불평등과 가계부채 및 레버리지의 공진화가 보여주듯이 소득 불평등 심화가 신용 팽창과 깊은 관련성을 맺고 있기 때문이다. 따라서 금융 안정을 위해 중앙은행(통화 정책)은 소득 불평등에 적극 개입해야 한다. 소득 불평등의 개선 없이 금융 위기는 반복될 수밖에 없기 때문이다. 중앙은행의 가장 큰 힘은 통화를 발행할 수 있는 '발권력'이다. 행정부는 국회(국민) 동의 없이 재정 지출을 할 수 없는 반면 중앙은행은 통화 정책 운용에 있어서 기본적으로 국회의 견제도 받지 않는다. 물론 통화 정책의 목표들(물가안정, 완전고용, 금융안정 등)을 추구하도록 요구받지만 통화 정책 운용에 있어서 상당히 자의적인 권한을 행사할 수 있다. 무엇보다 통화 정책을 결정하는 위원회(예를 들어 한국은행 금융통화위원회, 연준 공개시장위원회 등) 구성도 나라마다 차이가 존재하지만 기본적으로 위원회 구성에서 취약계층의 이해는 반영되지 않고 있다. 중앙은행이 화폐량을 어느 정도 발행하고, 어떤 목적을 위해 발행하는가는 사회 구성원들에게 매우 중요한 일이다. 기본적으로 중앙은행은 자신이 발행한 화폐가 제대로 기능하게 하기 위해 화폐가치의 안정(물가 안정)을 기본 목표로 설정한다. 그런데 화폐가치 안정은 실업자 등 취약계층보다 화폐를 많이 보유한 사람에게 중요한 의미를 갖는다. 화폐가치의 하락을 의미하는 물가 상승은 화폐 자산 보유자에게 피해를 입히기 때문이다. 물론 취약계층에게도 물가 안정은 중요하지만 이들에게 더 중요한 것은 소득의 안정적 확보, 즉 일자리다. 한국은행과 달리 연준이 통화 정책의 목표 중 하나로 완전고용을 포함하고 있는 것은 철저한 계급적 이해 타협의 산물이다. 미국은 1946년 고용법을 통해 국가에게 '최종 고용자' 의무를 부과했고, 이 연장선에서 완전고용 달성을 연준 통화 정책 제일의 목표로 설정한 것이다.

기업의 관점에서 실업은 유효수요가 부족한 상황에서 기업이 기대하는 이윤이 모든 고용을 보장하지 못한 결과다. 이 말은 곧 기업은 모두에게 일자리를 제공하지 못할 뿐 아니라 장기적으로도 완전고용은 기대하기 어렵다는 것이다. 반면 가계의 관점에서 실업은 원하는 것이 있지만 돈을 획득할 수 없는 사람의 존재를 의미한다는 점에서 '화폐적 현상'이다. 그리고 화폐가 국가의 창조물이라는 점에서 실업을 국가의 책임(최종고용자 의무)으로 규정한 것이다. 그러나 한국의 경우 실업 문제는 통화 정책보다 재정 정책에 더 많은 역할을 배분하고 있을 뿐 아니라 재정 정책도 그리 효과적이지 못하다. 따라서 중앙은행의 통화 정책을 결정하는 금융통화위원의 구성 방식을 바꾸어야 한다. 현재 산업 자본(대한상공회의소 추천 몫)과 은행 자본(은행연합회 추천 몫)의 이해를 대변하는 금융통화위원만 있을 뿐 노동자와 소상공인, 청년층 등 경제적 취약계층의 이해를 대변하는 금융통화위원은 없다. 정부가 그들의 이해를 대변할 수 있지 않느냐고 주장할 수 있지만 그러한 기대는 기업 친화적 정부에서 불가능할 것이고, 심지어 개혁을 표방한 정권조차 금융 논리로 접근하기에 취약계층을 위한 통화 정책의 정상화는 기대하기 어렵다. 이처럼 '중앙은행 민주화'의 연장선에서 취약계층의 경제적 자립을 지원하기 위해 중앙은행의 발권력이 활용되어야 한다. 제1금융권에 취약계층의 접근이 어렵거나 높은 대출금리를 요구받고 있듯이 금융시장은 취약계층에게 도움을 주지 못할 뿐 아니라 빚을 내 빚을 갚아야 하는 채무의 악순환으로 몰아넣는다는 점에서 오히려 상황을 악화시킨다. 예를 들어 취약계층의 자활 프로젝트에 중소기업처럼 정책금융(금융중개지원대출)을 지원해주는 등 중앙은행이 직접 개입해야 한다. 취약계층의 경제적 자립은 사회적 비용(예를 들어 기초생활보장 생계급여 지원이나 부채 탕감 등)을 줄일 뿐 아니라 내수를 강화시키고 사회의 인적자본을 증가시킴으로써 성장을 지원한다. 소득분배가 개선될수록 사회의 평균적인 소비성향은 높아지고, 새로운 기술이나 지식 습득 등에 대한 저소득 계층의 투자를 증대시키기 때문이다. 결국 사회의 소득분배가 개선될수록 가계의 소득 대비 신용 비중이 낮아져 금융 위기 가능성은 낮아질 것이다. 소득 불평등의 해소야말로 금융 위기 이후 중앙은행에게 부여된, 즉 중앙은행이 금융감독 당국으로부터 어렵게 얻어낸, '금융 안정' 목표(한국은행 제1조 2항)를 수행할 수 있는 최선책이다.

조세 체계, '상식'이 필요하다

우리 경제에서 조세 체계의 전면적 개편은 보수와 진보 진영 모두 필요성을 공감한다. 단지 개편 내용에 있어서 견해의 차이가 있을 뿐이다. 무엇보다 급속한 고령화와 더불어 산업 구조조정이나 4차 산업혁명 등에 따른 일자리 충격 등으로 재정수요는 빠르게 증가할 수밖에 없는 반면 저성장의 심화로 재정의 최대 기반인 조세 수입의 증가 속도는 하락할 수밖에 없다. 세제 개편에서 가장 중요한 것은 세제 개편의 이유나 구성원의 혜택과 부담의 변화 등에 대한 근거나 구체적인 설명 등이고, 그와 더불어 형평성 문제다. 현재 우리 사회의 조세 체계가 갖는 문제를 중심으로 볼 때 개편 방향은 크게 세 가지 이슈로 구분할 수 있다.

첫째, 소득 기반의 세제로는 재정수요를 해결하기 어렵다는 것이다. 소득 기반의 세제는 암묵적으로 지속적인 경제성장에 바탕을 하고 있는 세제인 반면, 저성장 혹은 성장 중단의 상황이 도래하고 있기에 소득 기반의 세제는 위기를 맞이할 수밖에 없다. 따라서 소득 기반의 세제를 자산 기반의 세제로 보완해야 한다. 자산 기반 세제의 강화는 추가로 세수를 확보할 수 있을 뿐만 아니라 (소득 재분배라는 조세 기능 차원에서도 부합하는) 불평등 완화의 효과도 거둘 수 있고, 또한 세대 갈등 문제도 해결할 수 있다. 자산 불평등이 소득 불평등보다 훨씬 심각한 것은 잘 알고 있는 사실이니 부연할 필요가 없을 것이다. 특히, 경제 활동 비중이 높은 청년층은 세금 부담은 높고 자산 형성에서는 불리한 위치에 있는 반면 경제 활동 비중이 낮은 노년층은 세금 부담은 낮고 사회보장은 높은데 자산은 상대적으로 많이 축적된 계층이다. 게다가 자산에 대한 세금은 대개가 불로소득에 대한 세금이라는 점에서 도덕적으로도 우위에 있는 세금이다. 이러한 자산세의 대표적 경우가 부동산세라 할 수 있다. 물론 기업이 보유하는 부동산에 대한 세금 부담 증가가 문제가 되면 법인세 조정도 검토할 수 있다.

둘째, 조세 형평성 문제를 손보지 않으면 45% 안팎에 이르는 면세자 비율을 축소하기 어렵다. 우리 사회는 조세 형평성에 대한 불만이 매우 높다. 소득 파악이 정확하게 이루어지지 않는 까닭에 세금 징수의 형평성에도 불만이 야기되지만, 세제 자체의 공평성 결여도 형평성 불만의 주요 요인이 되고 있다. 먼저 모든 소득을 통합해 세율에 따라 과세할 필요가 있다. 예를 들면 일정 규모 이내 금융소득에 대한 분리과세는 폐지하고 근로소득 등 다른 소득과 통합해 과세해야 한다. 또한, 소득세율의 구간을 보다 확대해야 한다. 현재 최고 소득세율을 적용받는 5억 원 초과 부분을 더욱 세분화할 필요가 있다. 예를 들면, 10억, 50억, 100억 이상의 구간을 추가로 도입하고 보다 높은 세율을 적용해야 한다. 일부 전문가는 구간 확대에 따른 추가 세수가 크지 않다고 주장하지만, 이는 세수 규모의 문제로 접근해서는 안 된다. 조세 형평성에 대한 만족감을 높여야만 기형적으로 높은 면세자 비율을 낮출 수 있기 때문이다.

마지막으로 상속세나 증여세에 대한 누진세 강화를 강화하는 한편, 공제 혜택은 극히 예외적인 경우에만 국한하고 공제 제도는 모두 폐지되어야 한다. 시장경제에서 가장 중요한 원리가 공정경쟁인 반면 상속과 증여 등에 의한 부의 이전은 공정경쟁 최대의 적이라 할 수 있기 때문이다. 시장경제가 전근대 봉건제 사회보다 진보적이고 사회발전에 기여할 수 있는 것은 사회 유동성을 향상시켰기 때문이다. 우리 사회는 (앞서 보았듯이 격차 사회가 구조화되고 여기에) 부와 계층이 세습되는 사실상의 계급제 사회로 후퇴했다. 즉 우리 사회는 사실상 봉건제 사회이지 시장경제의 사회가 아니다. 어떤 부모를 만나느냐가 실력으로 이어지는 사회에서 혁신은 질식될 수밖에 없다. 한 사회가 가진 희소한 자원이 가장 효율적으로 배분되기 위해서는 기회의 공정성이 전제가 되어야 한다는 '상식'이 작동하는 사회가 될 필요가 있다.

2

Economics

'한국형' 미래 산업 생태계를 구축하자

탈공업화, 그리고 경제 패러다임의 혁명적 변화

탈공업화에 따른 우리 사회의 대응은 그동안 두 가지 측면에서 이루어졌다. 하나는 서비스 부문 경쟁력 강화였고, 다른 하나는 신성장 동력 만들기였다. 서비스업 육성의 문제점은 1부에서 이미 소개한 것으로 대체한다. 가치 사슬의 상단 부분(고부가가치 영역)에 있는 제품 및 프로젝트 기획이나 핵심 구조와 시스템의 설계 및 디자인 등 이른바 '개념설계' 역량은 선진국에 의존해왔는데, 이러한 역량을 확보하기 위해서는 경험과 지식의 축적을 위한 시간이 요구된다.

반면에 정부는 시간이 소요되는 일은 기피해왔던 것이다.[20] 추격과 모방 중심의 성장 체질에 익숙해진 한국 산업이 기존에 세상에 없던 새로운 기술을 받아들이는 일에 소극적인 배경이다. 디자인과 제조, 포장, 조립 과정으로 구성되는 반도체 산업에서조차 삼성전자는 디자인 부분이 아닌 제조 과정에 자리 잡고 있다. 문제는 우리가 확보한 역량은 중국 등 후발 국가들이 쉽게 추격할 수 있는 것들이라는 점이다.

이런 상황을 잘 보여주는 것이 현재 한국의 주력 제조업들의 모습이다. 1990년대 중반 이래 20년 이상 변동 없이 3대 주력 산업으로 존재하는 자동차, 조선, 반도체 등의 상황은 한국 제조업의 현주소를 잘 보여준다. 사업 재편의 위기를 맞고 있는 자동차 산업의 경우 전기차 등 신재생 에너지 자동차 부문에서 중국에 이미 추격을 당했고, 조선과 반도체는 특수에 의존하는 상황이다. 특히 자동차 산업의 경우 이중고를 겪고 있다. 가격 경쟁력은 중국에 추격을 당하고 있고, 기술 및 브랜드 등의 부문에서는 선진국과 격차를 보이고 있다. 그 결과 2016년부터 세계 판매량이 감소세로 전환됐고, 국내 자동차 생산량은 인도와 멕시코 등에 밀리고 있다. 문제는 중국이 '반도체 굴기'를 목표로 미중 무역전쟁에서 시간 벌기와 양보로 대응하며 반도체를 추격하고 있다는 점이다. 또한 중국의 친환경 에너지 소비 정책에 따른 LNG 수요 급증과 중국 정부의 자국 조선업체의 LNG선 개발 지원의 결합을 통해 LNG선 부문에서 기술력 차이를 좁히고 있다. 예를 들어 중국에서 화웨이는 가치 사슬의 상단 부분인 디자인 영역에 자리 잡고 있다.

　이해를 돕기 위해 반도체 생산 과정을 간단히 알아보자. 북아메리카 동부 애팔래치아산맥에 매장된 최고 품질의 이산화규소(silicon dioxide, 모래)가 일본으로 이동하면, 그곳에서 순수 실리콘을 주형하여 표준화 웨이퍼(wafer, 반도체 얇은 판)로 잘라낸다. 웨이퍼는 대만이나 한국의 칩 공장으로 보내지고, 네덜란드에서 만들어진 사진인쇄 기술을 사용해 반도체 표면에 직접회로, 부품, 박막회로, 배선 패턴 등을 만들어 넣는데, 이 패턴은 칩의 전체 디자인에 의해 결정된다. 그다음 조립 및 포장된 후 중국, 베트남, 필리핀 등에서 테스트를 하고 산업 로봇, 스마트 전기, 컴퓨터 등의 회로 기판(circuit board)에 통합된다.

〈표7〉 반도체 산업의 구성21

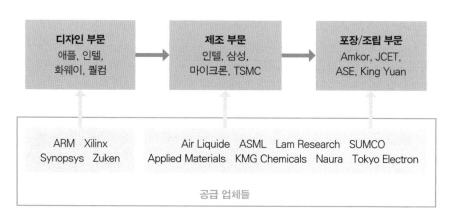

따라서 시간의 이점(선진국)과 공간의 이점(중국)이 없는 우리의 경우 "기업뿐만 아니라 우리 사회의 모든 주체가 개념설계 역량의 축적을 지향하도록, 즉 단순한 산업을 넘어 국가적인 차원에서 인센티브 체계, 문화 등 우리 사회 전체의 틀을 바꿔 총력으로 역량을 축적하는 체제를 갖춰나가야 한다."는 원론적 해법이 제시된 상태다. "그 첫걸음으로 해결해야 할 가장 중요한 과제는 우리 사회가 창조적 축적을 위한 열린 자세와 시간을 가져야 한다는 점이다. 새롭고 도전적인 개념을 자신 있게 이야기할 수 있는 환경을 제공하고, 실패를 용인하며, 경험 지식을 축적하고자 노력하는 조직과 사람에게 더 많은 혜택이 돌아갈 수 있도록 사회적 인센티브 체계 전반을 개편해야 한다. 나아가 추격 경제 시기에 우리 산업계와 정책 의사 결정자들이 가지고 있었던 성공의 방정식, 즉 짧은 기간에 집중적으로 자원을 동원하고, 항상 정해진 목표를 조기에 초과 달성하던 습관에서 벗어나, 지속적으로 투자하고, 시행착오의 과정과 결과를 꼼꼼히 쌓아가는 문화를 정착시켜야 한다."

이러한 해법은 두 번째 과제인 신성장 동력 육성에도 적용된다. 신성장 동력 육성은 대부분의 선진국들도 개척하는 분야다. 기존 제조업처럼 선진국에 의해 검증된 사업이 아니기에 모방이 불가능하다. 그래서 선진국들조차 신성장 동력 만들기에서 어려움을 겪고 있다. 실제로 이명박 정부가 추진했던 녹색성장 전략이나 박근혜 정부가 추진했던 창조경제 육성은 우리도 실패했지만 선진국이라고 해서 딱히 성과를 만들어냈던 것도 아니다. 이명박 정부의 녹색성장 전략은 미국 오바마 행정부의 '그린 뉴딜' 전략을 모방한 것이다. 그러나 이명박 정부는 27대 중점 녹색 기술의 연구개발비로 5년간 5조 원 투자를 계획했다. 1개 분야당 평균 수조 원이 필요한 녹색 기술 개발에 2,000억도 안 되는 투자 규모였다. 녹색산업에 대한 기본적인 이해가 부족한 결과 녹색성장의 실패는 예고된 결과인 것이다.

박근혜 정부의 창조경제 육성 역시 창조산업에 대한 이해 부족으로 4년 내내 창조경제의 모호성과 씨름한 격이었다. 일본이 1990년대 말부터 추진한 창조산업 육성의 참혹한 실패조차 교훈으로 삼지 못한 결과였다. 일본은 1990년대 자산시장 거품 붕괴 후 제조업을 과감하게 구조조정하기보다 금융 지원으로 연명시키며 좀비 기업의 증가와 장기 불황을 초래했다. 그러다 뒤늦게 부실기업 정리에 따른 공백을 메울 대안 산업의 육성이 필요하다는 인식 속에서 1990년대 말부터 창조산업 육성을 추진하고, 동시에 산업 차원의 제조업 구조조정을 추진했다. 그러나 창조산업의 육성 전략은 처참히 실패했다. 일본이 창조산업 육성에 실패한 이유는 제조업과 창조산업 간 차이에 대한 이해 부족 때문이었다. 한마디로 자본 집약적 제조업과 달리 아이디어 및 데이터 집약적인 창조산업을 제조업 육성 방식으로 접근한 결과였다. 박근혜 정부의 창조경제 육성은 일본의 실패를 반면교사로 활용하지 못한 채 제조업이나 IT 산업의 경험을 그대로 적용했고, 그 결과 창조경제 육성의 업적을 만들기 위해 창업기업 숫자를 늘리는 데만 집중했다.

문재인 정부가 뒤늦게 산업 생태계에 활력을 주기 위해 추진한 산업 정책은 달라졌을까? 결론부터 말하면 제2의 창조경제가 될 가능성이 100%다. 문재인 정부는 산업 혁신을 위해 "4차 산업혁명 시대를 주도할 지능정보화, 디지털화, 플랫폼 경제를 핵심으로 그 기반이 될 데이터, AI, 수소경제, 스마트공장, 자율주행차 등에 20조 원의 예산을 본격적으로 투입하겠다."고 밝혔다. 여러 가지를 나열하고 있지만 핵심은 '플랫폼 경제'의 활성화로 압축된다. 그런데 앞에서 소개했듯이 플랫폼 경제가 활성화되려면 플랫폼 기업 조직이나 플랫폼 사업 모델이 전제가 되어야만 한다. 그저 유럽과 중국 등에서 전기차 생산의 의무화나 미국 일부 주에서 저탄소 연료 의무화를 강화하듯이, 전기차 대신 수소차를 대안으로 추진하다 보니 수소 경제를 얘기할 뿐이고 나머지 육성 산업은 '스마트 모빌리티' 사업과 관련이 있다.

사실 문재인 정부가 추진하는 산업 생태계 활력 만들기는 한국 기업의 미래 성장 동력과도 맞물려 있다. 삼성이 미래 성장 동력으로 추진하는 AI · 5G(5세대 이동통신) · 전장(전자장치) 사업이나 현대 · 기아차가 추진하는 '스마트 모빌리티 솔루션 서비스' 사업 등이 그것이다. 자동차가 또 하나의 스마트 모바일 기기가 되는 자율주행차에는 AI와 5G 기술의 뒷받침이 절대적으로 필요하고, AI 기술에는 빅데이터의 지원이 반드시 필요하며, 데이터의 생성에 차량의 개인적 소유보다 공유가 절대적으로 유리하다. 친환경차와 자율주행차, 차량 공유가 결합된 스마트 모빌리티 분야가 스마트폰 이후 가장 확실한 사업 분야로 부상하는 이유다. 그런데 문재인 정부가 '플랫폼 경제 활성화'를 목표로 하면서도 플랫폼 경제의 의미를 모르고 있듯이, 삼성과 현대차 역시 자신을 플랫폼으로 진화시키지 못하면서 플랫폼 사업 모델을 추구하고 있다는 문제점을 갖고 있다. 따라서 이런 기조가 계속된다면 정부나 기업의 미래 성장 동력 확보는 모두 실패할 수밖에 없다.

플랫폼 경제가 활성화되기 위해서는 기업들은 기존 사업 모델의 틀을 벗어던지고 플랫폼 기업으로 진화하고, 플랫폼 사업 모델에 기반한 창업을 활성화해야만 한다. 기존의 기업들이 플랫폼 기업으로 진화하지 못하고, 플랫폼 사업 모델 방식의 창업이 활성화되지 않는 한 플랫폼 경제의 활성화는 구호에 그칠 수밖에 없다. 따라서 정부나 경제 주체 모두 플랫폼 사업 모델에 대한 정확한 이해가 전제가 되어야만 한다. 앞에서 봤듯이 플랫폼 사업 모델은 협력과 공유에 기반한 연결(공동 창조) 방식이기에 독립적 생산(가치 창출) 방식인 전통적 기업과 근본적으로 다르기 때문이다. 농업 사회에서 산업 사회로 이동한 이유가 제조업이 농업보다 부가가치가 높기 때문이었고 그 결과 사람과 돈이 농업에서 제조업으로 이동한 것이었다. 마찬가지로 21세기의 우리는 제조업에서 데이터를 활용해 가치를 창출하는 공유 경제 혹은 플랫폼 사업 모델에 기반한 기업들로 사람과 자

제IV부 우리 경제가 가야 할 길

본이 이동하는 현상을 목격하고 있다.

이 시점에서 우리는 기업 조직에 대한 성찰과 재검토를 할 필요가 있다. 19세기 중반 이후 법적으로 유한책임을 가진 주식회사 형태의 기업들은 시장의 수용에 부응하는 치열한 경쟁 속에 인류에게 물질적 풍요를 가져오는 데 크게 기여해왔다. 그런데 많은 사람들은 오늘날의 기업들이 반사회적이고 오로지 주가 변동에만 관심을 보이며, 해당 경영자들은 자신이 받는 보수에만 열중하는 등 사회적인 이슈에 무책임한 존재로 변질되었다고 생각한다. 유한책임 방식으로 상장된 주식회사들이 국가와 사회로부터 많은 특혜를 부여받은 것은 사실이다. 예를 들어 기업에 법인격을 부여함으로써 주주들에 대한 책임과 손실(위험) 등을 최소화시켜주었다. 이러한 특혜는 기업들이 주주의 이익만이 아니라 사회가 요구하는 물질의 공급을 증대시키고, 더 중요한 것은 장기적인 혁신시스템을 만들리라는 기대 속에 정당화된 것이다.

그러나 기업이 주주 가치와 단기 실적[22]에 매몰한 결과, 지난 수십 년간 혁신[23]과 생산성[24], 그리고 실질 임금[25]과 일자리 만들기* 등에 대한 기여는 크게 감소했다. 혁신과 진보를 가져온 경쟁의 동력은 사라지고, 독점과 온갖 부정적인 요소들이 기업 내부를 멍들게 하고 있기 때문이다. 디지털 혁신이 주도하는 기술 진보조차 시장 집중을

---

* 미국의 일자리 증가율은 1970년대 연평균 2.6%, 1980년대 1.6%, 1990년대 1.3%, 2000년대 0.9% 그리고 최근 10년간(2006~2016년)은 0.5%로 하락해오고 있다.

증대시키는 반면, 시장 집중을 통해 증대한 수익으로 다시 신생 기업들을 인수함으로써 시장 집중 심화를 가속화하며 혁신을 저해하고 있다. 게다가 경제적 지대의 대부분이 소수에게 집중되면서 불평등을 심화시키고 있다. 이처럼 현재 일반화된 유한책임 방식으로 상장된 주식회사들 대부분은 기본적으로 주주들의 이익 극대화에 초점을 맞추는 반면, 주주들은 기업 내 종업원들, 거래관계에 있는 납품업자들 그리고 소재 지역 사회 구성원들의 이익에는 관심이 없다.

그런데 대기업과 중소기업의 상호 협력, 기업과 종업원과 소비자의 이익 공유, 기업과 지역 주민의 상생 없이는 기업이 플랫폼 사업 모델로 진화할 수가 없다. 이런 상황에서 기업이 자체적으로 지니고 있는 자원을 잘 관리하는 것이 기업 경영의 근간이라고 생각하는 기업들이 역사의 뒤안길로 사라지는 것은 자연스러운 현상이다. 문재인 정부에서 도입하려는 '협력이익 공유제'를 둘러싼 정부와 대기업 그리고 대기업과 중소기업의 갈등을 보면 한국의 대기업들, 특히 재벌 기업들이 미래 성장 동력을 만들지 못하는 이유를 쉽게 납득할 수 있다. 문재인 정부는 대기업과 중소기업의 격차 완화와 관계 개선을 위해 협력사의 혁신 성과가 대기업의 경쟁력 향상으로 연결되도록 대·중소기업이 함께 성장하는 생태계 조성을 목표로 삼았다. 즉 세제 등 인센티브를 지원*함으로써 참여 기업들이 자율적 협의·

---

* 협력이익 공유제 도입 기업의 경우 손금 인정, 세액 공제, 상생협력 과세특례 공제 등 세제 혜택과 더불어 동반성장 지수 평가 가점 부여, 공정거래협약 평가 시 가점 부여, 정부 R&D 사업 우대, 조달청 물품 구매, 일반·기술용역 적격심사 시 우대, 수의계약 체결 등을 지원한다.

계약을 맺고, 대·중소기업 간 공동의 노력을 통해 달성한 협력이익을 공유하도록 유도하겠다는 것이다. 기존의 '성과공유제'*가 원가 절감 등을 통한 직접적 이득분 내의 공유만 유도함으로써 중소기업이 투자한 R&D 비용 등의 회수에 어려움이 있고, 원가정보 공개로 추가 단가인하 요구의 빌미로 작용함으로써 중소기업의 기술개발 의욕을 저하시키는 등 중소기업에게 돌아가는 실질적 혜택이 제한적이라는 문제점이 드러났기 때문이다.[26] 그러나 대기업은 협력이익 공유제 도입을 결사코 반대한다. 자율적 결정 사항이라 해도 참여하지 않는 대기업들이 피해를 입을 수밖에 없다는 이유 때문이었다.

이처럼 한국의 재벌 기업들에게 협력과 이익 공유는 아직도 너무 낯설다. 문제는 협력과 이익 공유가 체화되지 않는 한 미래 성장 동력을 만드는 것이 절대 불가능하다는 점이다. 예를 들어 삼성의 이재용 부회장은 2018년 미래 성장 동력으로 AI·5G·전장(전자장치)·바이오 사업의 추진을 발표했다. 발표 당시 이건희 회장이 2010년 발표한 5대 신수종 사업을 재정비한다고 했지만 성과 부진에 따라 사실상 폐기하고 새로 선정한 것이나 다름없다. 그런데 의료민영화에 의존하는 바이오 사업을 제외한 AI·5G·전장은 앞서 소개한 '스마트 모빌리티' 사업과 관련이 있다. 그런데 당시 해외에서는 삼성의 대응이 너무 늦었다는 평가가 지배적이었다.

---

* 2004년 포스코가 최초 도입하고 2006년 상생법에 근거를 마련한 성과공유제는 위탁기업이 수탁기업의 혁신활동을 지원하고 협력사와 성과를 공유하기 위해 도입한 제도다.

그러나 더 근본적인 문제는 삼성의 접근 방식에 있다. 애플이 앱 스토어 사업 모델을 소개했을 때 인기 어플리케이션 개발자 수십 명을 고용하며 대응했던 삼성선사가 떠올랐다. 이깃이 '이익 공유'를 통한 가치 창출을 목표로 기업 밖의 수십억 명의 아이디어를 연결시킨 애플이 혁신의 아이콘이자 디지털 생태계의 강자가 된 반면, 삼성전자는 모바일 기기 제조업체로 머물게 된 이유다. 그런데 뒤늦게 '스마트 모빌리티' 사업으로 눈을 돌린 삼성은 역시 같은 방식으로 해외 업체의 인수를 통해 접근하고 있다. 즉 전기차 시대를 대비해 전장사업을 한다며 전장전문기업 하만(Harman)을 인수했고, AI 플랫폼 기업 비브 랩스(VIV Labs) 등을 인수했다. 그러나 삼성전자가 개발한 음성 인식 플랫폼인 빅스비(Bixby)의 처지를 구글 어시스턴트(Assistant)나 애플 시리(Siri) 등과 비교하면 구글 안드로이드나 애플 iOS 등과 대비되는 삼성전자의 타이젠(Tizen)이 어쩔 수 없이 떠오른다. 삼성은 빅스비 기능 등 AI 역량을 강화하기 위해 대화형 AI 서비스 업체 플런티(Fluenty)를 인수했다. 물론 자신이 추진하는 사업의 완성을 위해 부족한 부분 인수로 보완하는 것이 꼭 문제는 아니다. 다만 그 인수를 통해 해결할 것이 있고, 해결할 수 없는 것이 있다. 기본적으로 구글과 애플 등이 AI와 자율주행차 등에서 선두를 달리고 있는 이유는 이들 기업이 플랫폼의 강자이기 때문이다.

플랫폼의 핵심 가치는 사용자의 자발적 참여를 끌어낼 수 있게 하는 '힘'에 있다. 그래야만 AI 기술을 발전시키기에 절대적으로 필요한 빅데이터의 확보가 가능하기 때문이다. 즉 AI 기술을 발전시키기 위한 최선의 해결책은 기업 자체가 '플랫폼'이 되는 것이다. 앞서 강조했지만 스마트 모빌리티 사업은 차량 안에서 사람이 운전을 하는 대신 인터넷과 어플 등을 사용할 수 있는 자율주행차를 전제로 하는 것이고, 자율주행차는 AI와 5G 기술의 절대적인 뒷받침을 필요로 한다. 그리고 AI 발전에 필요한 빅데이터를 확보하려면 차량 소유보다 차량 공유가 더 바람직한 방식이다. 이것이 현대·기아차가 '스마트 모빌리티 솔루션 서비스' 사업을 추진하기 위해 차량 공유 사업에 공격적으로 진출하는 배경이다. 정의선 부회장이 호주, 인도, 동남아, 미국 등의 차량 공유나 모빌리티 사업체들에 지분 투자를 하는 이유기도 하다. 문제는 삼성과 마찬가지로 현대·기아차 자신이 플랫폼으로 변신하지 못하는 한 플랫폼 사업으로 진화하는 것은 한계를 가질 수밖에 없다는 점이다. 그렇기에 전혀 다른 가치 창출 방식에 기초하는 제조업체가 플랫폼으로 진화하기는 어렵다. 미국의 20세기를 상징하는 GE나 GM 등이 퇴조한 근본 이유다. 즉 스마트 모빌리티 서비스 솔루션 사업을 전통적인 완성차 기업보다 플랫폼 기업들이 주도하는 배경을 이해해야만 플랫폼 경제 활성화가 가능하다.

'한국형' 공유 경제, 플랫폼 경제, 데이터 경제

모두가 아는 것처럼 한국은 플랫폼 경제에서 많이 뒤쳐져 있다. 그러나 실망하기에는 이르다. 후발 주자가 가진 강점은 시행착오를 줄일 수 있을 뿐 아니라 무엇보다 선발 주자가 놓친 문제나 부작용 등을 해결할 수 있다는 점이다. '한국판' 공유 경제나 플랫폼 경제 그리고 데이터 경제를 만들어야 한다. 그런데 우리 사회는 공유 경제에 대해 많은 혼란을 겪고 있다. 무엇보다 평등을 지향하는 공유 경제에 대한 기존 인식과 달리 '초양극화'를 수반하고 있기 때문이다. 공유 경제와 초양극화의 공존이라는 혼란스러운 현상이 발생하는 근본 원인은 변화된 가치 창출 방식이 자본주의 질서 속에서 진행되고 있기 때문이다. 문제는 공유와 초양극화가 양립 불가능하듯이 공유 경제는 자본주의 질서 속에서 꽃을 피우기 어렵다는 점이다. 공유 경제가 새로운 경제 질서로 자리매김하려면 그에 부응하는 사회 혁신들이 절대적으로 요구된다.

공유 경제는 '공유형 협업적 자본주의'에서 '공유형 협업적 호혜 경제'로 진화해야만 지속 가능한 경제 모델이다. 왜냐하면 공유형 협업적 자본주의에서 AI 기술은 일자리 대충격과 초양극화로 이어질 수밖에 없기 때문이다. 이전의 기술 진보가 가져온 자동화는 프로그래머에 의해 만들어진 잘 짜인 규칙에 의존한 반면, AI 프로그램과 관련된 자동화는 부딪히는 데이터 속 패턴에서 학습하고, 나아가 새로운 정보를 해석하는 방식에 필요한 자체 규칙을 개발하는 방향으로 진행되면서 매우 적은 인간(노동력) 투입으로 학습과 문제 해결이 가능해지는 방향으로 진화하고 있다.

이론적으로도 자동화가 일자리에 미치는 영향은 생산성 증가를 통해 일자리 창출에 긍정적으로 영향을 미치는 '생산성 효과'[27]와 자동화에 의해 기존 일자리를 없애는 '대체 효과'로 구분된다. 여기서 생산성 효과란 무엇인가? 컴퓨터나 인터넷이 도입되었을 때 컴퓨터와 인터넷을 활용해 자신의 생산성을 증대시키는 노동력이나 업무에 대한 수요가 증가했듯이, AI 사용이 확산됨에 따라 AI에 의해 대체되기보다는 AI를 생산성 증대로 연결시키는 업무는 수요가 증가되는 것을 의미한다. AI에 의해 대체될 수많은 업무의 감소 속도를 추월할 만큼 AI를 활용하면서 사회적 수요를 만들어낼 수 있는 새로운 업무가 증가하지 않는 한 일자리는 감소하고 사회 전체 소득 중 노동소득의 비중도 줄어들기에 불평등도 악화될 수밖에 없다.[28]

호모 이코노미쿠스에서 호모 데우스로

그렇다면 AI 도입과 확산으로 없어질 기존 업무들을 대신해 새로운 업무(일자리)는 어떻게 만들 수 있을까? 플랫폼 사업 모델과 공유 경제의 활성화로 새로운 사회적 수요(시장)를 만들어낼 수 있는 수단은

AI와 5G 등 기술과 더불어 '데이터'다. 이러한 수단을 활용해 새로운 업무를 만들어내는 일은 새로운 '레시피'를 찾는 능력에 비유할수 있다. 풍부한 데이터에 접근할 수 있다고 해서 사회가 요구하는새로운 업무를 만들어내지 못하는, 이를테면 같은 음식 재료를 갖는다고 똑같은 음식을 만들지 못하는 이치와 같기 때문이다. 데이터와기술 등을 활용해 사회가 요구하는 업무를 만들어내려면, 데이터를활용해 문제를 찾아내고, 활용 가능한 기술들의 결합을 통해 문제를해결하는 역량이 필요하다. 일부에서 '4C 역량'(창의성, 비판적 사고, 소통, 협업 역량)을 강조하는 배경이다. 문제를 찾아내더라도 그 문제를해결하기 위한 모든 역량을 혼자 갖출 수가 없기에 다른 사람과의협력을 통해 새로운 가치를 만들어낼 수밖에 없다. 문제를 찾아내고해결하는 역량은 산업화 시대의 고부가가치 창출과 관련된 '개념설계 역량'과도 관계가 있다. 기존의 관점에서는 '시간의 축적'이 필요하다고 생각하겠지만, 시간이 지나도 문제를 찾아내고 해결하는 역량을 갖추지 않으면 '개념설계 역량'은 확보하기 어렵다. 즉 문제를찾아내고 해결하는 역량의 확보가 제조업의 고부가가치 부문을 강화할 뿐 아니라 데이터 경제를 활성화시키는 관건이다.

새로운 문제를 찾아내고, 그 문제를 함께 해결해내는 역량을 갖추어야 한다는 것은 물적 자본의 보조적인 역할 수행에 필요한 훈련이나 서비스 제공에 필요한 지식을 갖추는 것과는 근본적으로 다를수밖에 없다. 그 지식의 전수와 습득 방식의 교육으로는 AI와 경쟁할 수 없기 때문이다. 젊은 시절 교육에 단 한 번 투자하면 삶이 끝날 때까지 보상을 누릴 수 있었던 과거, 즉 정규 교육을 마치고 일을 하다가 은퇴한다는 교육의 관점과 일자리 모델은 막을 내렸다. 이것이 지식 전수 및 습득에 기반한 현재의 교육 방식에 대한 혁명적 변화가 필요한 이유다.[29] '교육'은 "사람을 만드는 일"이라는 점에서 교육혁명은 새로운 인간형의 등장을 의미한다. 예를 들어 플랫폼 사업과 공유 경제에서 가치 창출의 핵심 원리는 연결과 협력이다. 그런데 '협력'은 기본적으로 호혜적일 수밖에 없기에 남의 지배나 구속을 받지 않고 자기 마음대로 하는 '자유'보다 스스로 자신을 통제해 절제하는 '자율'을 요구한다. 분산된 개인 간에 공유와 협력이 작동하기 위해서는 '자유'를 대신해 '자율'이 새로운 사회 규범이 되어야 한다. 개인 정보와 사생활의 침해에 대한 우려, 공유 경제가 범죄에 악용되는 문제, 소프트웨어 개발자의 윤리적 책임 문제 등 AI 시대의 도래로 여러 문제가 발생할 것이다. 이러한 문제를 해결하고, 협력의 원리로 사회와 경제를 운영할 때 발생 가능한 '무임승차 문제'나 '집단행동의 딜레마' 등을 해결하고 동시에 신뢰를 확보하기 위해서도 자율은 절대적으로 필요한 규범이다. 게다가 반인간적 AI 로봇의 등장을 방지하기 위해서도 공생과 협력이 체화된 인간형(자율형 인간)과 사회 질서는 절대적으로 필요하다.

여기서 말하는 '자율형 인간'은 "개인과 인간이 살아가는 사회와 자신이 속한 자연생태계와의 공진화를 추구한다는 점에서 서양식으로 표현하면 '호모 데우스(Homo Deus, 신이 된 인간)' 혹은 '호모 엠파티쿠스(Homo Empathicus, 공감하는 인간)'"이고, 동양식으로 표현하면 "'자율'이 개인 의지의 준칙인 동시에 보편적 법칙의 원리로 타당한 행위 규범이라는 점에서 (개인과 전체가 다 같이 사는) '개전쌍전(個全雙全)'이나 (하나는 전체이고, 전체는 하나라는) '일즉다, 다즉일(一即多, 多即一)' 사상이 체화된 '이타자리형 인간'"이다.[30] '공감'이 시대의 화두로 부상한 이유다. '공감'의 어원적 의미는 '접해 느낌', '교감함', '함께 느낌'의 근원적 감정을 말한다. 동양에서는 '마음을 함께 함(知心)'으로, 서양에서는 타인의 감정, 열정, 고통을 함께 느끼는 것으로 이해했듯이 '공감'은 자아와 타자가 둘이 아닌 하나인, 자타불이(自他不二)의 성격을 갖는다.

공감 역량은 협력을 위해서 절대적으로 필요한 역량이다. 따라서 교감성(associability)을 갖춘 '호모 엠파티쿠스'를 만들어내는 교육이 요구된다. 요컨대 다양한 종류의 인간적 및 사회적 관계 형성에 참여할 뿐만 아니라 자신의 필요와 구상에 따라 그것을 제안하고 능동적으로 구성해나갈 수 있는 능력을 가진 존재로 만들어야 한다.[31] 이는 산업 사회에서의 혼자만 잘하면 되는, 파편화된 개인의 삶과는 대조적이다.

데이터 경제에 필요한 사회 혁신들

가치 창출 방식의 변화와 새로운 인간형은 필연적으로 사회 문화, 경제 질서, 민주주의 등의 변화를 초래할 수밖에 없다. 구체적으로는 차이와 다양성이 가치의 원천으로 존중되는 문화의 확산, 협력과 공유가 소비와 생산에 국한되지 않고 분배의 영역까지 포괄하는 호혜 경제의 확산 그리고 자유민주주의(제1민주주의)와 인민민주주의(제2민주주의)를 넘어 자율민주주의(제3민주주의)로의 진화를 요구한다. 예를 들어 블록체인 플랫폼과 사회 혁신이 결합된다면 생산성의 비약적인 발전으로 광범위한 사람에게 최저 소득과 최소 목적을 보장할 수 있을 것이다.[32] 여기서 '목적'은 일을 통해 다른 사람들과 관계를 맺고 의미 있는 기여를 할 기회를 의미한다. 즉 보편적인 행복으로 가는 가장 가능성 있는 길은 인간화된 일(고가 소량 생산 방식)이고, 이 길은 독특하고 사적이며, 인간적인 가치 창출에 대한 모든 것을 포함한다. 또한 이 길은 (농장 직송 재료를 이용하는 레스토랑, 집에서 받는 의료 서비스, P2P 코칭, 라이브 공연 등) 인간이 우위에 서는 모든 업무를 통해 창출되는 가치를 포괄하고, 비인격적인 서비스보다는 공유되는 경험을 제공한다. 이는 3부에서 이미 소개했던 분배 시스템의 근본적 변화와도 관련이 있다. 사실 새로운 인간형이 전제되어야만 사회적 변혁이 가능하다. 자율민주주의와 호혜 경제 등에 기반한 새로운 미래는 급진적인 집단적 변화보다 새로운 인간 주체의 탄생을 통해 지속 가능한 문명의 변화 속에서 확산될 것이다.

물론 이러한 사회 혁신들이 자동적으로 진행되는 것은 아니다. 기술 혁신들과 더불어 사회 혁신들이 공진화하지 않는다면 디스토피아가 전개될 가능성이 높고 인류 사회는 지속 가능하지 않기에 생존을 위해서는 '대동사회'의 건설이 불가피하다는 것을 경고할 뿐이다. 특히 한국 사회에서 사회 혁신들은 매우 시급하다. 앞서 지적했듯이 로봇 밀도가 높다는 사실은 산업화된 국가 중 한국의 노동력이 자동화에 가장 취약한 단순 숙련 노동력임을 의미한다. 이는 '선택적 공업화'의 결과다. 더욱이 한국의 교육은 학생들이 대학을 졸업할 때까지 자신이 무엇을 좋아하는지 모르며 공부하게 이끌며, 경쟁을 통한 학력 향상에만 치중해 4차 산업혁명 시대의 부적응자를 양산하고 있다. 즉 찍어내기와 줄 세우기 교육으로 대부분의 학생들은 독자적 컬러(아이디어)가 없는 획일화되고 문제 해결 능력이 없는 존재로 양산되고 있다. 이런 점에서 한국 사회에서 교육혁명은 왕따 문화부터 사교육비 문제, 강남 부동산 수요 문제를 해결할 수 있을 뿐 아니라 10대에게는 행복을 찾아주고, 청년 일자리와 기업의 새로운 수익 사업을 만들어내며, 국가 과제인 산업 체계의 개편 등에 필요한 가장 효과적인 해결책인 것이다.

극단적 경쟁 논리가 지배하는 현재의 한국은 학교와 직장 등은 승자독식의 사회 및 제로섬 게임의 사회가 되어버렸고, 극단적 경쟁 논리는 이타심이 없이 이기심만이 가득한 인간을 증가시킴으로써 연결 경제가 요구하는 다른 사람과 함께 일하는 능력인 '사회적 기술(social skills)'을 빈곤하게 만들고 있다. 이처럼 이타심에 의해 절제된 이기심에 기초한 경쟁 논리로 돌아가는 서구와 달리 극단적 경쟁 논리로 이타심이 없이 이기심만을 극대화시키는 한국은 협력의 문화가 절실한 4차 산업혁명 시대에 고립된 섬이 되고 있다. 왕따 문화의 확산에서 알 수 있듯이 '배틀로얄'*이 한국 사회에서는 현실이 되고 있는 것이다. 대학 입시 학종을 위해 입시 코디네이터가 스케줄을 짜고 스케줄에 따라 아이들이 '공부 기계'처럼 살아가는 광적인 교육열을 담은 JTBC 드라마 'SKY 캐슬'은 우리의 현실과 크게 다르지 않다.

재벌 중심 경제체제는 '갑질'로 상징되는 중소기업을 사멸시키고, 결국은 모두가 공멸할 수밖에 없는 경제 생태계 및 산업 생태계다. 이런 상황에서 사회 혁신을 주도해 사회의 미래를 만들 책임을 갖는 정치는 역으로 증오와 혐오를 생산해내는 데 앞장서고 있다. 즉 경제 양극화 및 불평등이 심화되면서 정치 양극화가 일상화되었다.

데이터 경제에서 교육의 관점은 모든 사람들이 자신이 좋아하는 것에 대한 관심을 발전시킬 수 있는 배움을 제공하고, 사람 및 세상의 변화에 대한 이해, 차이와 다양성의 중요성에 대한 이해를 제공하는 데 맞춰져야 한다. 구체적으로는 교육을 모든 시민들에게 보편

---

* 무인도에 갇힌 고등학생들이 생존을 위해 동급생끼리 서로 목숨을 빼앗는 내용의 2000년에 개봉한 일본 영화이다.

적으로 제공하는 공공서비스 영역으로 흡수해서, 배우는 과정이 '즐기는 활동'이 되어 모든 사람들이 독자적인 컬러(차이)를 갖출 수 있게 해야 한다. 3D 프린터와 소프트웨어 활용 기회가 모두에게 열렸기에 누구나 제작에 접근할 수 있게 해주는 등 만들기 능력을 배양해야 하고, 다른 사람과의 협력을 통해 문제를 해결하는 역량을 갖기 위해 '만나기 능력'을 함양시키는 데 초점을 맞춰야 한다.[33]

다시 본래의 주제인 산업 생태계 재구성이라는 과제로 돌아가 문재인 정부의 산업 정책을 생각해보자. 무엇보다 플랫폼 경제의 부상 배경을 이해하면 뒤늦게 산업 생태계의 활력을 만들겠다는 문재인 정부의 산업 정책에 대한 평가가 가능하다. 즉 앞에서 제시한 과제들을 기초로 생각해볼 때 플랫폼, 데이터 경제, 혁신 인재 등에 대해 문재인 정부가 제대로 이해하고 있는가를 독자들은 쉽게 평가할 수 있을 것이다.

한편 많은 정치인들은 산업 생태계를 바꾸는 것은 필요한 일이지만 시간이 너무 많이 소요되는 과제로 생각해 현안으로 취급하지 않는 경향이 있다. 그러나 이러한 생각은 실패한 과거 산업 정책의 트라우마로 생긴 인식일 뿐이다. 산업 정책의 성공 여부는 육성하려는 새로운 산업 및 산업 생태계 등에 대한 정확한 이해를 전제로 한다. 그리고 산업 정책을 추진하기 위한 사회 인프라 구축 과정에서 이익집단의 이해관계를 조정하는 리더십이 필요하다. 산업 생태계의 재구성은 하루아침에 이루어지는 과제는 아니지만 그렇다고 장시간이 소요되는 과제도 아니다.

이와 관련해서는 중국의 산업 정책을 참고할 수 있다. 중국은 핵심 제조업에서 미국이나 심지어 일본과 독일 등에 비해 뒤처져 있지만, 플랫폼 경제의 활성화와 4차 산업혁명의 핵심인 AI나 5G 기술 등의 부문에 있어서 미국과 어깨를 나란히 할 정도다. 이것이 미국이 중국에 대해 억지 춘향식으로 보복하는 배경이다. 중국의 플랫폼 경제와 AI나 5G 기술을 대표하는 기업들로 바이두, 알리바바, 텐센트의 약자인 BAT와 화웨이 등을 들 수 있다. 중국이 이들 기업들을 세계적 기업들로 만드는 데는 5년 정도밖에 소요되지 않았다. 사업 모델의 진화 방향과 해당 산업의 특성을 정확히 이해한 결과다. 이 지점에서 우리가 중국의 산업 정책 전략을 참고할 필요성이 대두된다. 앞서 설명했던 부가가치 중심의 개념설계 역량의 축적을 위한 체제 변화와 더불어 기업과 정부의 공동대응 노력이 절실하다. 중국이 화웨이가 반도체나 5G 등을 그리고 BAT를 중심으로 플랫폼 사업 모델을 추진했듯이 기업 간 역할 분담이 필요하고, 별도로 산업 분야별 개념설계 역량을 습득할 인재를 전략적으로 육성할 필요도 있다.

무엇보다 중국이나 심지어 미국 등 선진국들보다 대응이 늦어진 대신 우리는 우리보다 앞서가는 나라들이 겪고 있는 부작용이나 남겨진 과제 등을 반영한 '한국식 산업 생태계'를 만들어야 한다. 그러기 위해서는 다음과 같은 과제를 이행해야 한다. 첫째, 공유 경제나 플랫폼 경제 사업 모델에 기초한 창업을 활성화시켜야 한다. 둘째, 미국이나 중국 등에서 공유 경제나 플랫폼 경제 사업 모델은 자본 주도로 진행되다 보니 소비자를 포함해 플랫폼 참여자의 권리가 배제되고 있다. 이른바 '플랫폼 독점'의 문제 혹은 '부정적 플랫폼'의 문제다. 대표적 경우가 데이터 이용에서의 배제 문제다. 데이터 독점은 사회 전체적으로 바람직하지 않다. 공유 경제나 플랫폼 경제 사업 모델의 확산이 갖는 의미는 제조업 기반 경제의 데이터 경제로의 이행이라는 점에 있다. 토지, 노동, 자본 등이 주요 생산요소였던 제조업 기반의 경제와 달리 '데이터'가 주요 생산요소가 되는 경제가 도래하고 있다는 것이다. 핵심 생산요소인 데이터는 역경합성과 포괄성이라는 특성을 갖는다는 점에서 경합성과 배제성을 갖는 제조업 경제의 주요 자원과 차이를 갖는다. 따라서 데이터가 사적 소유물이 되어 많은 사람들이 이용하는 데 제한을 받을 경우 사회적으로 가치가 창출될 기회는 제한될 수밖에 없다. 대개의 경우 데이터 소유 자체만으로 가치가 만들어지지는 않고, 다른 사람이 데이터를 이용한다고 해서 자신이 손해를 입지도 않기 때문이다. 데이터뿐만 아니라 이익도 공유하는 블록체인 기반의 '플랫폼 공유' 사업 모델이 전통적인 플랫폼 독점 사업 모델보다 효율적인 이유다.

우리 사회는 블록체인 기술 기반의 플랫폼 공유 사업 모델을 확산시켜야 한다. 공유 경제나 플랫폼 경제 사업 모델의 핵심 가치인 협력과 공유 원리를 생산과 소비, 분배에 적용해야만 사회 갈등을 최소화하며 공유 경제를 빠르게 확산시킬 수 있다. 이 방법은 초양극화도 막을 수 있기 때문이다. 다만 블록체인판 플랫폼 사업 모델은 협력과 이익 공유에 있어서 초기 플랫폼보다 진일보한 측면이 존재하지만 부의 집중을 충분히 해소할 수 있는 것은 아니다. 페이스북을 블록체인 기반의 플랫폼으로 전환한다고 해서 페이스북 생태계의 참여자가 보상을 받는 규모가 크지 않은 것처럼 말이다. 〈텔레그래프(Telegraph)〉의 추정에 따르면, 페이스북은 2016년에 각 사용자로부터 분기당 4달러의 수입을 만들었고, 〈쿼츠(Quartz)〉의 추정에 따르면 페이스북은 2015년에 미국과 캐나다에서 사용자당 41달러의 수입을 만들었다.[34] 이처럼 디지털 생태계가 블록체인 플랫폼으로 바뀌어도 플랫폼의 단순 참여자에 머물 경우, 분배받는 가치는 충분치 않을 수 있다. 플랫폼 사업 모델이 플랫폼 경제로 진화하려면 플랫폼의 참여자들이 만들어내는 데이터를 활용해 새로운 가치와 일자리 등을 만들어내는 단계로 진화해야 한다. 구글이 자신의 플랫폼을 통해 확보한 빅데이터로 AI 기술을 발전시키고 자율주행차 사업으로 진출하는 것이 한 예다. 이를 위해서는 블록체인 플랫폼의 참여자가 공유하는 데이터를 활용해 새로운 수입 흐름을 만들어내거나 가치를 창출할 수 있는 데이터 활용 역량이 필요하다. 그러한 역량이 없다면 단순한 데이터에 불과할 뿐이다. 여기서 데이터에 가치를 불어넣는 것은 양질의 아이디어이고, 아이디어는 기존의 노동력과 달리 시간에 비례해 생산되지 않으며, 극단적으로 경우에 따라 삶을 사는 동안 한 차례의 아이디어로도 세상에 큰 기여를 할 수 있다. 그런 점에서 데이터 제공자인 사회 구성원 모두에게 '기본 배당'의 제공이 필요하다.[35] 데이터 경제에서의 진검승부는 그 사회 구성원의 데이터 활용 역량에서 결정될 것이기에 4C 역량을 갖게 할 수 있는 교육혁명, 자유에서 자율로의 사회 규범의 변화, 다양성이 강조되고 수용되는 사회 문화 등과 밀접하게 관련이 있다. 데이터 활용 역량에 따라 AI를 활용해 부가가치가 매우 높은 새로운 직무를 만들어낼 수 있기 때문이다.

우리 경제, 우리의 눈으로 보자

한국은 글로벌 시계에서 자유로울 수가 없다. 미국 등 주요국 경제부터 중국 등 신흥 시장국까지 산업화를 이룩한 국가들은 현재 '근대의 함정'에서 방황하고 있다. 근대는 경제적으로 산업화의 시대였고, 정치적으로는 민족을 단위로 하는 국가 간 경쟁의 주체인 국민국가의 시대였으며, 국민국가 내에서 경제를 자율적·독립적으로 운영하는 국민경제의 시대였다. 세계의 주요국들은 제조업 종사자가 감소하는 현상, 즉 개인의 소득과 일자리 등을 창출하는 데 있어서 핵심적 역할을 수행했던 제조업의 역할이 감소하는 탈공업화 흐름을 오래전부터 경험하고 있다.

문제는 산업화 시대는 막을 내리고 있는데, 산업을 대체할 새로운 경제 활동은 아직 자리매김을 하지 못하고 있다는 점이다. 그 과정에서 산업화와 더불어 만들어진 많은 주요 제도들의 순기능이 약화되며 경제는 갈수록 활력을 잃고 있다. 일자리 증가율의 둔화, 특히 청년 일자리의 악화, 반복되는 금융 위기, 무역전쟁 및 통화전쟁 등이 그것들이다. 국가마다 차이는 있지만 탈공업화는 일반적으로 일자리 증가율의 하락과 일자리 양극화 등을 수반하면서 소득 불평등 심화와 내수 약화를 초래했다. 동시에 산업화의 확산과 제조업의 공급 과잉은 제조업의 경쟁 격화 및 수익성 악화 그리고 제조업에서의 자본 이탈 및 금융화 등을 수반했다.

　다른 한편, 산업화 시대의 종언은 산업 사회와 동전의 앞뒷면을 이루는 국민국가 및 국민경제 시대의 종언을 수반할 수밖에 없다. 산업 사회의 종언 이후 진행된 3차 및 4차 산업혁명은 금융을 중심으로 글로벌 경제의 네트워크화를 수반했다. 자본의 자유로운 이동이나 금융시장의 개방 및 자유화 등이 진행되었고, 무역의 자유화가 심화되었다. 그 결과 무엇보다 통화 정책의 독립성을 확보하기 어려워졌다. 특히 환율의 안정성을 확보하기 위한 통화 정책의 독립성 확보는 사실상 불가능해졌다. 이는 통화 정책의 '글로벌 동조화'를 의미한다. 그리고 통화 정책의 글로벌 동조화는 주요 경제지표 및 경제 정책의 글로벌 동조화로 이어졌다. 경제의 네트워크화는 (경제를 독립적으로 운영할 수 있다는) 국민경제 시대의 종언을 의미한다. 즉 국민경제 간 협력과 공조가 불가피하다는 뜻이다. 그러나 현실은 유로존 및 유럽연합의 불안정성, 통화주권을 둘러싼 신흥국과 미국의 충돌, 미중 무역 갈등 등에서 보듯이 세계 각국은 국민국가 및 국민경제의 논리에서 벗어나지 못하면서 불확실성을 구조화시키고 있다.

한편, 탈공업화의 심화와 더불어 나타난 새로운 기술혁명들로 가치 창출의 원천 및 방식 등에서 지각변동이 발생하고 있다. 새로운 가치가 아이디어, 데이터 등 무형재에서 만들어지면서 산업 생태계가 디지털 생태계(플랫폼)로 전환되고 있다. 산업화 시대가 제조업이라는 유형재에서 가치를 만든 반면, 무형재 경제-네트워크 경제-데이터 경제에서는, 예를 들어 이들을 상징하는 구글, 페이스북, 넷플렉스, 아마존, 애플, 우버, 에어비앤비, 바이두, 알리바바, 텐센트, 네이버 등의 기업들은 아이디어나 데이터 등으로 만든 무형재에서 가치를 창출하고 있다. IT 혁명으로 등장한 닷컴 기업들 중 무형재의 속성을 이해한 기업들이 플랫폼 기업으로 진화하면서 빅데이터 확보가 가능해지고, 그에 따라 AI 기술의 발전이 가능해졌다. AI 기술의 발전은 기존 사업의 경쟁력을 향상시킬 뿐만 아니라 사업 영역을 새롭게 확장시키고 있다. 그러나 더 중요한 것은 사실 자동화의 획기적 전환을 수반하고 있다는 것이다. 딥러닝 혹은 머신러닝은 종래 IT가 가져온 자동화와는 결이 다른 자동화 단계를 예고하고 있다. (플랫폼에 연계된 조건부 임시고용 노동자를 만들어내는) 플랫폼 사업 모델과 더불어 (습득한 지식에 기반한 노동력을 모두 대체할 수 있는) AI형 자동화는 일자리 대충격으로 이어질 가능성을 보이고 있기 때문이다. 그리고 일자리 대충격은 초양극화를 예고한다.

이처럼 근대의 종언은 지금까지 우리가 의지해오던 삶의 방식을 근본부터 흔들고 있다. 즉 탈공업화는 단순한 산업 체계의 변화만을 의미하는 것이 아닌, 문명의 전환을 의미하는 것이다. 새로운 문명의 방향을 읽어내고 그에 대해 대비하고 적응하는 일은 공동체의 지속을 위해 불가피한것이다. 요컨대 산업 경제에서 무형재 경제와 네트워크 경제, 데이터 경제로의 전환이라는 대변환의 흐름을 수용해야 할 뿐 아니라 동시에 부작용까지 고려해 새로운 흐름을 창조적으로 만들 수밖에 없다. 이것은 한국 경제가 피할 수 없는 시대 과제다. 이 과제를 해결하지 않으면 한국 경제는 붕괴의 가능성조차 배제할 수 없다. 한국의 탈공업화가 '악성'이기 때문이다. 한국의 경제성장을 찬양하는 말 중 하나가 '압축 성장'이다. 다른 말로 '압축적 공업화'다. 압축 성장이 가능하기 위해서는 산업구조 전환 및 고도화에 따른 위험의 분산 측면에서 전 사회적 지원이 전제가 될 수밖에 없었다. 문제는 위험의 분산은 이익의 공유도 전제해야 지속이 가능하다는 점이다. 그런데 한국의 압축 성장은 위험만 분산시키고, 이익은 소수가 독점을 하는 방식이었다. 이렇게 분단 체제가 만들어낸 군사독재 체제는 재벌 중심 경제체제를 만들어냈다. 고도성장의 이면에서 부정과 부패가 구조화되고, 산업 정책과 정책금융이 정경유착과 관치금융을 낳은 이유다. 이러한 한국식 산업화 모델은 불공정을 특징으로 하기에, 군사독재 체제의 종언과 더불어 재벌 개혁(경제 민주화)을 중심으로 한 공정성 강화가 시대 과제로 부상했다.

그런데 군사독재 체제가 막을 내리는 시점(1992년)에서 '탈공업화'라는 또 다른 시대 과제가 부상했다. 문제는 한국의 탈공업화가 주요 선진국들과 달리 제조업 종사자의 상대적 비중 감소와 절대적 종사자의 감소가 동시에 진행되었다는 점이다. 따라서 탈공업화에 대응할 시간 여유가 부족할 수밖에 없었다. '압축적 공업화'에는 '선택적 공업화'라는 말이 내포되어 있다. 그리고 (고부가가치 서비스 부문의 구조적 취약성을 초래한) '선택적 공업화'는 제조업에 과잉 의존하는 경제 구조를 만들어냈다. 과잉 의존은 그 자체가 '시스템 리스크'를 의미한다. 이것이 금융 위기 이후 '제조업 위기'가 진행되면서, 특히 2018년 말부터 반도체 경기 후퇴까지 제조업 위기가 시스템 리스크로 작용하고 있는 배경이다.

한국의 탈공업화는 '압축적·선택적'이라는 점에서 주요 선진국들보다 일자리 증가율의 감소에서도 '악성'이었다. 탈공업화로 감소한 제조업 종사자를 흡수할 산업이 서비스업이라는 점에서 서비스업의 구조적 취약성은 일자리 증가율의 둔화로 작용할 수밖에 없었다. 또한, 앞서 지적했듯이 '선택적' 공업화는 자동화가 용이하다는 점에서 일자리 증가율의 둔화로 작용했다. 즉 탈공업화는 고용의 양과 질을 악화시킴으로써 내수를 구조적으로 약화시켰다.

이처럼 한국식 산업화 모델은 사실상 수명이 소진되었다. 수출주도 성장 및 부채주도 성장이 한계를 드러낸 시점에서 집권한 문재인 정부가 가계소득의 강화, 특히 저소득층 및 중산층의 가계소득(내수) 강화를 통해 성장을 추진하는 '소득주도 성장' 전략을 내세웠지만 탈공업화 문제를 해결하지 않는 한 한국 경제가 좀비화되는 것은 시간문제다. 예를 들어 가계소득 증대 정책(최저임금 인상, 자영업자 카드 수수료 인하)이나 가계지출 비용 경감(의료비 경감), 안전망 확충(고용보험 확대)이나 복지 강화(아동수당 도입, 기초연금·장애인연금 확대) 정책 등 문재인 정부의 소득주도 성장 정책들은 필연적으로 저부가가치 사업장과 갈등을 낳을 수밖에 없고, 자영업의 과당경생 구조 문제를 해결할 수 없다. 그 이유는 (구조조정된) 저부가가치 사업장 종사자들이 재배치될 수 있는 고부가가치 사업 부문이 존재하지 않고, 자영업자에 대한 지원이 제조업 생태계의 약화가 만들어내는 자영업 예비군 문제를 해결할 수 없기 때문이다. 즉 산업 구조조정을 추진하지 않거나 산업 생태계를 재구성하지 않는 한 소득주도 성장 정책들을 지속적으로 추진하기가 어렵다. 이것이 문재인 정부의 2020년까지 최저임금 1만 원 달성 목표가 물 건너간 이유이고, 근로시간 축소가 탄력근로제 확대로 의미를 잃어버린 배경이다.

이처럼 한국 경제는 공정성을 강화하고 탈공업화 함정에서 벗어나지 않으면 좀비화를 피하기 어렵다. 문제는 '압축적·선택적 탈공업화' 전략이 사회의 모든 부분을 특징화한 결과 탈공업화 함정에서 벗어나기 어렵다는 점이다. 무엇보다 한국의 교육은 선택적 공업화에 필요한 인력 양성, 즉 표준화된 지식의 습득이나 획일화된 인재 양성 등에 초점을 맞추고 있다. 다양성의 빈곤은 이른바 '줄 세우기' 교육으로 이어졌고, 경쟁의 논리는 더욱 극심해질 수밖에 없게 되었다. 그 결과 새로운 변화에 대한 적응도 어려움을 겪고 있다. 예를 들어 무형재 경제와 네트워크 경제, 데이터 경제 등의 가치 창출 방식은 공유와 협력이기 때문이다. 청년 일자리 문제를 해결하기 위해 모든 정부에서 창업을 강조하지만, 창업 역량을 가질 수 없는 교육 환경에 대한 문제 인식은 기본적으로 존재하지 않는다. 특히 한국 사회의 교육 방식은 창의성(creativity)-비판적 사고(critical thought)-소통(communication)-협력(cooperation) 등 4C 역량을 요구하는 무형재 경제, 네트워크 경제, 데이터 경제에서는 치명적인 문제점을 갖는다. 이것이 플랫폼 사업 모델이나 공유 경제 사업 모델이 확산되지 않는 배경이다.

사실 한국의 재벌 기업들조차 가치 창출 패러다임의 변화에 적응하지 못하고 있다. 어쩌면 재벌 기업들이 새로운 흐름에 적응하지 못하는 것은 당연한 일인지도 모른다. 극단적인 위계제와 독점적 지위, 정경유착 등으로 부를 축적하고 성장한 재벌 기업들에게 이익 공유와 협력 등은 낯선 개념이기 때문이다. 한국 제조업 중 가장 경쟁력을 갖춘 삼성전자가 지금까지 스마트폰 기기 제조업체로 남은 배경이다. 삼성전자의 부적응은 현재도 진행형이다. 삼성전자가 차세대 사업 부문으로 육성하려는 AI는 빅데이터의 확보가 전제 조건이고, 빅데이터 확보는 (구글, 텐센트 같은) 플랫폼 사업 모델로 진화해야만 가능하다. 플랫폼 사업 모델로 진화하려면 이익 공유와 협력이 체화되어야만 가능하다. 그런데 우리나라 재벌 기업들은 문재인 정부가 제시한 '협력이익 공유제'의 도입을 극렬하게 반대한다. '한국식 산업화 모델'에서 한 걸음도 나아가지 못하고 있기 때문이다. 결국 새로운 사업 모델은 새로운 비즈니스 세대의 과제가 될 수밖에 없다.

공유와 협력이 개인 및 기업 조직 등에서 확산되려면 사회의 핵심 규범은 '자유'에서 '자율'로 변화되어야만 한다. 즉 가치 창출 패러다임의 변화는 자유민주주의의 종언을 의미한다. 예를 들어 협력이 일상화되기 위해서는 '집단행동의 딜레마'를 해결해야만 한다. 개인이 공동이익을 추구하기 위해 집단행동을 할 때, 자신의 사익을 추구하기 위해 일탈적 행동을 하거나 무임승차 하려는 성향을 보이기 때문이다. 이러한 무임승차 성향으로 인해 공공의 문제해결을 위한 자발적 공동체 형성이 어려우며, 구성원의 자발적 협력 노력이 이루어지기 어렵다. 이처럼 집단행동의 딜레마를 해결하기 위해서는 개인주의와 개인적 자유의 제한, 공동체 구성원으로서 개인의 책임 의식 등을 해결할 수밖에 없고, 이는 새로운 인간형 및 민주주의의 재구성을 요구한다. 즉 '자율'이 사회 구성원의 행동 원리가 된다는 것은 모든 개개인이 스스로 삶을 꾸려갈 뿐 아니라 집단의 삶 또한 동일한 원리로 조직한다는 것을 의미하기 때문이다. 이를 위해서는 스스로 삶을 기획하고, 조직할 수 있어야 하고, 이러한 일이 가능하도록 사회가 조직되어 있어야 한다. 이것은 새로운 인간형을 전제로 하고, 사회 구성원의 행동 원리와 규범의 변화뿐 아니라 사회 조직 및 거버넌스 틀의 변화를 의미하기 때문이다.

한국 사회와 경제의 시대 과제는 산업 문명의 대안이 될 의미 있는 프로젝트의 실행을 의미한다. 문제는 지난 백 년 이상 동안 서양 문명을 모방하고 쫓아가기에 급급했던, 미국인보다 더 미국적으로 사고하는 지배 계급들이 우리 사회에서 새로운 흐름을 만들어내는 것을 기대하기는 어렵다는 점이다. 결국 새 술은 새 부대에 담을 수밖에 없다.

01. D. Cengiz, A. Dube, A. Lindner, B. Zipperer, "The Effect of Minimum Wages on Low-Wage Jobs: Evidence from the United States Using a Bunching Estimator," NBER Working Paper No. 25434, Issued in January 2019.

02. 신동주, 〈한국 자영업 영세성 심화의 원인과 해결방안 연구〉, 건국대학교 석사학위논문, 2019(forthcoming).

03. 신동주, 앞의 논문.

04. Kyungsoo Choi, "Korea's Income Inequality: The Trend and Major Issues," KDI & 한미경제학회, 2013; 최희갑, "외환 위기와 소득분배의 양극화," 〈국제경제연구〉 8권 2호, 한국국제경제학회, 2002.

05. S. Cecchetti and E. Kharroubi, "Reassessing the impact of finance on growth," *BIS Working Papers* No 381, July 2012.

06. J. Arcand, E. Berkes and U. Panizza, "Too Much Finance?" *IMF Working Paper* WP/12/161, June 2012.

07. Businessweek, "Trump's Big Tax Cuts Did Little to Boost Economic Growth: A real-life experiment in supply-side theory doesn't prove much," March 6, 2019.

08. IFR, World Robotics 2017.

09. 안상훈 · 옥우석 · 이홍식 · 최민식, 2013, 〈생산의 국제화와 고용구조의 변화〉, KDI 연구보고서 2013-04; 옥우석 · 김계환, 2013, 〈탈산업화와 제조업에 의한 서비스 아웃소싱-국제비교를 통한 분석〉, 산업연구원, 정책자료 2013-195.

10. 김유선, "저출산과 청년 일자리," 〈KLSI Issue Paper〉 8호, 2016. 11. 8.

11. WTO, "Ratio of world merchandise trade volume growth to world real GDP growth,

1981-2017," *World Trade Statistical Review 2018*, 2018, p. 31, Chart 3.1. p. 177, A55.

12. Emine Boz, Gita Gopinath, Mikkel Plagborg-Møller, "Global Trade and the Dollar," NBER Working Paper No. 23988, Issued in November 2017, updated in March 31, 2018.

13. WTO, "World merchandise exports and gross domestic product, 1950-2017," *World Trade Statistical Review 2018*, 2018, p. 179, A55.

14. 김종훈, 〈3년 사이 전체 조선업 노동자의 42.6%인 8만 명 줄어들어〉, 고용노동부가 김종훈 의원실에 제출한 자료로 발표한 보도자료, 2019. 1. 15.

15. 이는 전 세계 가동 중인 조선사가 2009년 931개에서 2018년 말 300개로 2005년(551개) 이전 수준으로 줄어들고, 2018년 조선 능력도 2005년 수준으로 하락했을 것으로 예상되는 이유이기도 하다. Ki-jong Sung, "2018 Outlook: Shipbuilding," *Mirae Asset Daewoo Research*, p. 4에서 재인용.

16. 자동차 산업의 위기는 현대·기아차의 판매량에서도 확인된다. 연간 판매량을 보면 2014년(800만 2,925대)과 2015년(801만 2,995대)로 800만대 시대를 연 후 감소하기 시작해 2016년 788만 266대, 그리고 2017년에는 725만 2,496대까지 하락했다. 〈조선일보〉, "4년 연속 판매목표 달성 어려워진 현대·기아차," 2018. 10. 12.에서 재인용. http://biz.chosun.com/site/data/html_dir/2018/10/12/2018101201200.html posted on Jan 18, 2019.

17. Economist, "Selling rides, not cars: Self-driving cars will require new business models," Mar. 1st, 2018.

18. 김유선, "비정규직 규모와 실태," 〈KLSI Issue Paper〉 제101호, 2018. 12. 03.

19. D. Cengiz, A. Dube, A. Lindner and B. Zipperer, "The Effect of Minimum Wages on Low-Wage Jobs: Evidence from the United States Using a Bunching Estimator," *NBER Working Paper* No. 25434, Issued in January 2019.

20. D. Aaronson, E. French and I. Sorkin, "The long-run employment effects of the minimum wage: A putty-clay perspective," *CEPR Policy Portal*, March. 19, 2016. https://voxeu.org/article/long-run-employment-effects-minimum-wage posted on Jan. 18, 2019.

21. M. Lavoie, *Post-Keynesian Economics: New Foundations*, Edward Elgar, 2016.

22. 소준섭, "비정규직이 위험하면, 모두가 위험하다," 오마이뉴스, 2019. 1. 26.

23. 임원혁, "소득주도 성장 정책의 현황과 과제," 소득주도 성장 특위 출범 정책 토론회 발제
    문, 2018. 10. 21.

제 II 부

01. Kathleen Elkins, "1 in 3 Americans have less than $5,000 saved for retirement—
    here's why so many people can't save," *CNBC*, Aug. 27, 2018. https://www.cnbc.
    com/2018/08/27/1-in-3-americans-have-less-than-5000-dollars-saved-for-
    retirement.html posted on Dec. 7, 2018.

02. 전 세계 (금융 부문을 제외한) 부채의 규모는 GDP 대비 2007년 175%에서 2013년
    에 210%를 훌쩍 넘어섰다. Luigi Buttiglione, Philip R. Lane, Lucrezia Reichlin and
    Vincent Reinhart, "Deleveraging? What Deleveraging?" *Geneva Reports* on the World
    Economy 16, 2014.

03. 맥킨지에 따르면 2005~2014년간 25개 선진국의 65~70% 가구는 실질 소득이 정체하거
    나 하락했는데, 다음 10년간 이 비율은 70~80%로 증가가 예상되고 있다. R. Dobbs, A.
    Madgavkar, J. Manyika, J. Woetzel, J. Bughin, E. Labaye, and P. Kashyap, "Poorer
    than their parents? A new perspective on income inequality," *MGI*, July 2016.

04. M. Wolf, "Conservatism buries Ronald Reagan and Margaret Thatcher," *Financial
    Times*, May 25, 2017.

05. Ryan Banerjee and Boris Hofmann, "The rise of zombie firms: causes and
    consequences," *BIS Quarterly Review*, September 2018.

06. 미국 의회예산국은 2018~2022년의 연평균 실질 잠재 성장률을 2.0%로 추정한다. 그
    리고 2018~2028년의 잠재 성장률도 1.9%로 추정한다. 프랑스은행 BBVA에서도 향후
    10년간 미국의 잠재 성장률이 평균 1.8%에 불과할 것으로 추정하고 있다. CBO, "The
    Budget and Economic Outlook: 2018 to 2028", April 2018; Kim Kowalewski,
    "CBO's Economic Forecast for the 2018–2028 Period," Congressional Budget
    Office, April 16, 2018; Kan Chen, "What's happening with U.S. potential GDP
    growth?" BBVA Research, U.S. Economic Watch, September 26, 2018.

07. Economist, "The great experiment: What will result from America's strangely

timed fiscal stimulus?" Feb. 8th, 2018. https://www.economist.com/united-states/2018/02/08/what-will-result-from-americas-strangely-timed-fiscal-stimulus posted on Dec 4, 2018.

08. Businessweek, "Trump's Big Tax Cuts Did Little to Boost Economic Growth: A real-life experiment in supply-side theory doesn't prove much," March. 6, 2019.

09. Thomas Piketty, Emmanuel Saez and Gabriel Zucman, "Distributional National Accounts," *Quarterly Journal of Economics*, 2018.

10. Edward N. Wolff, "Household Wealth Trends in the United States, 1962 to 2016: Has Middle Class Wealth Recovered?" *NBER Working Paper* 24085, November 2017.

11. 예를 들어 J. Haltiwanger, I. Hathaway and J. Miranda, "Delining Business Dynamism in the U.S. High-Technology Sector," *Kauffman Foundation*, Feb. 2014; I. Hathaway and R. Litan, "Declining Business Dynamism in the United States: A Look at States and Metros," *Brookings*, May 2014; J. Haltiwanger, R. Jarmin, and J. Miranda, "Declining business dynamism: What we know and the way forward," *American Economic Review*, Papers & Proceedings 106(5), 2016, pp. 203-207.

12. 최배근, 《탈공업화와 시장시스템들의 붕괴 그리고 대변환》, 집문당, 2015.

13. Businessweek, "The Failed Promise of Innovation in the U.S. During the past decade" June 15, 2009.

14. Businessweek, "The Failed Promise of Innovation in the U.S.", June 15, 2009.

15. 최배근, 《위기의 경제학? 공동체 경제학!》, 동아엠앤비, 2018.

16. Businessweek, "Rebuilding America's Job Machine," January 29, 2009.

17. B. Jaruzelski and K. Dehoff, "The Global Innovation 1000: How the Top Innovators Keep Winning," *strategy+business*, Issue 61, Winter, 2010.

18. J. Sparshott, "Sputtering Startups Weigh on U.S. Economic Growth: Decadeslong slowdown in entrepreneurship underscores transition in American labor market," *Wall Street Journal* Oct. 23, 2016. http://www.wsj.com/articles/sputtering-startups-weigh-on-u-s-economic-growth-1477235874 posted on Dec. 10, 2018.

19. J. Furman and P. Orszag, "Slower Productivity and Higher Inequality: Are They Related?" *PIIE* WP. 18-4, June 2018, p. 9, Figure 6b.

20. J. Haltiwanger, I. Hathaway, J. Miranda, "Declining Business Dynamism in the U.S.

High-Technology Sector", *Ewing Marion Kauffman Foundation*, February 2014.

21. Jason Furman and Peter Orszag, "Slower Productivity and Higher Inequality: Are They Related?" June 2018, PIIE WP 18-4, Figure 6b.

22. J. Haltiwanger, I. Hathaway, J. Miranda, "Declining Business Dynamism in the U.S. High-Technology Sector," *Ewing Marion Kauffman Foundation*, February 2014.

23. Cnbc, "Despite the economic recovery, student debtors' 'monster in the closet' has only worsened," Sep. 22, 2018. https://www.cnbc.com/2018/09/21/the-student-loan-bubble.html posted on Dec. 10, 2018.

24. P. Beaudry, D. Greeny and B. Sand, 2013, "The great reversal in the demand for skill andcognitive tasks," *NBER Working Paper* No. 18901.

25. M. Cortes, N. Jaimovich, C. Nekarda, and H. Siu, "The Micro and Macro of Disappearing Routine Jobs: A Flows Approach," *NBER Working Paper* 20307, 2014, updated December 20, 2016, p. 17, Figure 7.

26. J. Duca and J. Saving, "Income Inequality and Political Polarization: Time Series Evidence Over Nine Decades," *Federal Reserve Bank of Dallas Working Paper* 1408, 2014.

27. 최배근, 《위기의 경제학? 공동체 경제학!》, 동아엠앤비, 2018, p. 104 참고.

28. J. Schoen, "Despite recent hikes, interest rates are still near zero in real terms," *CNBC*, Dec. 19, 2018. https://www.cnbc.com/2018/12/19/chart-in-real-terms-interest-rates-are-still-near-zero.html posted on Jan. 21, 2019.

29. U.S. Dept of the Treasury, "Daily Treasury Real Yield Curve Rates," https://www.treasury.gov/resource-center/data-chart-center/interest-rates/Pages/TextView.aspx?data=realyield posted on Jan. 21, 2019.

30. United States Government Accountability Office, "Bureau of the Fiscal Service's Fiscal Years 2018 and 2017 Schedules of Federal Debt," November 2018, p. 20, Figure 2.

31. Javier E. David, "The Treasury is set to borrow nearly $1 trillion this year, and at least that much afterward. Here's why it matters," *CNBC*, Feb. 5, 2018, updated Feb. 9, 2018. https://www.cnbc.com/2018/02/05/treasury-set-to-borrow-nearly-a-trillion-in-2018-and-more-beyond.html posted on Feb. 9, 2019.

32. Peterson Foundation, "Higher Interest Rates Will Raise Interest Costs on the

National Debt," Dec. 19, 2018.

33. Richard Leong, "Foreign buyers find U.S. Treasuries less appealing," *Reuters*, November 27, 2018. https://www.reuters.com/article/us-usa-bonds-foreign-graphic/foreign-buyers-find-u-s-treasuries-less-appealing-idUSKCN1NV27V posted on Feb. 9, 2019.

34. 최배근, 《탈공업화와 시장 시스템들의 붕괴 그리고 대변환》, 집문당, 2015.

35. 일자리 증가율은 1953~1973년간 연 1.5%에서 1973~1990년간은 연 1.0%로 하락했다. Japan Statistics Bureau, "Employed Persons by Industry, Employment Status and Sex (1953-2002)," *Historical Statistics of Japan*, 19-8-a. https://www.stat.go.jp/english/data/chouki/gender.html posted on Dec. 21, 2018.

36. Y. Furukawa and H. Toyoda, "Job polarization and jobless recoveries in Japan: Evidence from 1984 to 2010," *KIER Working Papers* No. 874, July 2013.

37. R. Caballero, T. Hoshi, and A. Kashyap, "Zombie Lending and Depressed Restructuring in Japan," *American Economic Review*, vol. 98, no. 5, December 2008, pp. 1943-77; Jun-ichi Nakamura, "Japanese Firms During the Lost Two Decades: The Recovery of Zombie Firms and Entrenchment of Reputable Firms," *Springer*, 2017, Ch. 2.

38. 대표 산업인 제조업 노동생산성의 연평균 증가율은 1981~1990년간은 4.0%에서 1991~2001년간은 2.0%로 하락했다. A. Ahearne and N. Shinada, "Zombie Firms and Economic Stagnation in Japan," *Prepared for CGP Program*, October 2004.

39. J. Nakamura, "Evolution and Recovery of Zombie Firms: Japan's Experience," *Japanese Firms During the Lost Two Decades*, Development Bank of Japan, 2017, Ch. 2.

40. 이지평, 〈일본기업 구조조정 20년의 교훈〉, LG경제연구원, 2016.

41. E. Kakiuchi and K. Takeuchi, 2014, "Creative industries: Reality and potential in Japan," *GRIPS Discussion Papers* No 14-04.

42. C. Aoyagi and G. Ganelli, "Unstash the Cash! Corporate Governance Reform in Japan," *IMF Working Paper*, 2014. Economist, "The Japanese government's drive to lift wages is gathering steam," Feb. 1st, 2018; 일본 재무성, "법인기업통계."

43. WTO, *World Trade Statistical Review 2018*, July 2018.

44. Financial Times, "The curse of the salaryman," May. 2, 2016.

45. 國立社會保障·人口問題研究所, "第15回出生動向基本調査(結婚と出産に する全 調査)," 平成27(2015). http://www.ipss.go.jp/ps-doukou/j/doukou15/doukou15_gaiyo. asp posted on Dec. 22, 2018.

46. 최배근, 《위기의 경제학? 공동체 경제학!》, 동아앰앤비, 2018.

47. P. Lane, "Capital Flows in the Euro Area," *European Economy*, April 2013.

48. 포르투갈과 이탈리아는 증가가 10%에 미치지 못했지만 독일보다는 2배 이상 증가했다. Peter Hall, "The Economics and Politics of the Euro Crisis, German Politics," Nov. 16, 2012.

49. IMF, "GREECE: 2016 Article IV Consultation—Press Release; IMF Staff Report; and Statement by the Executive Director for Greece," *IMF Country Report* No. 17/40, Feb. 2017.

50. Joseph Rowntree Foundation, "UK Poverty 2018," Report by the JRF Analysis Unit, Dec. 2018.

51. G. Ferri and L. Liu, "Honor Thy Creditors Beforan Thy Shareholders: Are the Profits of Chinese State-Owned Enterprises Real?" *Asian Economic Papers*, Volume 9 Issue 3, Fall 2010, pp. 50-71

52. Economist, "Keeping up with the Wangs: China's growing wealth is unevenly spread—and good investments are hard to find," July 7th 2018.

53. F. Alvaredo. L. Chancel, T. Piketty, E. Saez, and G. Zucman, "Global Inequality Dynamics: New Findings from WID.WORLD," *NBER WP* No. 23119, Feb. 2017.

54. Forbes, "High Income Inequality Still Festering In China," Nov. 18, 2016. 일부에서는 2009년 기준 도시와 농촌의 평균 소득은 3.3배에 달한다고 주장한다. Economist, "Inequality in China," May 14th 2016. 또 다른 연구는 1980년대 중반까지 성인 소득 기준 도시와 농촌의 격차는 2배 미만이었는데 그 후 급증하기 시작해 2009년에는 3.7배에 달했고, 그 후 다소 완화되어 2014년에는 3.3배에 달하고 있다. T. Piketty, L. Yang, and G. Zucman. "Capital Accumulation, Private Property and Rising Inequality in China 1978-2015," *WID.world Working Paper*, 2016. 이는 도시와 농촌의 소득 증가율이 역전되었기 때문이다. Economist, "Inequality in China: Up on the farm," May 14th 2016.

55. T. Piketty, L. Yang, and G. Zucman. "Capital Accumulation, Private Property and

Rising Inequality in China 1978-2015," *WID.world Working Paper*, 2016.

56. S. Chen and J.S. Kang, "Credit Booms—Is China Different?" *IMF Working Paper* WP/18/2, January 2018.

57. S. Lund, "Are We in a Corporate-Debt Bubble?" *Project Syndicate*, Jun. 19, 2018.

58. C. Freund and D. Sidhu, "Global Competition and the Rise of China," PIIE WP 17-3, Feb. 2017.

59. A. Prabha and M. Ratnatunga, "Underground Lending: Submerging Emerging Asia?" Milken Institute, 2014, p. 14, Figure 4.

60. J. Welsh, D. Martin and J. O'Donnell, "China: Frying Pan or Fire?" *Macro Strategy Review*, May 4th, 2014; CEIC, "China Private Consumption: % of GDP," https://www.ceicdata.com/en/indicator/china/private-consumption--of-nominal-gdp posted on Dec. 28, 2018.

61. W. Maliszewski, et al., "Resolving China's Corporate Debt Problem," *IMF Working Paper* WP/16/203, Oct. 2016.

62. Economist, "A debt rollercoaster: Credit growth in China is causing jitters," July 20th 2017; S. Chen and J.S. Kang, "Credit Booms—Is China Different?" *IMF Working Paper* WP/18/2, January 2018.

63. J. Patrie, "Structural Economic Adjustment Unavoidable," Fitch Rating, May 2016.

64. B. Coward, "In China, It Only Takes 11.9 Units of New Debt to Create 1 Unit of Additional GDP," *Knowledge Leaders Capital*, April 15, 2016. https://blog.knowledgeleaderscapital.com/?p=10868 posted on Dec. 26, 2018.

65. 김성태 · 정규철, 〈최근 중국경제 불안에 대한 평가 및 시사점〉, KDI, 2015.

66. 중국 은행들의 무수익여신 비율(=무수익여신/총대출)은 2013년 약 1% 수준에서 2018년 6월 말에는 약 1.9%까지 증가했다. Bloomberg, "China Banks Bad Loans Surge Most on Record Amid Deleveraging," Aug. 13, 2018; CEIC, "China Non Performing Loans Ratio," https://www.ceicdata.com/en/indicator/china/non-performing-loans-ratio posted on Dec. 27, 2018.

67. W. Maliszewski, et al., "Resolving China's Corporate Debt Problem," *IMF Working Paper* WP/16/203, Oct. 2016.

68. Bloomberg, "China's Debt Swaps Surpass $100 Billion," Aug. 21, 2017. https://

www.bloomberg.com/news/articles/2017-08-20/zombies-propped-up-as-
china-s-debt-swaps-surpass-100-billion

69. Financial Times, "Regional lenders: China's most dangerous banks," July 30,
2018.

70. Economist, "Light on the shadows: China's tighter regulation of shadow banks
begins to bite," Jun. 14th 2018.

71. Wei Chen, Xilu Chen, Chang-Tai, Zheng (Michael) Song, "A Forensic
Examination of China's National Accounts," Brookings Institute, 2019.

72. 예를 들어 전기차와 플러그인 하이브리드카(plug-in hybrid car)의 2017년 전 세계
판매액 중 약 절반을 중국이 차지했다. 그리고 중국의 대표적 전기차 스타트업인 니오
(NIO)의 ES8은 한 번 충전으로 500km(311마일) 운행이 가능한데 가격은 44만 8,000위
안(6만 7,830달러)으로 이는 테슬라 모델 X SUV의 중국 내 판매 가격인 83만 6,000위안
의 절반보다 조금 비쌀 뿐이다. Economist, "German cars have the most to lose from
a changing auto industry," March. 3, 2018.

73. German Chamber of Commerce in China, "Labor Market and Salary Report
2015/16," Sep. 2015.

74. Economist, "China's Imperial Growth Delusion Just Won't Die," Sep. 12, 2018.

75. 일각에서는 미중 무역 갈등을 성장 둔화의 한 요인으로 지적하지만 이는 사실이 아니다.
중국의 수출액은 세계 교역액의 감소의 연장선에서 2015년부터 2016년까지 하락한 후
2017년과 2018년에 증가세로 전환되었다. (1~10월 기준) 미국에 대한 수출액은 2017
년 같은 기간에 비해 8.3% 증가했고, 대미 무역흑자액도 11.3% 증가했다. US Census
Bureau, Trade in Goods with China, US Dept. of Commerce. https://www.
census.gov/foreign-trade/balance/c5700.html#2017 posted on Jan. 22, 2019.

76. S. Heilmann, "Leninism Upgraded: Xi Jinping's Authoritarian Innovations," *China
Economic Quarterly* Vol. 20 No. 4, Dec. 2016, pp. 15~22.

제 III 부

01. 홍기빈, 〈사회 연결권 선언: 4차 산업혁명 시대의 새로운 시민권〉, 서울시 사회 혁신의 미

래를 여는 포럼, 4차 산업혁명 시대 서울시의 혁신 과제 발제문, 2016. 11. 18.

02. 이에 대해서는 최배근, 《협력의 경제학》, 2015, 집문당 참고.

03. D. Autor, D. Dorn, L. Katz, C. Patterson, and J. Reenen, "The Fall of the Labor Share and the Rise of Superstar Firms," *NBER Working Paper* No. 23396, Issued in May 2017.

04. McKinsey, "Independent Work: Choice, Necessity, and the Gig Economy," Oct. 2016.

05. Bureau of Labor Statistics; U. Huws et al., "Work in the European Gig Economy," FEPS, UNI Europa and University of Hertfordshire, Nov. 2017.

06. 최기산 · 김수한, "글로벌 긱 경제(Gig Economy) 현황 및 시사점," 한국은행, 〈국제경제 리뷰〉, 제2019-2호, 2019. 1. 24.

07. 최배근, 《위기의 경제학? 공동체 경제학!》, 동아엠앤비, 2018, 149~51.

08. 최배근, 《협력의 경제학》, 집문당, 2015 참고.

09. 위의 책 참고.

10. 실리콘밸리 혁신 사업가들이 앞장서서 기본소득의 도입을 주장하는 배경이고, 산업 사회로의 전환을 가져온 1차 산업혁명이 진행되던 당시에도 기본소득의 필요성이 제기된 이유이다. 실리콘밸리의 상당수 혁신 기업가들이 기본소득 도입을 지지하는 것도 고용 및 자본 축소형 사업 모델의 확산으로 사회적 생산 능력에 비해 총수요가 부족해질 경우 혁신 기업의 성장에도 바람직하지 않기 때문이다. 경제 이론도 노동 생산성의 향상을 수반하는 기술 진보로 인해 실질 임금이 생산성 향상과 같은 속도로 증가하더라도 일자리는 축소될 수밖에 없고, 고용 충격을 막기 위해서는 사회적 추가 지출이 필요함을 보여 준다. J.S. Mill, The second edition(1849) of *Principles of Political Economy*, New York: Augustus Kelley, 1987, Book II Distribution, chapter 1. "Of Property"

제 IV부

01. Wataru Takahashi, 2011, "The Japanese Sector's Transition from High Growth to the 'Lost Decades': A Market Economy Perspective," *RIEB*, Kobe University.

02. 중화학공업 부문에 대한 투자 촉진을 위한 재정 융자는 '국민투자기금법'에 의해 설치된

국민투자기금의 저리 융자를 통해 이루어졌는데, 1974년 이후 1981년에 이르기까지 재정투융자에서 차지하는 국민투자기금(총 2조 3,149억 원)의 비중은 80~90%에 달했으며, 그중 중화학공업 부문에 대한 지원(총 1조 5,715억 원)이 차지하는 비중은 기간 중 평균 67.9%에 달했다. 재무부, 〈재정투융자백서〉, 1982.

03. 예를 들어 1975년 발효된 '조세감면규제법'으로 40~80%까지의 특별 감가상각이 중요 산업의 고정자산 투자에 허용되었고, 특히 철강 및 석유화학 등을 포함한 대부분의 중화학공업에 80%의 특별 감가상각이 허용되었다. 그 결과 30~40% 수준이던 유효한계법인 세율을 중화학공업에 대해서는 20% 미만(예를 들어 1980년 화학업종 17.2%와 1차 금속 15%)으로 낮추고, 기타 제조업에 대해서는 50%(예를 들어 1980년 49%) 가까이 높였다. 곽태원, 1985, 〈감가상각제도와 자본소득과세-감가상각제도의 투자유인효과를 중심으로-〉, 한국개발연구원, 연구보고서 85-05, 〈표 3-5〉.

04. 유정호, 〈한국의 고속성장에서 정부의 역할〉, 2009, p. 64.

05. 최배근, 《한국 경제의 새로운 길》, 박영사, 2007, p. 91.

06. 유정호, 〈한국의 고속성장에서 정부의 역할〉, 2009, p. 67.

07. 자본금 100, 매출액 100, 수익 10(수익률 10%)을 실현하는 기업 A가 50을 출자해 자본금 50, 매출액 50, 수익 4를 만드는 기업 B를 만들었고, 이 과정에서 기업 A도 수익이 10에서 8로 하락했다고 가정하자. 기업 A의 주식을 보유하는 일반 투자자(외부인)의 경우 수익률이 10%에서 8%로 하락했기에 불만을 가질 수밖에 없지만, 그룹 총수(내부인)의 경우 총자본 150(가공자본 50 포함)으로 수익 12(수익률 12%)를 만들었기에 다각화를 선호할 것이다. 신장섭, 2005, "기업집단과 재벌정책," 이대근 외, 《새로운 한국경제발전사》, 나남출판, p. 450, 표 14-3에서 재인용.

08. 신현수 외, 〈한·중·일 제조업의 경쟁력 비교 분석〉, 2003, 산업연구원.

09. 정대희, "부실기업 구조조정 지연의 부정적 파급효과," 〈KDI 경제전망〉 2014 하반기, 2014. 12. 10.

10. 예를 들어 장하준·정승일, 《쾌도난마 한국 경제》, 2005, 부키; 장하준·정승일·이종태, 《무엇을 선택할 것인가》, 2012, 부키 참고.

11. "The Kay Review of UK Equity Markets and Long-term Decision Making", *Final Report*, July 2012.

12. 유철규, "98-99 구조조정의 정치경제학," 윤진호 외 편, 《구조조정의 정치경제학과 21세기 한국 경제》, 2000, 풀빛.

13. 전성인, "재벌 개혁, 이제 정교한 메스를 댈 때가 됐다," 프레시안, 2017.02.27 16:05:06, posted on 2018.02.07. http://www.pressian.com/news/article. html?no=151656&ref=nav_search

14. 경실련, "10년간 토지 및 주택 소유 집중 심화 분석," 2018년 10월 8일 보도자료.

15. 남기업, "보유세 등 부동산 정책에 대한 평가," 한국민주주의연구소 주최 경제시국토론회, 〈문재인정부의 경제정책 어디로 가고 있는가?〉, 2018. p. 38; 이선화, "조세 기능에 기초한 부동산 관련 세제 개편 방안," 한국재정학회 정책토론회, 2018. 7. 5.

16. 이규희, "그 많은 집들은 어디로 갔나? 2016년 서울, 신규주택 10채 중 9채, '有주택자'가 싹쓸이," 〈2018 국정감사 정책리포트〉, 2018. 10. 21.

17. 남기업, 앞의 글, 2018.

18. 임진·김영도·박종상·박춘성, 〈가계부채 부실화 가능성과 대응방안〉, 한국금융연구원, 2018. 2.

19. McKinsey Global Institute, "Debt and deleveraging," 2010, p. 25.

20. "창조적 개념설계 역량이란 제품이나 비즈니스 모델 개발에서 당면 문제의 속성 자체를 새롭게 정의하고, 창의적으로 해법을 제시하는 역량이다. 지금껏 한국 산업의 발전 모델은 선진국이 제시한 개념설계를 기초로 빠르게 모방, 개량하면서 생산하는 모방적 실행 전략에 기초해 있다. 오랜 시간이 걸리는 개념설계 역량의 확보 과정을 생략함으로써 우리 경제가 빠르게 성장할 수 있었지만, 이제는 그와 같은 성장 모델이 한계에 도달했다." 고 주장하는 배경이다. 한종훈, 《축적의 시간》, 지식노마드, 2015.

21. Economist, "The semiconductor industry and the power of globalization," Dec. 1st, 2018.

22. 예를 들어 "The Kay Review of UK equity markets and long-term decision-making," July 2012 참고.

23. 예를 들어 미국 민간기업 중 설립된 지 1년도 안 된 신생 기업의 비중은 1970년대 말 16%에서 2014년에는 8%로, 그리고 전체 민간기업 중 해당 기업의 고용 비중은 같은 기간 동안 약 6%에서 2.1%로 하락했다. J. Sparshott, "Sputtering Startups Weigh on U.S. Economic Growth: Decadeslong slowdown in entrepreneurship underscores transition in American labor market," *Wall Street Journal*, Oct. 23, 2016.

24. 실제로 1999~2006년 기간과 2007~2014년 기간에 노동생산성의 연평균 증가율이 미국은 2.9%와 1.2%, 유럽연합 28개 회원국은 1.9%와 0.7%, 유로 지역만은 1.5%와 0.6%,

일본은 2.2%와 1.2%, 영국은 2.3%와 0.1%로 후퇴했다. "The Conference Board Total Economy Database," Table 3, The Conference Board, May 2017. 미국만 보더라도 노동생산성의 연평균 증가율은 2000~2007년간 2.7%에 비교해 2007~2017년간은 1.2%로 후퇴했고, 특히 AI 등 4차 산업혁명 관련 기술 진보가 진행되기 시작한 2010년 이후 노동생산성 증가율은 (2011년 0.7%, 2012년 -0.8%, 2013년 0.9%, 2014년 0.0%, 2015년 0.2%, 2016년 0.4%, 2017년 0.7%) 저조했다. Bureau of Labor Statistics, "Labor Productivity and Costs," US Department of Labor.

25. 예를 들어 미국의 경우 1970년 이래 노동생산성은 연평균 2%씩 성장해온 반면 실질 임금은 거의 정체되어 왔다. R. Lawrence, "The Growing Gap between Real Wages and Labor Productivity," *PIIE Realtime Economic Issues Watch*, July. 21, 2015.

26. 〈협력이익 공유제도 토론회 자료집〉, 중소벤처기업부와 대 · 중소기업 · 농어업협력재단 공동 주최, 2018. 11. 23.

27. J. Remes, J. Manyika, J. Bughin, J. Woetzel, J. Mischke, and M. Krishnan, "Solving the productivity puzzle," *MGI*, Feb. 2018. 실증적으로도 생산성 증가는 고용 증가에 기여하고 있음이 확인된다. D. Autor and A. Salomons, "Does Productivity Growth Threaten Employment?" presented in ECB Forum on Central Banking, Sintra, Portugal, 26-28, June 2017.

28. D. Acemoglu and P. Restrepo, "Artificial Intelligence, Automation and Work," NBER Working Paper No. 24196, January 2018.

29. 최배근, 《위기의 경제학? 공동체 경제학!》, 동아앰앤비, 2018, pp. 185~89 참고.

30. 최배근, 앞의 책, 2018, pp. 180~84 참고.

31. 홍기빈, 〈사회 연결권 선언: 4차 산업혁명 시대의 새로운 시민권〉, 서울시 사회 혁신의 미래를 여는 포럼, 4차 산업혁명 시대 서울시의 혁신 과제 발제문, 2016. 11. 18.

32. P. Auerswald, *The Code Economy: A Forty-Thousand Year History*, Oxford University Press, 2017.

33. 홍기빈, 앞의 발제문, 2016.

34. James Titcomb, "How much money does Facebook make from you," The Telegraph, 3 November 2016; Dan Frommer, "How much money did you make for Facebook last year," *Quartz*, January 29, 2016.

35. 최배근, 《위기의 경제학? 공동체 경제학!》, 동아앰앤비, 2018, p. 158.